LA DAME VOILÉE

SCEAUX. — TYP. ET STÉR. M. ET P.-E. CHARAIRE.

LA DAME VOILÉE

PAR

ÉMILE RICHEBOURG

Auteur de L'ENFANT DU FAUBOURG, de LA FILLE MAUDITE, d'ANDRÉA LA CHARMEUSE.

PARIS

F. ROY, LIBRAIRE-ÉDITEUR

RUE SAINT-ANTOINE, 185

LA DAME VOILÉE

OU

LA MORTE RESSUSCITÉE

PAR ÉMILE RICHEBOURG

Il dit au gardien : « Si tu fais entendre un cri, je te brise le crâne. » (Page 10.)

F. ROY, Libraire-Éditeur, rue Saint-Antoine, 185.

LA DAME VOILÉE

OU

LA MORTE RESSUSCITÉE

PREMIÈRE PARTIE

DEUX AMIES DE PENSION

I

La nuit était noire, comme le sont généralement toutes les nuits de décembre.

Des nuages sombres, à la cime grisâtre et floconneuse, poussés par un grand vent du sud-ouest, roulaient dans le ciel en avalanches tumultueuses. Par instants, le croissant de la lune apparaissait tout d'un coup, et sa clarté rougeâtre, éclairant les nuages, leur donnait l'apparence d'une mer houleuse.

On voyait aussi les squelettes dénudés des arbres qui s'agitaient et craquaient dans l'ombre.

De fortes bourrasques s'engouffraient dans les rues avec de sourds mugissements et enlevaient des milliers d'ardoises aux toits des maisons.

De place en place, sous la lumière du gaz, miroitaient de grands ruisseaux boueux et les flaques d'eau des averses de la journée.

Çà et là apparaissait, comme un feu follet, la lueur d'une lanterne de chiffonnier.

Il était un peu plus d'une heure, et, tranquille au milieu de cette nuit tourmentée, la ville s'était endormie.

Un homme de haute taille, enveloppé dans un grand manteau de couleur sombre, et coiffé d'un chapeau de feutre mou, montait rapidement la rue Fontaine, se dirigeant vers les boulevards extérieurs.

Bien qu'il n'y eût personne dans la rue, il craignait sans doute d'être aperçu, car il prenait un soin singulier de cacher son visage, et il marchait le plus près possible des maisons.

En quelques minutes, il atteignit la place Blanche. Là, il s'arrêta et parut se demander s'il prendrait à gauche le boulevard de Clichy ou s'il s'engagerait dans Montmartre par la rue Lepic.

Autour de lui, tout était silencieux ; il n'entendait que les sifflements de la rafale, puis au loin le hurlement d'un chien et la voix éraillée d'un ivrogne chantant un refrain de goguette.

Son indécision dura peu ; il traversa la place et s'élança résolûment dans la rue Lepic.

A la hauteur de la rue de l'Abbaye, il tourna brusquement à gauche. Ici, de rares réverbères, dont le vent faisait grincer les tringles de fer, remplaçaient les becs de gaz.

Le promeneur nocturne releva la tête. Ses yeux brillaient d'un éclat fiévreux. Il était d'une pâleur livide. Ses traits nobles et réguliers paraissaient contractés par la souffrance. Sa marche inégale, ses mouvements brusques révélaient une vive agitation.

Où allait-il ?

Au nord-ouest de Montmartre, au bas de cette partie de la butte où l'on voit encore les ruines de deux moulins, on trouve quelques fours à plâtre, des jardins peu productifs, de vastes terrains incultes et, de loin en loin, une chétive habitation. Cette partie de Montmartre est presque un désert. Mais il y a là une plaine immense entourée d'un mur, sans fenêtres ni ouverture, au-dessus duquel se montrent des masses sombres de feuillage. C'est une des trois grandes nécropoles de Paris. Évidemment la demeure des morts effraie et repousse les vivants.

Après avoir longé pendant quelques minutes le mur du cimetière, l'inconnu s'arrêta à un endroit qu'il parut reconnaître. Peut-être était-il déjà venu là dans la journée.

Il jeta de tous côtés un regard scrutateur, comme s'il eût voulu percer la profondeur de la nuit. Il ne vit rien, aucun bruit alarmant ne se fit entendre. La lueur tremblante des réverbères n'arrivait pas jusqu'à lui, il était dans une obscurité complète.

— Allons, murmura-t-il, je le veux! Si je fais mal, Dieu me jugera.

Il tira de dessous son manteau quatre énormes clous de fer, et, à l'aide d'un caillou très-dur, il en fixa d'abord deux dans une crevasse qui existait dans le mur.

Il ôta son manteau, qui pouvait le gêner dans ses mouvements, le plia et le jeta sur son épaule.

Cela fait, il saisit le deuxième clou et mit le pied sur le premier. Il put alors fixer solidement les deux autres. Quatre échelons suffisaient. Il atteignit le faîte du mur et se laissa glisser à l'intérieur.

Pour sortir, il avait dû prendre également ses dispositions, car à peine dans le cimetière, sans chercher à reconnaître l'endroit où il était tombé, il s'enfonça hardiment sous les cyprès verts et les acacias effeuillés.

Les plaintes et les mugissements du vent, le craquement des branches qui se heurtaient, couvraient le bruit de ses pas.

Au milieu de l'obscurité, des ombres mystérieuses, créées par un pâle rayon de la lune qui trouait un nuage, semblaient se glisser dans les sentiers sinueux, sous les arbres qu'incline le vent, entre les croix et les urnes funéraires.

Tous les objets prennent des formes fantastiques. On croirait voir des fantômes échevelés courir et danser une ronde infernale autour des tombeaux.

On entend comme des gémisssements. C'est le vent qui pleure.

L'inconnu ne tremble pas. Rien ne saurait l'obliger à revenir sur ses pas. Il marche, il marche toujours.....

Enfin il s'arrête. Son agitation redouble; ses membres sont tremblants, il chancelle et porte la main à son cœur comme pour en arrêter les battements précipités.

Il se trouve en face d'un monument ayant la forme d'un petit temple.

Au-dessous d'un bas-relief représentant deux anges sonnant de la trompette, les mots suivants, gravés sur une plaque de marbre blanc, se détachent en lettres noires :

SÉPULTURE DE FAMILLE

Il n'y a pas de nom, mais l'inconnu sait que ce monument appartient à la famille de Borsenne.

C'est là que, la veille, vers deux heures de l'après-midi, a été inhumée

Jeanne-Charlotte-Amélie de Borsenne, née de Précourt, décédée à Paris à l'âge de vingt-deux ans.

Il sait cela aussi, l'inconnu. Perdu et caché dans la foule qui suivait le cercueil, il a assisté, pâle, les yeux mornes et secs, retenant ses sanglots, à la douloureuse cérémonie.

De loin, placé derrière une tombe, il a vu descendre la bière dans le caveau de famille. De peur d'être reconnu il n'a pas osé s'approcher.

Quand tout fut terminé, les parents et les nombreux amis de la défunte s'éloignèrent; mais il resta, lui, car il voulait à son tour, seul et sans témoins, prier et pleurer près du monument.

Des maçons, qui travaillaient tout près, l'obligèrent à se tenir éloigné. Il attendit longtemps, espérant qu'ils s'en iraient. Il n'en fut rien. Vivement contrarié de ce contre-temps, il prit le parti de se retirer.

En passant devant le tombeau des Borsenne, il lui jeta ces mots dans un soupir :

— Je reviendrai !

Il tenait sa promesse.

Cependant, il s'était arrêté tremblant, indécis, la sueur au front. En présence de ce grand mystère qu'on appelle la mort, à deux pas du cercueil de cette jeune femme, qui, à peine au printemps de la vie, venait d'être enlevée aux joies de ce monde, il se demanda s'il n'était pas trop audacieux, s'il avait le droit de troubler la paix profonde de ce tombeau et si, dans un instant, il n'allait pas devenir sacrilége.

Mais une voix plus forte et plus impérieuse que le trouble de sa conscience lui criait : Avance! Il l'écouta.

La porte de bronze du monument avait été enlevée et n'avait pas été encore remise sur ses gonds. La dalle de marbre qui fermait le caveau avait été replacée, mais elle n'était point scellée encore.

Les ouvriers du cimetière avaient remis ce travail au lendemain.

L'inconnu tomba à genoux sur le seuil de la chapelle. La force qui l'avait soutenu jusqu'alors parut l'abandonner; il prit sa tête dans ses mains et des sanglots étouffés s'échappèrent de sa poitrine.

— Jeanne, Jeanne, murmura-t-il d'une voix saccadée, pardonne-moi si je viens ici troubler le silence de ton lourd sommeil. Ma chère bien-aimée, j'ai voulu te dire mon dernier adieu, en pleurant près de toi. Ta bouche n'a plus de sourire, tes oreilles ne peuvent plus entendre, mais ton âme n'a pu encore remonter au séjour de bonheur et de gloire; elle est en ce moment errante autour de nous; c'est à elle que je m'adresse. Ame radieuse, âme pure, bientôt la mienne ira te rejoindre, et puisque vous n'avez pu être heureuses ensemble sur la terre, vous serez réunies après la mort.

« Un jour, Jeanne, tu m'as dit : « Morts ou vivants, nous serons toujours l'un à l'autre. » Pourtant tu as mis ta main dans la main d'un autre. Je ne puis faire un reproche à ta mémoire. D'ailleurs j'ai juré de ne jamais te croire coupable. Non, tu n'as été que malheureuse! Vivante tu as appartenu à M. de Borsenne, morte, tu es à moi, tu ne seras qu'à moi seul!

« Jeanne, ma Jeanne adorée, depuis quatre ans, je ne vis que par toi et pour toi. Aujourd'hui que la mort t'a frappée, je ne veux plus vivre! »

En proie à un violent désespoir, il se laissa tomber sur la dalle et la couvrit de baisers et de larmes.

Tout à coup il tressaille; il lui a semblé qu'à ses gémissements un gémissement sourd a répondu.

Il écoute. Il n'entend que le bruit du vent dans les cyprès. Un sourire amer crispe ses lèvres. Mais, presque aussitôt, une nouvelle plainte se fait entendre. Le doute n'est plus permis, une voix sort du tombeau.

Il se dresse d'un bond, ses cheveux se hérissent sur sa tête, une sueur froide inonde son visage.

Il pousse un cri terrible, s'élance hors du monument et se met à courir comme un insensé à travers l'immense nécropole.

II

Vingt fois, par des sentiers inconnus, il a failli se briser le crâne contre une pierre sépulcrale. Il trébuche, tombe, se relève et reprend sa course vertigineuse. Heureusement, la lune en ce moment donne toute sa clarté. Elle le guide et le protége. Il franchit tous les obstacles et passe comme un tourbillon au-dessus des arbustes.

Sa première pensée a été de courir à l'entrée du cimetière et de demander du secours, en réveillant le portier ou l'un des gardiens de nuit.

Mais une idée subite jaillit de son cerveau en feu. Il s'arrêta court et s'appuya contre le tombeau de Godefroy Cavaignac pour reprendre haleine. Il n'en pouvait plus.

Ce n'était point la crainte d'être mis en demeure de justifier sa présence dans le cimetière à cette heure de la nuit qui le faisait renoncer à sa première résolution. Il n'avait pas seulement songé qu'il devrait se faire connaître et qu'il aurait des explications à donner; que le jour même son nom, suivi d'étranges commentaires, serait dans tous les journaux avides de scandales.

Il obéissait, en ce moment, à un sentiment bien autrement puissant que celui de la crainte de se voir l'objet de la curiosité publique.

Il venait de comprendre que si d'autres arrachaient madame de Borsenne des bras de la mort, elle serait rendue à son mari. Oh! cela à aucun prix il ne voulait le permettre. La jeune femme était morte pour son mari, pour sa famille, pour le monde... Si elle devait sortir du cercueil, si elle devait vivre, elle ne pouvait plus appartenir qu'à lui, à lui seul!

— Plutôt que de la rendre à son mari, se dit-il, je préférerais qu'elle restât dans sa tombe!

Cette pensée cruelle et misérable le fit frissonner. Il sentait que l'égoïsme de son amour le rendrait facilement criminel. En effet, il ne pouvait invoquer pour excuse que la violence de sa passion.

Après avoir aspiré l'air à pleins poumons, sa respiration devint plus régulière. Il retrouva toutes ses forces un instant paralysées et reprit possession de son énergique volonté.

— Oui, dit-il en se redressant superbe d'audace, seul je la sauverai, je le veux!

Les instants étaient précieux, car d'un moment à l'autre, la malheureuse jeune femme pouvait mourir étouffée. Peut-être la mort avait-elle repris déjà sa proie prête à lui échapper.

Cette idée mit en lui comme un accès de rage. Le sang passait dans ses veines comme du métal en fusion; il battait ses tempes, bourdonnait dans ses oreilles et mettait devant ses yeux comme un voile de pourpre.

Pour accomplir son œuvre, il lui fallait des outils : un levier, une pince pour soulever la pierre du caveau; une hache, à défaut d'autres instruments, pour briser les planches du cercueil. Où les trouver?

Il n'avait sur lui qu'un revolver et un poignard, instruments de destruction et non de sauvetage.

L'inquiétude et l'angoisse s'emparent de lui et l'oppressent.

Il va et vient comme un forcené, serrant les dents pour ne pas rugir. Il lui faut une barre de fer, il la cherche.

Une longue croix scellée dans la pierre s'offre à sa vue. Prêt à pousser un cri de joie, il le renfonce dans sa poitrine. Il s'élance vers la croix et l'étreint avec force. C'est une profanation qu'il va commettre; il ne s'en doute pas.

Il lui a semblé qu'à ses gémissements un gémissement sourd a répondu. (Page 7.)

Tout à coup, à vingt pas de lui, au détour d'un sentier, une lumière apparaît. L'inconnu s'arrête et regarde. Un homme, tenant une lanterne sourde, s'avance de son côté.

C'est un gardien du cimetière.

Le jeune homme comprend que tout est perdu s'il est découvert, si l'homme pousse un cri. Il songe à se cacher; mais c'est encore perdre du temps!... S'il pouvait faire du gardien son complice? Cette idée illumine son esprit.

L'homme n'est plus qu'à quelques pas. D'un bond il s'élance sur lui et le saisit à la gorge.

Le malheureux n'a pas eu le temps d'appeler au secours. Deux bras robustes le courbent comme un fragile roseau et le terrassent. La lanterne tombe près de lui sans s'éteindre.

L'inconnu lui met le canon de son revolver sur le front en disant :

— Si tu fais entendre un cri, si tu élèves seulement la voix, je te brise le crâne.

— Que voulez-vous? put dire le gardien.

Il était livide, il tremblait de tous ses membres.

— Promets de ne pas appeler.

— Je promets.

— Alors relève-toi et reprends ta lanterne.

Le malheureux obéit.

— Je ne te veux pas de mal, reprit l'inconnu. Je veux, au contraire, te faire riche, si tu me sers.

Le gardien, revenu de sa frayeur, reprenait un peu d'assurance.

— Qui êtes-vous? demanda-t-il. Comment êtes-vous ici?

— Que t'importe. Veux-tu me servir?

— Oui, s'il ne s'agit pas d'un crime.

— Écoute donc. Il y a eu ici hier un enterrement de première classe.

— Je sais, inhumation Borsenne.

— Eh bien! madame de Borsenne a été enterrée vivante, entends-tu, vivante!

L'homme recula de trois pas en chancelant. Son visage, que la lune éclairait, exprimait toutes les sensations de l'horreur.

— Il faut la sauver, reprit l'inconnu d'une voix creuse; tu peux m'y aider, le veux-tu?

— Oui.

— Si nous réussissons, je te jure que ta fortune est faite. Mais ne perdons plus une seconde. Vite une pince, un pic...

— J'ai cela tout près d'ici. Suivez-moi.

— Allons, et que la nuit nous protége.

Après avoir parcouru en courant une distance d'environ cent mètres, le gardien s'arrêta devant une cabine, sorte de guérite construite en pierre.

C'était un des endroits où, le soir, les ouvriers du cimetière déposent leurs outils.

Le gardien ouvrit la porte et tendit la lanterne à son compagnon. Alors il entra dans la cabine et y prit divers instruments qu'il mit sur son épaule.

— Maintenant, dit-il, au caveau!

— Sans cet homme, pensait l'inconnu, je me serais épuisé en efforts inutiles. C'est le ciel qui me l'a envoyé.

Dans tout autre moment, il l'aurait serré dans ses bras. Il se contenta de lui dire :

— Ce n'est pas seulement la vie de cette femme, c'est aussi la mienne que vous allez sauver.

En deux minutes, ils franchirent la distance qui les séparait du monument de la famille Borsenne.

La lune, comme si elle avait voulu se rendre complice de l'œuvre qui allait s'accomplir, s'était de nouveau cachée derrière un nuage épais.

Cependant, la barre de fer entre ses bras et prêt à soulever la dalle, le gardien des morts s'arrêta.

— Mais va donc! lui cria l'inconnu avec impatience.

— Non, fit l'homme d'un ton sec.

— Misérable! c'est ainsi que tu tiens ta promesse!...

— Monsieur, reprit-il froidement, je ne vous connais pas. Savez-vous que violer une tombe est un crime qui mène aux galères les profanateurs?

Le jeune homme eut un geste désespéré. Il tira son poignard de son sein et la lame étincela sous les yeux du gardien.

— Oh! vous pouvez m'assassiner, fit-il, mais vous ne me rendrez pas complice d'une infamie.

L'inconnu comprit qu'il n'obtiendrait rien par la force ou la terreur.

— Est-ce donc un crime et une infamie, répliqua-t-il, de sauver la vie à une pauvre femme?

— Il n'y a ici que des morts, monsieur.

— Mais tu ne m'as donc pas entendu quand je t'ai dit que madame de Borsenne avait été enterrée vivante?

L'homme hocha la tête.

— C'est vous qui le dites, reprit-il, cela ne me suffit pas. Sûrement, vous n'êtes pas un voleur; mais qui êtes-vous? Un amoureux, qui veut voir une dernière fois le corps roide et glacé de la femme qu'il aime. Je vois bien que vous êtes un honnête homme, monsieur; renoncez à votre projet, allons-nous-en.

— Ah! gardien maudit! s'écria-t-il, tu seras cause de sa mort!

Puis, d'une voix suppliante :

— Mon ami, je t'en prie, ne m'abandonne pas, aide-moi à ouvrir ce tombeau. Je te jure, par ce qu'il y a de plus sacré, que je ne t'ai pas menti.

— Qu'est-ce qui le prouve?

— Je te dis que j'ai entendu sa voix sortir du cercueil

— C'était, comme en ce moment, la voix du vent dans les branches sans feuillage.

L'inconnu se tordait les bras avec désespoir.

— Mon Dieu! mon Dieu! gémit-il, que faudrait-il donc pour le convaincre?

Au même instant un cri rauque, sauvage, horrible, sortit des entrailles de la terre

III

Ce cri, appel suprême et désespéré de la malheureuse femme, qui a sans doute reconnu qu'elle était condamnée à mourir dans le cercueil où elle a été ensevelie vivante, a produit sur le gardien l'effet d'un choc électrique.

Le jeune homme s'est affaissé dans un coin de la chapelle; il se roule sur la pierre et la gratte avec ses ongles, comme s'il voulait la creuser et s'ouvrir un passage.

Le gardien a bientôt retrouvé son sang-froid. Son visage s'anime et rayonne. Il avait reculé devant un attentat inconnu; mais il y a réellement une vie à sauver; il ne s'agit plus de profaner un tombeau; il n'hésite plus.

Il introduit sa pince à l'une des extrémités de la dalle et la soulève.

— Allons, dit-il à son compagnon, aidez-moi.

Maintenant, c'est lui qui commande.

Le jeune homme obéit.

Placée sur le petit autel de la chapelle, la lanterne les éclaire.

La dalle est debout sur ses assises; ils l'enlèvent et la poussent contre le mur.

Le cercueil apparaît dans le caveau à un mètre de profondeur. Mais il n'en sort plus ni cri, ni plainte, ni gémissement.

— Oh! fit l'inconnu d'une voix sourde, elle est morte!

Les muscles de son visage se contractèrent convulsivement, et une sueur glacée inonda son front et ses joues. Il lui sembla que son cœur allait cesser de battre.

— Éclairez-moi, ordonna le gardien.

Et il se laissa glisser dans le caveau.

A l'aide d'un outil dont il s'est muni, il tire l'une après l'autre les vis qui clouent le couvercle du cercueil. Cela fait, il prend à son tour la lanterne et fait signe au jeune homme de venir à lui.

Entre le cercueil et la maçonnerie du caveau, il y a un si petit espace, qu'ils peuvent à peine se tenir debout. L'inconnu est obligé de s'appuyer sur le gardien.

Celui-ci n'a pas un instant perdu sa présence d'esprit, et il semble prendre en pitié les défaillances de son compagnon.

— Allons, dit-il, si Dieu veut que cette malheureuse soit sauvée, enlevez cette planche; il n'est pas trop tôt, si ce n'est pas trop tard.

Le jeune homme fit doucement glisser le couvercle, puis, le saisissant par son épaisseur, il le dressa d'un seul mouvement contre la maçonnerie.

Alors un tableau horrible et charmant tout à la fois s'offrit à leurs yeux. Il n'est pas un maître d'aucune école qui puisse être suffisamment inspiré pour le reproduire.

Ce qui s'est passé dans ce cercueil depuis quelques instants, ils le voient, ils le devinent. Drame étrange et terrible!

La jeune femme n'a pas été mise dans un linceul. On l'a couchée dans la bière en toilette de soirée. On la dirait parée pour une fête mondaine ou de gala à l'Opéra. Des diamants de la plus belle eau, des rubis, des topazes scintillent à ses doigts. D'autres diamants, d'une grosseur merveilleuse, pendent à ses oreilles. Des bracelets magnifiques, enrichis de pierres précieuses, cerclent ses bras nus. De tous côtés, autour de son cou, sur la soie de sa robe, parmi les dentelles, sur le satin blanc de l'oreiller, dans les ondulations de sa luxuriante chevelure noire, roulent les perles d'un collier qu'elle a dû arracher de son cou dans une lutte horrible et inconnue.

Sa robe est affreusement froissée et les dentelles dont elle est ornée sont en lambeaux. Ses mains blanches et fines qui, maintenant, reposent inertes à ses côtés, mais crispées encore, sont tachées de sang. D'autres taches de sang se montrent sur l'oreiller; il y en a aussi sur la robe et les dentelles déchirées. Elle a brisé ses ongles en égratignant les planches du cercueil. Ses jambes repliées, la position contournée de son corps, indiquent aussi avec quel affreux désespoir elle s'est débattue contre les étreintes de la mort. On le voit encore à son front meurtri et à de nombreuses taches bleuâtres sur ses bras plus blancs que la neige.

Cependant son pâle et beau visage ne porte aucune trace des convulsions de l'agonie; il a la sérénité du visage d'un enfant qui sommeille. Rien de rigide, rien de décomposé. Les traits ont conservé toute leur pureté. L'expression est pleine de douceur et de calme.

Il semble que la physionomie de la jeune femme devrait porter l'empreinte des tourments et de l'épouvante qui ont saisi son âme, lorsque, sortant de sa léthargie, elle s'est trouvée enfermée entre les planches d'un cercueil.

Pourquoi n'en est-il pas ainsi?

Après les minutes d'atroces souffrances et de mortelles angoisses pendant lesquelles elle a voulu repousser la mort, en espérant le secours des vivants, elle a dû se dire que nul ne pouvait l'entendre et qu'elle était fatalement condamnée. Alors, s'éloignant de la terre et du mirage des joies du monde, sa pensée s'est élancée vers Dieu. L'espoir d'une autre vie, pleine de félicités, a calmé les tortures de l'esprit, vaincu les révoltes de la chair et amené la résignation.

Oui, seule, l'idée de Dieu a pu rendre à ce charmant visage son expression habituelle, si pleine de douceur et d'ineffable bonté.

Les yeux sont fermés, le nez a conservé sa forme délicate et les narines sont encore légèrement gonflées; les lèvres décolorées, entr'ouvertes, laissent voir une rangée de dents superbes qu'on dirait sculptées dans l'ivoire.

Sa tête gracieuse repose sur l'oreiller, au milieu des masses souples et onduleuses de sa magnifique chevelure dénouée. Comme un beau lis des montagnes, posé sur un feuillage sombre, les cheveux noirs comme le jais font ressortir encore la pâleur mate de cet adorable visage.

D'un coup d'œil, les deux hommes ont vu tout ce que nous venons de décrire. Le gardien du cimetière est resté calme. Habitué à vivre au milieu des morts, il semble que rien ne peut l'étonner ni l'émouvoir. L'autre n'a pu retenir un cri d'épouvante.

Des sons rauques s'échappent de sa gorge serrée.

Son compagnon croit entendre qu'il dit :

— Elle est morte!

— C'est ce qu'il faut voir, répond-il. Touchez-la.

Le jeune homme n'a pas entendu, mais il se penche sur le cercueil et prend le bras de la jeune femme. Il n'est que froid, il lui semble qu'il est glacé. Il le serre légèrement, la chair cède doucement sous la pression et aussitôt repousse la peau. Évidemment, ce n'est point là la chair d'un cadavre, le sang ne peut être encore coagulé dans les veines.

L'inconnu est tout à fait incapable de faire cette remarque. Ce qu'il voudrait voir, c'est la jeune femme ouvrant les yeux; ce qu'il se désole de ne pas entendre, c'est un soupir ou un mot s'échappant de cette bouche muette. Pour lui, hélas! c'est la mort qu'il a sous les yeux, c'est un cadavre qu'il touche!

Tout à coup, son visage prend une expression étrange, ses yeux brillent d'un éclat farouche.

Le gardien, qui l'observe en l'éclairant, se sent frissonner. C'est la première atteinte de la peur.

D'un mouvement rapide et résolu, l'inconnu a mis un pied dans le cercueil, s'est baissé et relevé aussitôt, tenant dans ses bras le corps de la jeune femme. Il le presse sur sa poitrine en gémissant, et ses lèvres brûlantes, que ne repousse point le contact du froid, couvrent de baisers ardents le visage, le cou, les bras et la poitrine de celle qu'il croit ainsi rappeler à la vie.

— Oh! elle est bien morte! s'écrie-t-il, puisqu'elle reste insensible à mes baisers. Malheur! malheur! je n'ai pas pu la sauver! Jeanne, ma Jeanne adorée, c'est donc bien vrai, je n'entendrai plus ta voix aimée, je ne verrai plus ton sourire gracieux, tes beaux yeux sont fermés pour toujours! Et, cependant, il n'y a qu'un instant, tu vivais encore. Tu n'as donc pas compris que j'étais là, que j'allais ouvrir ta tombe et te rendre au bonheur, à mon amour! Non, tu ne l'as pas compris, sans cela tu m'aurais attendu, tu n'aurais pas voulu mourir! J'étais si près de toi... Une pierre à soulever, une planche à briser... La mort voyait cela, elle, c'est pourquoi elle s'est tant hâtée de te prendre.

« Un jour, — je ne l'ai pas oublié, — tu m'as dit : « Georges, si j'étais morte, un baiser de toi me rendrait la vie. » Eh bien! réveille-toi; ce baiser, je le mets sur tes lèvres!... Rien, rien, continua-t-il d'une voix déchirante; ah! si Dieu m'a permis d'ouvrir ton tombeau pour n'y trouver qu'un cadavre, c'est qu'il a voulu que, morts, nous soyons ici réunis. Près de toi, ma bien-aimée, comme je vais doucement m'endormir! Il y a place pour deux dans ton cercueil!... »

Il tira son revolver de sa poche.

Il avait complètement oublié la présence de son compagnon.

— Ame de ma bien-aimée, reprit-il, avant de t'envoler vers les cieux, attends mon âme!

Et il porta le pistolet à la hauteur de son front.

— Malheureux! s'écria le gardien en lui retenant le bras, qu'allez-vous faire?

— Je veux mourir, laissez-moi, dit-il d'un ton rude.

— Insensé, répliqua l'homme d'une voix sourde, vous voulez sauver cette femme, et vous perdez un temps précieux à faire des discours inutiles. Mais vous ne voyez donc pas qu'elle vit encore?

— Que dis-tu?

— Je dis que madame de Borsenne n'est pas morte. Et, maintenant, si elle meurt, c'est vous qui l'aurez tuée!

IV

Sans quitter son précieux fardeau, le jeune homme, avec l'aide du gardien, parvint facilement à sortir du caveau. Son manteau, qu'il avait jeté à l'entrée du monument, servit à envelopper le corps de la jeune femme.

— Allons réveiller le concierge du cimetière, dit le gardien; nous confierons madame de Borsenne aux soins de sa femme, pendant que je courrai chercher un médecin.

— Jamais! dit vivement le jeune homme; je préférerais rentrer dans le caveau et me tuer près d'elle dans son cercueil.

— Vous ne tenez pas à rester ici, je suppose. Que voulez-vous faire?

— Sortir du cimetière comme j'y suis entré, sans être vu, en escaladant le mur.

— A quoi bon chercher tant de difficultés? Ce qui est important, en ce moment, c'est de donner des soins à cette pauvre femme. Il est si simple de faire ce que je dis!

— Non, non, te dis-je; je veux, entends-tu bien, que ce qui s'est passé ici cette nuit soit notre secret à nous deux. Nulle autre personne ne doit savoir que madame de Borsenne a été tirée de son cercueil. Dans un autre moment, je te dirai pourquoi. Achevons, mon ami, achevons ce que nous avons commencé, et souviens-toi de ma promesse : je ferai ta fortune.

— Je ne songe qu'à une chose, monsieur : sauver cette femme!

— Voyons, as-tu un moyen de sortir du cimetière?

— Vous l'avez indiqué vous-même : escalader le mur du côté de la rue de Maistre.

— C'est par là que je suis entré.

Alors un tableau horrible et charmant tout à la fois s'offrit à leurs yeux. (Page 13.)

— Et après, où irez-vous?

— Ou j'irai ? N'importe où. Le premier hôtel venu...

— Un hôtel, fit l'homme en haussant les épaules, autant vaudrait réveiller le concierge, comme je vous le proposais tout à l'heure. A Montmartre, tout près de la rue de Maistre, j'habite seul une toute petite maison, je vous y conduirai. Je ne sais pas si ce que je fais est bien ou mal, je n'ai pas le temps d'y penser. Demain, je réfléchirai à tout cela. Allons, venez ; je sais où trouver une échelle.

Depuis un instant, la tempête redoublait de violence; le vent hurlait avec des cris lamentables, et la lune avait tout à fait disparu derrière les nuages.

Les deux hommes franchirent sans accident le mur du cimetière et, cinq minutes après, le gardien introduisait l'inconnu dans sa demeure.

Celui-ci déposa, avec les plus grandes précautions, la jeune femme sur le lit. Il arrangea sur elle les couvertures, et pour que ses membres glacés se réchauffassent plus vite, il la couvrit encore de sa redingote et de tous les vêtements qu'il put trouver dans la chambre.

Tous ces soins n'étaient pas inutiles, car depuis un instant le sang commençait à circuler dans les artères, et sous sa main le jeune homme avait senti un léger battement du cœur.

D'ailleurs, avant même d'arriver à la maison du gardien, il savait que ce n'était point un cadavre qu'il tenait dans ses bras.

Pendant le trajet, la jeune femme avait eu plusieurs tressaillements, un soupir étouffé s'était échappé de sa poitrine; à un moment, elle avait même dressé sa tête; mais elle était aussitôt retombée sur l'épaule de son sauveur.

Cependant, toujours pâle et froide, elle restait immobile sur le lit, les yeux fermés et la bouche entr'ouverte, telle qu'elle était dans son cercueil.

Le gardien s'approcha du jeune homme et lui dit à voix basse :

— Faut-il aller chercher un médecin?

— Non, répondit-il après un moment d'hésitation. Un médecin, que ferait-il plus que moi? Avez-vous du vinaigre?

— Oui, là, dans cette bouteille.

— C'est bien.

— Avez-vous encore besoin de moi?

— Pourquoi cette question?

— Parce qu'il faut que je retourne au cimetière. J'ai encore une rude besogne à faire.

Le jeune homme l'enveloppa d'un regard soupçonneux.

— Oh! reprit-il, ce n'est pas après vous avoir amené chez moi que je puis songer à vous trahir. Si nous avons fait une mauvaise action, je suis maintenant votre complice. Dans tous les cas, il faut en effacer les traces. Nous avons ouvert un cercueil, il faut le refermer.

— C'est vrai, j'avais déjà oublié.

— C'est pourquoi je pense pour vous.

— Merci... Reviendrez-vous bientôt?

— Quatre heures viennent de sonner, je serai ici à sept heures.

— J'aurai alors besoin de vous. D'ailleurs, avant votre retour, mon sort sera fixé.

L'homme fit quelques pas vers la porte, puis il revint.

— Monsieur, dit-il, quoi qu'il arrive, qu'elle vive ou qu'elle meure, jurez-moi que vous ne vous tuerez point.

— Vous êtes fou! dit le jeune homme avec impatience; je ne jure rien.

— Alors je ne vous quitte pas.

— Et les traces à faire disparaître?

— Je ne m'en occupe plus

— Malheureux! tu veux donc nous perdre?

— Je ne sais pas ce qui arrivera. Vous m'avez mis dans une position assez grave pour qu'un accès de votre folie la rende pire encore. Si vous voulez que je m'en aille, faites le serment que je vous demande.

— Eh bien! soit, je te le promets, je te le jure!

Et, pendant que le gardien sortait, il murmura :

— J'aurai toujours le temps de me brûler la cervelle après.

Il s'approcha du lit, et, à la lueur jaunâtre d'une chandelle qui brûlait sur un guéridon, il examina le visage de la jeune femme, sur lequel il cherchait à découvrir un signe de vie.

C'était toujours la même immobilité, toujours le même aspect effrayant. Il prit la main et souleva le bras; il retomba lourdement sur la couverture. Il se pencha sur le corps inerte, et, doucement, ses lèvres touchèrent celles de la jeune femme. Un souffle léger, à peine saisissable, vint se mêler à son haleine.

Il se redressa, le regard étincelant de bonheur. Il alla prendre la bouteille de vinaigre, imbiba fortement un coin de son mouchoir, et revint près du lit. Alors, avec le linge humide, il effleura doucement les parties saillantes du nez, puis le front et les tempes.

Au bout de quelques minutes, le gonflement des narines s'accentua; il remarqua enfin un frissonnement nerveux des paupières et presque au même instant, comme si on les eût touchées avec l'estompe, un peu de rose parut sur les lèvres.

Le jeune homme s'éloigna un peu.

Il était rayonnant... une joie immense, infinie, l'oppressait.

— Mon Dieu! murmura-t-il, est-ce pour moi que vous faites ce miracle?

Et il s'agenouilla près du lit, les yeux fixés sur le visage de la ressuscitée, l'épiant avec la sollicitude d'une mère qui attend le réveil de son enfant.

Les signes de vie commençaient à se manifester plus nombreux et plus visibles. Par instants, les membres frémissaient, les paupières se soulevaient lentement, enfin les poumons retrouvaient peu à peu leurs fonctions, la respiration devenait plus forte et presque régulière.

La vie reprenait possession de ce corps que la mort avait voulu posséder.

L'inconnu comprit que quelques minutes seulement le séparaient du moment où la jeune femme allait retrouver ses sens et reprendre connaissance.

Il n'avait pas eu le temps de songer à ce qui arriverait à cette heure, et bien moins encore à préparer les réponses qu'il devrait faire aux premières questions de la jeune femme.

Ce réveil, qui allait venir, n'était-il pas gros de dangers?

Le jeune homme vit tout cela comme dans un éblouissement. Il eut peur! Il se disait qu'un rien pouvait effrayer la pauvre femme et la rejeter dans la tombe. Lui-même, lui apparaissant tout à coup, ne pouvait-il pas, après avoir tout fait pour la sauver, devenir son meurtrier? Ces pensées le terrifiaient et de nouvelles et cruelles angoisses torturaient son cœur.

Maintenant qu'il était en possession de cette femme qu'il adorait et qui semblait n'être plus qu'à lui, il se repentait de n'avoir pas écouté le gardien du cimetière qui lui conseillait de la transporter dans la loge du concierge.

Le sentiment égoïste qui l'avait fait agir faisait place à un trouble et à une anxiété dont il n'était plus le maître.

Ce n'était pas seulement sa conscience, mais aussi son cœur qui se révoltait contre lui.

Sa conscience parlait au nom de l'honnêteté et invoquait les droits du mari. Son cœur parlait au nom de la femme, de la femme aimée, qui pouvait être victime de son imprudence et de sa témérité.

Si en ce moment on était venu lui dire :

« Si tu veux que cette femme vive, appelle son mari; »

Il aurait fait immédiatement et sans hésiter le sacrifice de son amour.

Il ne voulait, il ne désirait plus qu'une chose : voir vivre madame de Borsenne. Lui, il s'effaçait, il n'était plus rien ; elle seule était tout.

L'instant qu'il attendait avec tant de crainte arriva.

Madame de Borsenne poussa un profond soupir, souleva son bras qu'elle ramena sur sa poitrine, et ouvrit les yeux en levant lentement la tête.

Saisi d'effroi et tremblant comme un criminel, le jeune homme cacha sa figure dans un pli de la couverture.

V

— Oh ! le rêve affreux ! murmura la jeune femme d'une voix faible. Je suis brisée, anéantie... Mon Dieu, comme je souffre !

Ses yeux se refermèrent et sa tête retomba sur le traversin.

Était-ce une faiblesse momentanée, ou bien allait-elle être reprise par le sommeil léthargique ? Ne cherchait-elle pas à se souvenir?

Le jeune homme se tenait prêt à la secourir.

Au bout d'un instant elle poussa un cri, ses bras se roidirent à ses côtés et, d'un seul mouvement, elle parvint à s'asseoir sur le lit. Sa longue chevelure tomba comme une draperie sur ses épaules.

Mais ses yeux s'ouvraient démesurément et se fixaient, avec des reflets éclatants, sur quelques-uns des objets qui l'entouraient.

— Où suis-je? où suis-je donc? fit-elle. Est-ce encore l'horrible vision qui me poursuit? Non, non, je n'ai pas vu cela, c'est un mensonge... c'est le cauchemar! Si c'était vrai, ce serait trop d'horreur. La nuit... le froid... le cercueil !... Non, ce n'est pas vrai, je suis malade... c'est la fièvre, le délire...

Un frisson nerveux la saisit et la secoua violemment. Elle voulait échapper à l'obsession de ses pensées et repousser loin d'elle le souvenir effroyable. Elle porta les mains à ses yeux et toucha plusieurs parties de son corps, comme pour s'assurer qu'elle était bien éveillée. Elle vit ses joyaux, les pierres précieuses scintillaient sous ses yeux; elle souleva des flots de malines déchiquetée, mise en pièces; puis elle regarda ses mains meurtries, le bout de ses doigts ensanglantés, ses ongles usés, brisés... L'expression de son visage, l'égarement de ses yeux rendaient une à une ses sensations et le travail pénible de son esprit.

Le jeune homme attendait immobile, haletant, sans oser la regarder.

— Mon Dieu, dit-elle d'une voix plus forte, ayez pitié de moi, éclairez ma pensée! il me semble que ma raison s'en va.

Elle jeta autour d'elle un regard plein d'effroi; puis, avec une force qu'on n'aurait pu lui supposer, elle saisit les objets qui la couvraient et les lança de tous côtés.

Alors elle aperçut le haut de la tête et une partie du corps du jeune homme agenouillé près du lit.

— Un homme près de moi ! s'écria-t-elle. Où suis-je? Où suis-je donc, mon Dieu !

L'inconnu fit entendre un gémissement; mais il s'obstinait encore à cacher sa figure.

La jeune femme lui mit la main sur la tête et le repoussa en disant :

— Qui que vous soyez, je veux vous connaître, parlez !

Celui-ci laissa voir son visage inondé de larmes. Elle le reconnut aussitôt.

— Georges ! s'écria-t-elle, vous, vous ici !

Et par un mouvement instinctif de pudeur elle chercha à réparer sur elle le désordre de ses vêtements.

— Oui, c'est moi, fit-il tout tremblant et en joignant les mains.

— Que faites-vous ici? reprit-elle.

— Tout à l'heure, je priais, et maintenant, vous le voyez, je pleure.

— Vous pleurez, c'est vrai, vous pleurez, Georges. Pourquoi pleurez-vous?

— Je pleure, Jeanne, parce que je vous aime et que vous souffrez.

— Taisez-vous, malheureux ! si l'on vous entendait...

— Vous seule pouvez m'entendre, Jeanne.

— Mais dites-moi donc où nous sommes.

— Dans la maison d'un ami.

— Pourquoi ne suis-je pas chez moi?

— Pourquoi?...

— Oui, répondez.

— Je ne puis vous dire... Plus tard, Jeanne, plus tard vous saurez tout.

Elle le regardait avec une fixité étrange. Puis lui montrant ses mains :

— Va, dit-elle, pour que ma raison ait résisté jusqu'à ce moment, il faut qu'elle soit plus forte que tu ne le supposes. Tu peux parler sans crainte ; ce qu'il y a de plus horrible dans ce que tu as à me dire, je le sais.

— Ah ! elle est sauvée ! s'écria-t-il avec joie.

Il s'empara de ses mains et les couvrit de baisers.

A ce moment, la jeune femme eut un frisson.

— J'ai froid, dit-elle.

Georges se releva vivement. En un instant il eut remis sur la malade les couvertures de laine ainsi que les vêtements qu'elle avait jetés dans la chambre. Puis, lui faisant une douce violence, il l'obligea à se recoucher.

Il y avait un reste de feu dans le foyer, il le raviva avec de menus morceaux de bois sec. En cherchant, il découvrit du charbon de terre dans un grand coffre, il en mit plein la cheminée. Bientôt la pyramide de houille se couvrit de flammes jaunes et bleues, et un quart d'heure après la chaleur de la chambre était à peine supportable.

Il se rapprocha du lit. La jeune femme, qui avait un instant fermé les yeux, les rouvrit.

— Vous trouvez-vous mieux? lui demanda-t-il.

— Oui, bien mieux. Je respire plus facilement. Je sens que la chaleur revient. Mais mes membres sont comme insensibles : il me semble qu'ils sont brisés.

— Ce n'est qu'un engourdissement, une lassitude.

— Je le crois.

— Voulez-vous que je soulève un peu votre tête?

— Oui.

Et, avec une adresse de vraie garde-malade, il ramena l'une contre l'autre les deux extrémités du traversin pour en doubler la hauteur.

Elle essaya de sourire en disant : — Merci.

Georges, en ce moment, était le plus heureux des hommes.

— Maintenant, Jeanne, lui dit-il, reposez-vous, ne parlez plus.

Elle fit un mouvement de tête qui signifiait : — J'obéis.

Il prit une chaise et s'assit près du lit.

Après quelques minutes, la jeune femme porta vivement la main à sa poitrine. Le jeune homme se leva inquiet.

— Ce n'est rien, dit-elle; je voudrais manger.

Il se frappa le front avec douleur. C'était le premier désir de la malade et il ne pouvait le satisfaire.

— Ma chère Jeanne, dit-il, le jour commence à paraître; dans un instant le maître de ce logis sera ici et ira bien vite acheter tout ce qui vous sera agréable.

Tout en parlant, son regard furetait dans tous les coins de la chambre. Sur une étagère, il aperçut un sucrier. Il alla le prendre. Il y trouva quatre ou cinq morceaux de sucre. La façon toute particulière dont ils étaient coupés indiquait suffisamment qu'ils provenaient d'économies faites sur les *glorias* pris au cabaret.

— C'est toujours cela, pensa-t-il.

Il ouvrit ensuite une armoire, et derrière du linge jeté sans ordre sur une tablette il découvrit une bouteille, que son propriétaire avait déjà souvent visitée. Ce qu'elle contenait encore avait la couleur et la limpidité de l'eau de source. Il prit un verre dans lequel il versa quelques gouttes du liquide. C'était du kirsch.

— Un morceau de sucre trempé dans cette liqueur ne peut faire de mal, se dit-il.

Et il l'offrit à la jeune femme.

Elle l'accepta et le garda entre ses lèvres, le laissant fondre lentement dans sa bouche. C'était peu, mais ce peu parut lui faire beaucoup de bien. Les spasmes de l'estomac diminuèrent.

Elle suça successivement les cinq morceaux de sucre.

Ainsi qu'il l'avait promis, le gardien du cimetière reparut.

— Eh bien? fit-il à voix basse.

Pour toute réponse, Georges lui montra la jeune femme.

— Puisqu'elle vit, ce que nous avons fait est bien. Se souvient-elle?

— Oui.

— Alors elle est hors de danger.

— Je l'espère, murmura le jeune homme.

— Tenez, fit le gardien à voix basse, voilà ce que j'ai ramassé dans le cercueil.

Et il remit à Georges une poignée de perles.

— Avez-vous fait disparaître toutes les traces?

— N'était-ce pas pour cela que je vous ai quitté? Tenez, j'ai aussi enlevé ceci, continua-t-il en montrant quatre morceaux de fer forgés en forme de clous.

— Ah! fit Georges, j'avais oublié de vous en parler.

— Mais moi j'ai voulu savoir comment vous étiez parvenu à escalader le mur; je l'ai visité au petit jour, j'ai mis les clous dans ma poche et j'ai fait disparaître les rayures tracées par vos bottines. Aujourd'hui, avant midi, la dalle du caveau sera scellée avec du ciment et nul n'ira voir si le cercueil de madame de Borsenne est vide.

Le jeune homme prit la main du gardien et la serra fortement dans les siennes.

— Vous m'avez ensorcelé, quoi! fit le pauvre homme avec émotion; il fallait que ce fût vous pour me faire sauter ainsi à pieds joints sur tous mes devoirs.

— Tantôt je vous parlerai de ma reconnaissance, répliqua Georges. En ce moment, ne songeons qu'à elle. Vous allez courir aux provisions. Il faut un excellent potage, une bécasse rôtie, enfin tout ce que vous trouverez de meilleur; du vin de Bordeaux, le plus fin : ne regardez pas au prix, surtout.

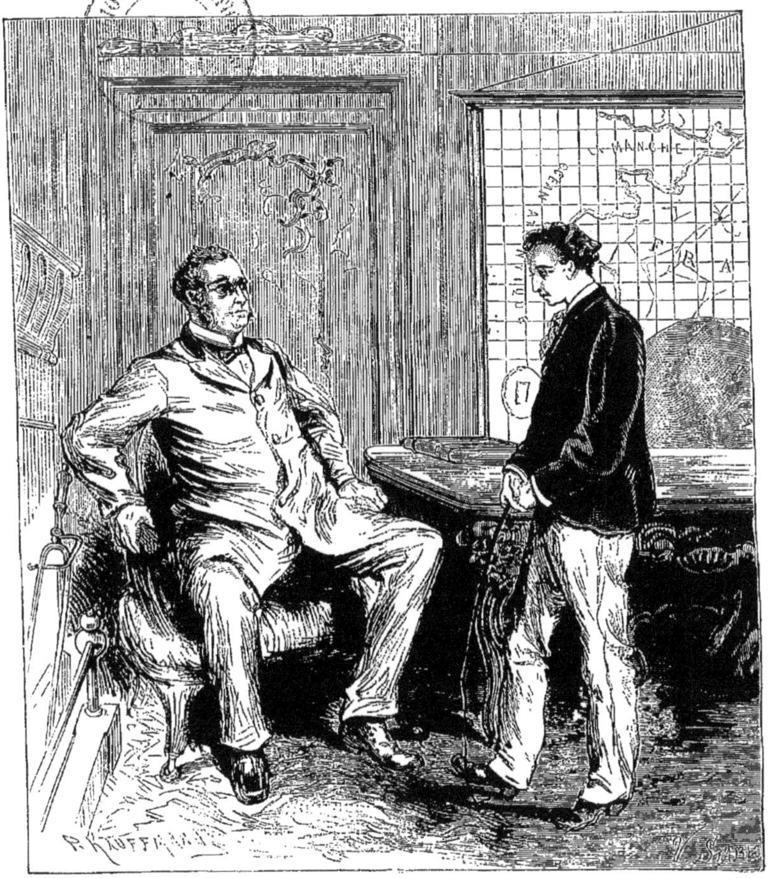

Mon père, répondit Georges, je veux être marin. — Jacques tressaillit. (Page 28.)

— Il est encore de bien bonne heure, fit observer le gardien ; je ne trouverai rien.

— Vous ferez allumer les fourneaux, vous mettrez tout le monde à l'œuvre ; avec de l'argent on obtient tout. Tenez, en voilà.

Et il mit dans la main du gardien un billet de cinq cents francs.

— Allez, reprit-il, courez et revenez le plus vite possible.

Le gardien disparut. Madame de Borsenne s'était assoupie.

VI

Le nom de Lambert est bien connu dans nos départements de l'Est où, pendant plus d'un siècle, il a été honorablement porté et toujours transmis plus noble et plus vénéré au fils par le père. Travail et probité sont les titres de noblesse de cette famille, et ces titres en valent bien d'autres plus brillants et plus pompeux dont s'affublent aujourd'hui une infinité de gentilshommes d'aventure et que portent, sans dignité et sans grandeur, de jolis messieurs, fils dégénérés d'une vieille race qu'on peut ranger d'un seul coup, sans aucune espèce de triage, dans la catégorie des inutiles.

Le premier des Lambert était un simple manœuvre employé dans une des plus importantes manufactures de laine de la Marne. A force de travail et d'économie, il parvint à acheter un métier. Dès lors il travailla chez lui et pour son compte. Au bout de quelque temps, en continuant son système d'économie, il acheta un second métier, puis un troisième.

Il s'était établi dans un faubourg de Reims, et pendant vingt ans la petite filature prospéra et grandit. Quand, devenu vieux, il céda sa maison à son fils aîné, il occupait déjà douze ou quinze ouvriers.

Au commencement de ce siècle, la filature Lambert avait acquis une certaine importance. En 1820, on dut acheter un vaste terrain aux environs de la ville pour y construire des ateliers pouvant contenir une centaine d'ouvriers. Sous le règne de Louis-Philippe, Georges Lambert, qui était le quatrième du nom, comprenant les immenses services que la vapeur employée comme force motrice devait rendre à l'industrie, s'empara de l'idée nouvelle, fit construire des machines sur des modèles inventés par lui et transforma complètement les instruments de travail de son industrie. Il fit élever de nouveaux bâtiments, car, les commandes se multipliant, il se vit obligé de doubler le nombre de ses ouvriers.

Ceux-ci s'étaient crus menacés dans leur existence en voyant les travaux que le chef de l'exploitation faisait exécuter dans l'établissement; toutes ces innovations leur semblaient fatales. Mais bientôt, quand ils s'aperçurent qu'ils se fatiguaient moins en gagnant tout autant et même davantage, ils comprirent que c'était aussi dans leur intérêt que Georges Lambert avait travaillé. Ils voulurent lui faire oublier leur mauvaise humeur des premiers moments, et ils l'entourèrent de dévouement et d'affection pour lui témoigner leur reconnaissance.

En 1840, lorsque Georges Lambert mourut, la prospérité de la filature était à son apogée. Il laissait à son fils unique, Jacques Lambert, avec un nom sans tache, une fortune laborieusement acquise, évaluée à un million, non compris les bâtiments et le matériel de l'exploitation.

Jacques Lambert avait trente-huit ans. C'était un homme d'ordre et de beaucoup de savoir. Il avait fait à Paris de sérieuses études et obtenu le diplôme d'ingénieur. Puis il était revenu à Reims afin de se rendre utile à son père en prenant une part de son travail.

Juste et bon comme son père, les ouvriers le respectaient et l'aimaient. Habitués depuis longtemps déjà à le considérer comme leur chef et à lui obéir, la mort de Georges Lambert n'amena aucun changement. Les rapports restèrent les mêmes entre le maître et les ouvriers

On ne parlait du père que pour rappeler le bien qu'il avait fait, et on s'accordait à dire que le fils était tout à fait digne de lui succéder dans la haute direction de la filature.

Jacques Lambert était marié depuis un an. Il avait épousé, avec le consentement de son père, une jeune orpheline presque pauvre, qu'il aimait et dont il avait eu le bonheur de se faire aimer.

— Sa dot est mince, avait répondu Georges Lambert le jour où son fils s'était décidé à lui parler de son amour pour mademoiselle Joséphine de Pradines, mais c'est une jeune fille honnête, intelligente et bien élevée; cela n'est pas sans valeur. Elle est jolie, pour toi c'est bien; elle est bonne, pour moi c'est mieux. Tu l'aimes, c'est beaucoup : tu es aimé, je ne puis désirer davantage. Mademoiselle de Pradines sera l'ange de notre foyer. Elle est sans fortune, mais un cœur qui sait aimer renferme des trésors inappréciables. C'est là que se trouve le bonheur. Avec de l'or, on achète le plaisir, le bonheur jamais! Épouse mademoiselle de Pradines, mon ami, j'approuve ton choix. Je suis assez riche pour payer sa dot et la tienne.

Et le mariage s'était fait.

Et, comme l'avait dit le vieux Lambert, à défaut d'argent la jeune femme avait apporté dans la maison le bonheur et la joie.

A la mort du filateur, madame Jacques était enceinte, et, à l'époque fixée par la nature, elle mit au monde un fils. D'un commun accord, il fut décidé que, pour honorer la mémoire de l'aïeul, on donnerait au nouveau-né le prénom de Georges.

La naissance de cet enfant venait consoler Jacques Lambert de la perte récente qu'il avait faite et, dès le premier jour, il fonda sur l'avenir de son fils les plus belles espérances. Son amour pour sa femme ne pouvait augmenter, mais en sentant vibrer en lui les douces jouissances du sentiment paternel il s'aperçut que l'horizon de son bonheur s'élargissait à l'infini.

Entouré de soins et d'une affection sans bornes, l'enfant grandit sous les yeux de sa mère. Pendant qu'elle faisait naître en lui les germes féconds de la sensibilité, Jacques mettait son plaisir à développer son intelligence et à le préparer aux grandes luttes de la vie.

A douze ans, Georges Lambert, élève de son père, entra au collége Sainte-Barbe à Paris, pour y terminer ses études.

Quatre ans après, il revint à Reims. Il avait remporté plusieurs prix à la Sorbonne, et il rapportait avec ses couronnes les diplômes de bachelier ès lettres et ès sciences.

Son retour fut suivi de plusieurs jours de fête.

Un matin, après lui avoir fait visiter les ateliers où les ouvriers, jeunes et vieux, l'accueillirent comme le chef futur de l'établissement, son père lui dit :

— Mon cher Georges, depuis ton retour parmi nous, je t'ai laissé tout entier aux caresses de ta mère. Après tes succès, dont à juste titre nous sommes heureux et fiers, je vous devais bien cela. Mais le moment est venu de songer sérieusement à ton avenir. Tu as terminé brillamment tes études; en cela tu ne m'as point trompé. Tu n'as que seize ans, et déjà tu es un homme. Mais ce n'est pas assez; un homme a de grands devoirs à remplir envers la société et envers lui-même. Dans quelque condition qu'il soit né, il importe qu'il soit utile ; le nom de Lambert est synonyme de travail. J'ai trop de confiance en toi pour avoir supposé que tu voudrais rester oisif. Voilà pourquoi je te demande aujourd'hui : Que veux-tu faire?

Le jeune homme hésita un instant avant de répondre.

— Si tu as une idée, un projet arrêté, dis-le-moi, reprit Jacques Lambert.

— Mon père, répondit Georges, je veux être marin.

Jacques tressaillit.

— Marin ! répéta-t-il, marin ; je n'ai certainement pas bien compris. Il est impossible que tu songes à t'engager comme matelot.

— En effet, mon père, ce n'est pas cela que j'ai voulu dire.

— Alors, explique-toi. Veux-tu compléter ton instruction par l'étude spéciale de la pyrotechnie ou de l'hydrographie? Ambitionner de devenir ingénieur de la marine est louable et je t'approuve de tout mon cœur.

— Mes goûts sont plus modestes, mon père, répondit Georges en rougissant : je veux être simplement officier de marine.

— Ah! dit Jacques qui ne put réprimer un mouvement de contrariété, il paraît que tu as le goût des émotions violentes et de la vie aventureuse. Ainsi, tu veux entrer à l'école navale?

— Oui, mon père.

— Soit. Tu veux être marin, suis ta vocation. J'aurais préféré que tu restasses près de moi pour partager mes travaux, près de ta mère pour l'aimer; mais je place ton bonheur au-dessus de ma satisfaction personnelle.

— Mon père, répliqua Georges avec émotion, en embrassant une carrière périlleuse sans doute, mais honorable et qui me permet de me dévouer à mon pays, je ne cesserai pas de vous aimer, vous et ma mère.

— Oui, mais tu ne seras plus à nous, tu appartiendras à l'État.

— Je serai toujours votre fils, mon père, et toujours digne de l'être.

— J'en suis sûr, dit Jacques Lambert.

Et il se retourna pour essuyer furtivement une larme.

Une de ses plus douces espérances lui échappait. Il n'essaya point de combattre la volonté de Georges. C'eût été en vain, il le savait. Il l'avait élevé, il connaissait son caractère ferme et absolu.

Madame Lambert pleura lorsqu'elle apprit que son fils allait de nouveau la quitter. Mais il s'agissait du bonheur de l'ingrat et, comme son mari, elle accepta le sacrifice.

Deux mois après, Georges entrait à l'école navale établie sur le *Borda*, en rade à Brest.

VII

Comme nous l'avons dit plus haut, mademoiselle Joséphine de Pradines s'était trouvée orpheline à l'âge de huit ans. Son père, que des spéculations avaient ruiné, était mort d'une fièvre cérébrale provoquée par une impitoyable continuité de soucis et de chagrins de toutes sortes, dont le premier et certainement le plus cruel avait été la perte de sa femme. Il n'avait laissé à sa fille qu'une très-mince partie de la dot de sa mère, à peine vingt mille francs.

Une vieille parente de M. de Pradines, veuve d'un lieutenant-colonel et sans enfants, déclara aux autres parents qu'elle se chargeait de l'éducation et de l'entretien de l'orpheline. Elle demanda, toutefois, que la rente du capital appartenant à l'enfant lui fût remise tous les semestres, afin de couvrir une partie des dépenses dont elle allait surcharger son petit budget. Le capital devait rester intact, pour devenir plus tard la dot de la jeune fille. La vieille dame n'avait, d'ailleurs, d'autre fortune que la portion de la pension du lieutenant-colonel réversible sur sa veuve, puis un bureau de tabac que le gouvernement de Louis-Philippe venait de lui accorder après six années d'incessantes sollicitations.

Les membres du conseil de famille, enchantés de l'offre de la vieille parente, qui les débarrassait d'une charge et d'une certaine responsabilité, l'acceptèrent avec empressement.

Les choses étant ainsi convenues, la petite Joséphine fut mise dans les bras de madame Marteau, qui l'emmena à Paris, où elle demeurait.

Quinze jours après, son trousseau acheté et bien complet, l'orpheline fut placée dans un des premiers pensionnats de jeunes filles de Paris, lequel était dirigé par une ancienne amie de madame Marteau.

Dans cette maison, où les plus grandes familles tenaient à placer leurs enfants, Joséphine fut, dès le jour de son entrée, l'objet de soins particuliers et recommandée à tous les maîtres, avec la plus vive sollicitude, par la directrice elle-même.

La gentillesse, la grâce, la docilité et l'exquise bonté de la jeune fille la rendaient digne de cette bienveillance affectueuse. Elle sut si bien se faire aimer qu'elle ne tarda pas à devenir l'élève chérie et préférée de tous les maîtres.

Merveilleusement douée sous le rapport de l'intelligence, elle fit des progrès si rapides qu'à douze ans son instruction était plus complète et plus étendue que celle des plus anciennes élèves du pensionnat. Aussi était-elle de la classe des grandes, bien qu'elle fût de trois ou quatre ans moins âgée. Ces demoiselles reconnaissaient sa supériorité et l'admettaient volontiers dans leurs causeries intimes. Comme on l'aimait, on ne la jalousait point. Les filles de millionnaires, de pairs de France et de haute noblesse recherchaient son amitié. Elle répondait gracieusement à toutes les sollicitations de ce genre, aimait ses compagnes parce que c'était un besoin de son cœur, mais ne se livrait pas entièrement, peut-être par excès de timidité.

Les titres de celle-ci, l'immense fortune de celle-là, la rendaient défiante à son insu. Elle était dans leur société moins familière, moins expansive, gênée souvent et quelquefois craintive.

— Ces demoiselles, se disait-elle, appartiennent à un monde que je ne connaîtrai jamais, et où elles sont appelées à briller comme des étoiles ; elles sont trop riches et de trop grande naissance pour que je puisse me croire leur égale.

Mais cette amitié, recherchée avec tant d'empressement, elle la donna tout entière à une de ses compagnes, dont la position avait de singuliers rapprochements avec la sienne.

Comme elle, Adèle Valudier était orpheline de père et de mère. Elle aussi était à peu près sans fortune et avait une tante qui s'était chargée de veiller sur son enfance. Mais cette tante ne ressemblait guère à madame Marteau, la vieille parente de Joséphine, si bonne, si affectueuse et si dévouée. Agée de trente ans à peine et mariée à un financier déjà célèbre par sa fortune, la rapidité avec laquelle il l'avait acquise et le bonheur inouï qui accompagnait chacune de ses spéculations, elle s'était lancée, affolée de plaisir, au milieu du tourbillon de la vie parisienne.

Libre, trop libre même — son mari donnait tout son temps à ses gigantesques opérations — et belle encore, madame Fontanges était l'âme et la vie de toutes les réunions où l'on s'amusait et où l'on sacrifiait tout à la jouissance des sens. En un mot, l'élégante madame Fontanges était une coquette, une mondaine, une des lionnes de l'époque. Toujours étourdie et surexcitée, elle vivait dans un perpétuel état de fièvre, ne faisant peut-être du tort qu'à elle-même, mais se compromettant follement, et livrant son honneur et celui de son mari, comme une cible, aux coups de la médisance. Cette femme, gâtée par la fortune, se perdait au milieu des éblouissements du luxe. Le plaisir s'offrait à elle complaisant et facile ; elle s'amusait.

On donnait chez elle des fêtes splendides où des hommes et des femmes de tous les mondes se rencontraient. Il y avait bien quelquefois des surprises désagréables, des pudeurs indignées et des vertus effarouchées ; mais, baste! on passait sur tout cela : madame Fontange était si charmante, son mari si riche, on s'amusait si bien chez eux! Du reste, en ce temps-là déjà, la vraie femme du monde commençait à s'habiller et à imiter le langage et l'allure de certaines femmes que Dumas fils a appelées, depuis, les femmes du demi-monde.

Telle était la femme qui, par suite de circonstances imprévues, avait été désignée pour protéger et diriger la jeunesse de mademoiselle Adèle Valudier, l'enfant de sa sœur.

Nous croyons inutile de dire que la mission délicate dont elle était chargée et les devoirs qui lui étaient imposés la préoccupaient médiocrement. Elle était trop légère et trop frivole pour que quelque chose de sérieux pût un seul instant occuper son esprit. D'ailleurs la jeune fille, au pensionnat, recevait l'instruction et achevait son éducation sans souci pour elle. La maîtresse de pension achetait tout ce qui était nécessaire à l'élève : robes, chapeaux, bottines, linge, etc. On présentait seulement les factures à madame Fontanges, qui payait sans observations et sans compter.

Une fois par mois, la jeune fille allait passer la journée du dimanche chez sa tante. Celle-ci l'embrassait, la regardait et lui disait :

— Tu grandis, tu deviens jolie.

Ou bien :

— Comme tu es fagotée, ma pauvre Adèle! on n'a pas de goût dans ta pension.

Et c'était tout. Elle ne s'occupait plus de la jeune fille, qui restait isolée, dans cette maison animée et bruyante, comme au milieu d'un désert.

Adèle Valudier avait trois ans de plus que Joséphine. C'était déjà une très-belle et très-gracieuse personne, grande et svelte, aux formes finement arrondies, lorsque mademoiselle de Pradines passa de la petite classe dans celle des grandes.

Un attrait inconnu, plein de promesses, quelque chose de cette affinité mystérieuse des âmes, les poussa l'une vers l'autre. Le premier jour elles se donnèrent la main, le deuxième elles s'embrassèrent, le troisième elles étaient amies inséparables.

Comme la fleur qui s'épanouit le matin et exhale les plus doux parfums, leur cœur, avide d'affection, s'ouvrait à l'amitié. Tout de suite elles s'entendirent et se comprirent.

Elles se racontèrent ce qu'elles se rappelaient de leur enfance. C'était à peu près la même histoire, avec les mêmes faits douloureux. Elles pleurèrent ensemble aux mêmes souvenirs. Pour le moment, elles se félicitèrent de s'être rencontrées. Plus tard, elles se communiquèrent leurs espérances, elles parlèrent de l'avenir, comme on en parle à cet âge heureux, en ne voyant que sentiers verts, ruisseaux limpides et fleurs aux buissons.

C'était un échange continuel de suaves pensées et de douces confidences, où le rêve docile se faisait gracieux pour entrer dans le domaine de la réalité. C'était la naïveté charmante de l'ignorance qui croit tout savoir, et toujours de ces mille riens si délicieux que se disent les jeunes filles en rougissant un peu, chaque fois qu'un mot entendu, une sensation éprouvée, fait trotter leur imagination et amène une découverte inattendue, une demi-révélation des mystères de la nature.

Mademoiselle Valudier devait quitter la pension le jour où elle aurait accompli sa seizième année.

— Ma bonne amie, lui disait quelquefois Joséphine avec des larmes dans les yeux, le temps passe avec une rapidité désespérante, et je ne puis penser sans terreur à notre séparation prochaine.

— Sois tranquille, répondait Adèle, je viendrai te voir souvent.

— Tu me le promets? Oh ! que je voudrais avoir aussi seize ans le même jour que toi!

Les deux amies allèrent s'asseoir sur un banc au fond du jardin. (Page 34.)

Et elles s'embrassaient en se jurant une amitié éternelle.

Un lundi matin, Joséphine remarqua un grand changement chez son amie. Son visage était plus animé, l'incarnat de ses joues plus vif, son regard pétillait. Tout en elle trahissait une joie immense. Jamais elle ne lui avait paru si jolie.

Adèle était sortie la veille et, comme d'habitude, elle avait passé la journée chez sa tante. Évidemment, quelque chose d'heureux lui était arrivé.

Après la classe, Joséphine s'empara de son amie et, l'entraînant sous les grands arbres de la récréation :

— Raconte-moi tout de suite ce qui t'est arrivé, lui dit-elle.

— Mais il ne m'est rien arrivé, répondit Adèle en devenant rouge comme une pivoine.

— Alors tu ne m'aimes plus, répliqua tristement Joséphine.

— Oh ! ne va pas croire cela !

— Il faudra bien que je le croie puisque tu me fermes ton cœur.

— Que veux-tu donc que je te dise?

— Ce qui te rend si heureuse et si belle!

Adèle baissa les yeux et rougit encore.

— Tu as raison, reprit-elle, je ne dois rien te cacher.

VIII

Les deux amies allèrent s'asseoir sur un banc jusqu'au fond du jardin pour s'éloigner de leurs compagnes et ne pas risquer d'être entendues.

Alors, passant son bras autour de la taille de son amie, Adèle lui dit presque à voix basse :

— Hier, il y avait réception chez ma tante. Dîner de trente couverts, puis après, concert et bal. Au moment du concert, les salons se remplirent d'une foule d'invités ; jeunes gens et femmes du meilleur monde. Oh ! les délicieuses toilettes ! J'aurais voulu, ma chérie, que tu fusses près de moi pour partager mon admiration. Ce n'était, sous les lumières, que scintillements de pierreries et étincelles de diamants. Toute peureuse et toute bête, je t'assure que je me faisais petite, toute petite dans mon petit coin. J'étais éblouie ; je m'extasiais à regarder le mouvement des éventails, et il me semblait que je ne pourrais jamais me rassasier de voir et d'admirer. C'était vraiment superbe, féerique.

« Le concert terminé, il se fit un grand mouvement, des musiciens se placèrent à l'orchestre et je compris qu'on allait danser.

« En ce moment, j'entendis une voix douce qui me disait :

« — Mademoiselle veut-elle me faire l'honneur d'accepter ma main pour le quadrille? »

« Je me retournai et je vis près de moi un beau jeune homme, qui s'était approché sans que je le visse et qui, souriant, attendait ma réponse. Je me levai un peu troublée en mettant ma main dans la sienne. En prenant place au quadrille, je tremblais ; je m'aperçus qu'il tremblait aussi, lui.

— T'a-t-il parlé, ce beau jeune homme?

— Pendant le quadrille, on peut parler dans les moments de repos.

— Que t'a-t-il dit?

— Beaucoup de choses dont je ne me souviens pas.

— Dis-moi au moins ce dont tu te souviens.

— Eh bien, il m'a dit que je dansais bien, avec grâce, et puis... que j'étais jolie.

— C'est tout?

— Non, poursuivit Adèle en s'animant; il m'a dit son nom; il s'appelle Alphonse. Lui aussi est très-bien. Il est brun, plus grand que mon oncle, et il porte une jolie moustache noire qui relève en pointes. Il a une sœur mariée et plus âgée que lui. Il n'a que vingt ans et il jouit déjà d'une belle fortune qui lui vient de sa mère, qu'il a perdue l'année dernière.

La tête de Joséphine s'était penchée tristement sur sa poitrine. Sans savoir pourquoi elle était inquiète et agitée de noirs pressentiments.

Tout entière à ses pensées et à ses souvenirs de la veille, Adèle ne remarqua point l'accablement de son amie.

En voie de confidences, elle continua :

— Il ne m'a presque pas quittée de la soirée; nous avons dansé plusieurs fois ensemble et après une polka, comme j'avais besoin de me rafraîchir, il m'offrit son bras pour me conduire au buffet. En revenant dans le grand salon, il m'a embrassée derrière un paravent.

— Il t'a embrassée! s'écria Joséphine en relevant vivement la tête.

— Oui, fit Adèle, qui baissa les yeux sous le regard de son amie.

— J'espère que tu l'as immédiatement puni de son audace?

— Que pouvais-je dire? Il me regardait avec des yeux si doux, qui semblaient me demander pardon.

— Ah! tu l'aimes, ce monsieur! exclama Joséphine.

— Je crois que oui, balbutia son amie.

Mademoiselle de Pradines poussa un soupir, jeta ses bras autour du cou d'Adèle et l'embrassa avec force en disant :

— Heureusement que tu ne le reverras plus.

Mademoiselle Valudier tressaillit. Il lui sembla que quelque chose de froid avait traversé son cœur.

Les deux amies ne parlèrent plus de M. Alphonse. Joséphine n'avait pas même demandé à connaître le nom de sa famille. Sans savoir de lui autre chose que ce que lui en avait dit son amie, sans savoir s'il le méritait ou non, elle le haïssait. Mademoiselle Valudier l'avait compris ; aussi, malgré l'envie qu'elle en avait, n'osa-t-elle plus prononcer son nom en présence de Joséphine. Mais elle se dédommageait de cette contrainte en pensant à lui sans cesse.

Un jour, cependant, elle sortit de sa réserve. Elle n'avait plus alors qu'un mois à rester au pensionnat.

— Je l'ai revu, dit-elle à Joséphine.

— Qui? fit la jeune fille ayant l'air d'avoir oublié.

— Lui, Alphonse.

— Ah! Où cela?

— Ici.

— Comment! il a osé venir au pensionnat?

— Avec sa sœur, qui est aussi une élève de la maison. Je l'ai reconnue. Elle était dans les grandes de la dernière année, quand j'étais, moi, dans les toutes petites.

— Ainsi, ma pauvre Adèle, tu penses toujours à M. Alphonse?

Elle répondit par un mouvement de tête très-significatif.

— Il veut t'épouser?

— Sans doute.

— T'a-t-il demandée en mariage?

— Oh! pas encore.

— Nous allons nous quitter bientôt, ma chérie, reprit tristement mademoiselle de Pradines. Sois heureuse, bien heureuse, c'est le souhait unique de mon cœur. Mais quand tu seras mariée, ne m'oublie pas dans ton bonheur; garde-moi, je t'en supplie, un peu de cette amitié qui nous a rendues si heureuses et si chères l'une à l'autre.

— Toujours, toujours je t'aimerai, dit vivement mademoiselle Valudier.

— Et moi, je ne passerai pas un jour sans penser à toi.

Le jour de la séparation arriva. On avait eu le temps de s'y préparer, mais elle n'en fut pas moins douloureuse. Enfin, mademoiselle Valudier partit et Joséphine, restée seule, pleura toute la journée.

Les deux amies s'étaient promis de s'écrire souvent. En effet, pendant les trois premiers mois, il ne se passait pas quatre jours sans qu'il y eût échange de lettres. Au bout de ce temps, mademoiselle Valudier cessa complétement de répondre aux lettres que Joséphine s'obstinait à écrire, malgré le silence incompréhensible de son amie.

La dernière lettre d'Adèle l'informait que, sur les vives instances de la sœur de M. Alphonse, sa tante venait de consentir à ce qu'elle allât passer un mois à la campagne chez cette dame.

Depuis, deux mois s'étaient écoulés.

Mademoiselle Valudier devait être de retour à Paris, et toujours pas de réponse à ses lettres.

— Le monde me l'a prise, se dit-elle ; elle m'a oubliée.

Cette pensée lui causa un violent chagrin. Elle ne cessa point de penser à l'ingrate, mais, à son tour, elle n'écrivit plus.

Elle n'avait pas encore seize ans, lorsque madame Marteau, forcée de quitter Paris, la retira du pensionnat. Depuis plus d'un an, d'ailleurs, son éducation était complétement terminée.

Madame Marteau venait d'hériter, tardivement, d'un petit domaine dans les environs de Reims, et elle avait résolu d'aller finir ses jours dans ce pays où elle était née et où la rattachaient de pieux souvenirs.

C'est à Reims que mademoiselle de Pradines apprit un jour, par hasard, que son ancienne amie, mademoiselle Valudier, était devenue madame la baronne de Précourt.

Persuadée que M. de Précourt n'était autre que M. Alphonse, elle ne chercha pas à savoir rien de plus.

— Si madame de Précourt a tout le bonheur qu'elle mérite, dit-elle, je n'ai plus rien à désirer pour elle.

Et ce fut tout.

Un an après son installation à Reims, madame Marteau mourut. Pour la seconde fois, mademoiselle de Pradines se trouvait abandonnée et seule au monde. Mais Dieu veillait sur le sort d'une de ses plus parfaites créatures.

Jacques Lambert la rencontra et ne chercha point à résister au sentiment qui l'entraînait vers elle. Il l'aima d'abord secrètement, puis un jour il le lui dit.

— Je le savais, lui répondit-elle simplement, et j'attendais. Vous êtes riche et je n'ai rien, cela ne vous a pas arrêté. Merci. Vous serez aimé comme vous êtes digne de l'être. Pour cela, je n'ai pas beaucoup à faire, puisque déjà mon cœur vous appartient tout entier.

Elle lui tendit sa main sur laquelle il mit un baiser.

C'est ainsi que mademoiselle de Pradines devint madame Jacques Lambert. Elle n'avait pas encore dix-huit ans.

Si les chagrins et les souffrances morales blanchissent les cheveux, creusent des rides profondes sur le visage, usent peu à peu les organes de la vie, le bonheur, au contraire, conserve la fraîcheur, la jeunesse et la beauté.

Après dix-neuf ans de mariage, madame Lambert ne paraissait avoir vieilli que de quelques années. Aucune pensée mauvaise n'avait terni la pureté de son âme. Créée pour aimer, elle avait vécu pour et par l'affection. Elle restait gracieuse, enjouée et belle comme à vingt ans.

Son fils achevait sa deuxième année d'études à l'École navale. Encore quinze jours et elle allait le revoir avec le grade d'enseigne de vaisseau de 2e classe.

A cette époque — 1859 — Trouville et sa belle plage attiraient déjà une partie des désœuvrés du monde parisien qui, après s'être ennuyés tout l'hiver à Paris, viennent chercher, souvent sans les trouver, des distractions au bord de la mer.

D'un commun accord, les époux Lambert décidèrent qu'ils iraient passer six semaines ou deux mois à Trouville. Certes, ce n'était point pour se donner un plaisir, mais plutôt une façon ingénieuse d'être agréables à leur fils et de lui offrir l'occasion de voir du monde et de se distraire un peu, dès le lendemain de sa sortie de l'école.

Jacques Lambert chargea un de ses amis, déjà installé à Trouville, de lui trouver un logement convenable. Celui-ci répondit par le retour du courrier qu'il avait découvert aux Roches-Noires, au milieu d'un jardin, un joli pavillon fraîchement décoré, bien meublé, et qu'il l'avait retenu immédiatement.

Les malles étaient faites, M. et madame Lambert prirent le chemin de fer et le lendemain ils étaient à Trouville.

Un matin, vers neuf heures, pendant que son mari lisait son courrier, madame Lambert sortit seule pour aller sur la plage respirer l'air de la mer. Après une heure de promenade, elle se disposait à rentrer, lorsque devant le Casino, elle se trouva en face de quatre ou cinq jeunes femmes très-élégamment vêtues.

Tout à coup, l'une d'elles poussa un cri de surprise, se sépara de ses compagnes et sauta au cou de madame Lambert.

— Adèle ! s'écria la jeune femme en entourant de ses bras son ancienne amie.

Toutes deux se mirent à pleurer et elles s'embrassèrent comme autrefois au pensionnat.

IX

Pendant que les deux amies, également émues, échangeaient des baisers en pleurant de joie, les autres baigneuses s'éloignèrent discrètement.

Il y avait plus de vingt ans qu'elles ne s'étaient vues, les deux inséparables des beaux jours de la jeunesse. Il n'y avait pas à en douter de la part d'Adèle, la séparation avait été volontaire. Elle devait une explication à son amie ; allait-elle la lui donner? Si le hasard, dont les anciens ont fait un dieu, ne les avait mises en présence, il est certain qu'elles n'auraient jamais cherché à se rapprocher. Cependant, ce fut d'un mouvement spontané et avec un bonheur réel qu'elles se précipitèrent dans les bras l'une de l'autre.

— Si je ne t'avais pas arrêtée, dit Adèle en poussant un soupir, tu serais passée près de moi sans me reconnaître. Je suis si changée!

— C'est vrai, fit madame Lambert. Mais j'ai tout de suite reconnu ta voix.

— Ma voix seulement.

— Ne te plains pas : à tes baisers j'ai aussi reconnu ton cœur.

— Ah! tu as raison; si ma tête a blanchi, si ma beauté s'est flétrie, si la souffrance a fait de moi, avant l'âge, une vieille femme, mon cœur seul n'a pas changé; pour toi, surtout, mon amie, il est resté le même. Je le sens à la joie que j'éprouve, la seule véritable que j'aie ressentie depuis bien longtemps.

— Éloignons-nous un peu, dit madame Lambert, nous avons trop de choses à nous dire pour nous exposer à être dérangées.

Elle passa son bras sous celui de madame de Précourt et l'entraîna rapidement du côté des falaises.

Un quart d'heure après, elles s'asseyaient sur un rocher au bord de la mer. Sous leurs yeux s'étendait l'immense Océan dans un horizon sans fin ; elles pouvaient voir et compter les navires qui apparaissaient sortant de la brume, les voiles déployées et battant l'air comme des ailes d'oiseau. Sous leurs pieds retentissaient les mugissements de l'abîme et les vagues de la marée montante se brisaient sur les rochers qu'elles blanchissaient de leur écume. Mais en ce moment, le spectacle grandiose d'une mer agitée n'était point suffisant pour captiver leur attention.

Elles s'enivraient du bonheur de se revoir, et, les mains enlacées, les yeux dans les yeux, elles semblaient vouloir prendre en une minute toutes les joies dont vingt ans de séparation les avaient privées.

— Comme tu es fraîche et belle, toi! s'exclama tout à coup madame de Précourt. Ah! je n'ai pas besoin de te demander si tu es heureuse, ton bonheur pétille dans tes yeux; il est sur tes lèvres, dans ton sourire; il repose sur ton front rayonnant. En te voyant si jeune, si belle, si radieuse, je me sens presque heureuse moi-même.

— C'est vrai, répondit madame Lambert; je n'ai rien à envier, rien à désirer; j'avoue que, pour moi, la vie s'est faite facile et que le bonheur m'a un peu gâtée.

— Ma chérie, tu as trouvé la récompense de tes vertus. Le bonheur n'est pas aveugle, crois-le bien; s'il ne se donne pas toujours à tous ceux qui le méritent, il s'éloigne sans pitié des indignes. Oh! oui, tu l'as mérité ce bonheur dont tu jouis, et nulle femme n'en a jamais été plus digne. Tu ne me raconteras pas ton histoire, je la connais. J'ai appris ton mariage, la naissance de ton fils Georges qui est actuellement à l'École navale de Brest et, si je ne me trompe, à la veille d'en sortir. Je n'ai jamais vu ton mari, mais je sais que tu es pour lui ce qu'il est pour toi.

— Comment, tu sais tout cela! s'écria madame Lambert avec surprise. Tu t'es donc souvenue de moi quelquefois?

Et de grosses larmes roulèrent dans ses yeux.

— Je n'ai jamais cessé de penser à toi, répondit madame de Précourt. Deux ou trois fois chaque année, je me faisais donner de tes nouvelles, sans que les personnes de qui je les obtenais se doutassent du plaisir qu'elles me procuraient.

— Méchante! fit madame Lambert, vivement émue; et, pendant si longtemps, tu m'as laissée douter de ton amitié et croire à ton ingratitude.

— J'étais malheureuse, reprit madame de Précourt, et je me soulageais en me représentant, par la pensée, le tableau de ton bonheur.

— Mais pourquoi n'es-tu pas venue me voir, pourquoi as-tu si brusquement cessé de m'écrire?

Madame de Précourt tressaillit et baissa la tête.

— Je ne pouvais plus t'écrire, répondit-elle après un moment de silence. Quant à aller te voir après ton mariage, c'eût été porter la tristesse et la douleur au milieu de tes joies et de tes affections.

— Tu étais malheureuse, je t'aurais consolée.

— Non.

— Ma chère Adèle, puis-je faire quelque chose pour toi?

— Rien, ma chérie, rien.

— Ne puis-je être, au moins, la confidente de tes peines?

Madame de Précourt soupira.

Les deux hommes se donnèrent une chaude poignée de mains. (Page 50.)

— Non, non, répondit-elle, ce serait troubler la paix de ton cœur. Il vaut mieux que tu ne saches rien. Certes, je pourrais rougir sous tes yeux ; je ne craindrais pas de m'accuser et de m'humilier devant toi, une sainte ; je ne redouterais pas non plus ton blâme et ta sévérité ; mais il est de ces choses qu'on renferme au plus profond de son âme, qu'on voudrait se cacher à soi-même et qu'il ne faut révéler à personne, pas même à sa meilleure amie.

— Adèle, tu sais combien je t'aime ; je t'en supplie, laisse-moi te consoler, et, pour que je puisse mieux lutter contre ta douleur, dis-moi ton secret. Tu verras comme je saurai adoucir ton chagrin. Tu souffriras moins quand nous pleurerons ensemble. Voyons, est-ce ton mari qui te rend malheureuse?

— Mon mari est le meilleur et le plus généreux des hommes. Bien qu'il soit beaucoup plus âgé que moi, j'ai pour lui la plus tendre affection.

— Beaucoup plus âgé que toi?... Mais il me semble — si ma mémoire est fidèle — que la différence d'âge n'est que de quatre ou cinq ans.

— M. de Précourt a cinquante-cinq ans.

— Mais ce n'est donc pas M. Alphonse que tu as épousé?

Une pâleur livide couvrit subitement le visage de madame de Précourt, son corps s'agita convulsivement et deux éclairs fauves jaillirent de ses yeux.

— Alphonse, reprit-elle d'une voix sourde, ne prononce jamais devant moi ce nom fatal et maudit! Tu as un fils, un fils que j'aime déjà et que je brûle de connaître : eh bien! s'il se nommait Alphonse, je serais capable de le haïr! Alphonse! c'est me rappeler d'un mot toutes mes angoisses, toutes mes tortures. Je le sens, mon cœur était trop plein; sans le vouloir, tu l'as secoué violemment et il déborde de toutes parts. Il y a longtemps qu'il s'emplit goutte à goutte de toutes les amertumes! Et pas de guérison pour cette blessure profonde et terrible! Ah! je le connais, le remède qu'il faudrait à mes souffrances, il s'appelle la mort!

Madame Lambert était terrifiée; elle écoutait et regardait son amie avec un étonnement profond auquel se joignait une vive compassion.

— Si tu as cru qu'Alphonse était M. de Précourt mon mari, poursuivit la baronne, c'est que tu ignores le nom de la famille de cet homme. Tant mieux. Je serai plus à mon aise pour parler. Tu veux connaître mon secret, c'est une confession que tu vas entendre. Écoute-la.

Effrayée de l'expression douloureuse qu'avait pris le visage de son amie, madame Lambert fut tentée de lui crier :

— Arrête, je ne veux rien savoir! Mais les paroles expirèrent sur ses lèvres.

Madame de Précourt commençait sa douloureuse histoire.

— Je me souviens, comme si c'était d'hier, de la dernière lettre que je t'ai écrite. Je te disais que la sœur d'Alphonse venait de m'inviter à passer quelque temps chez elle, dans un château appartenant à son mari, et qui se trouve à dix ou douze kilomètres de la ligne du chemin de fer de Rouen à Dieppe.

« Ma tante accepta pour moi l'invitation avec un certain empressement.

« Elle saisissait l'occasion de se débarrasser momentanément d'une petite fille bête et très-gauche, qu'elle était obligée de présenter à ses amies et devant laquelle elle devait s'observer et se contraindre, ce qui n'était nullement dans sa nature libre et indépendante.

« Certes, — et j'ai eu plus d'une fois l'occasion de le reconnaître, — ma tante n'avait aucune des qualités nécessaires pour diriger, au début de la vie, les pas incertains d'une jeune fille ignorante de tout. Il n'y a qu'une mère qui puisse bien comprendre les soins délicats, les conseils prudents et la sollicitude dont une jeune fille doit être entourée à son entrée dans le monde. Comment ma tante, qui ne savait pas se protéger elle-même, aurait-elle pu me défendre contre les dangers qui menaçaient mon inexpérience ?

« Et pourtant elle m'aimait beaucoup, mais comme elle aimait son mari et ses plus chers amis, par caprice, quelquefois follement, jamais avec son cœur.

« Je partis pour la Normandie...

« Trois jours après notre installation au château, M. Alphonse, dont sa sœur me parlait constamment, y arriva à son tour. Je l'avais revu plusieurs fois chez ma tante depuis ma sortie de la pension, mais j'ignorais qu'il dût venir partager notre villégiature.

« Était-ce pour me ménager une surprise ou tout autre motif, sa sœur n'avait pas cru devoir me prévenir. Je fus, je l'avoue, enchantée de la perspective de passer quelque temps avec lui avec la facilité de le voir chaque jour et de jouir à mon aise de sa conversation.

« D'ailleurs, d'après ses promesses, je me considérais déjà un peu comme sa femme, et puis, je l'aimais.

« Les huit premiers jours s'écoulèrent avec une étonnante rapidité.

« Je dois te dire que le beau-frère de M. Alphonse se trouvait alors à Francfort où de graves intérêts l'avaient appelé.

« Malgré tous les plaisirs et les amusements qu'on me procurait, je ne t'oubliais pas. Un soir, je me retirai dans ma chambre de bonne heure et je t'écrivis une longue lettre que je me promettais de mettre à la poste le lendemain. Avant de me coucher, je voulus fermer ma porte comme d'habitude, mais je ne trouvai point la clef à l'endroit où je la mettais d'ordinaire. Je pensai que la servante chargée de faire ma chambre l'avait par mégarde gardée dans sa poche. J'eus l'intention de l'appeler ; mais elle était couchée depuis longtemps et devait être endormie. La chose me parut, d'ailleurs, sans conséquence. Il était près d'une heure du matin. Je fis vivement ma toilette de nuit et je me mis au lit.

« Je commençais à m'endormir lorsqu'un bruit léger me fit relever mes paupières déjà closes.

« Quelqu'un marchait dans ma chambre.

X

— C'était lui! fit madame Lambert d'une voix indignée.

— Oui. Je le reconnus à la faible clarté que la lune envoyait dans ma chambre. J'éprouvai un tel saisissement qu'il me fut impossible de lui adresser les reproches qui montaient à mes lèvres.

« Il s'approcha du lit et ses bras m'enlacèrent.

— Oh! le lâche! murmura Joséphine.

— Je ne saurais dire ce qui se passa en moi, poursuivit madame de Précourt; j'étais dans un état impossible à décrire. Mon cœur battait à se rompre, j'avais la poitrine serrée par une oppression étrange, ma raison s'égarait. Au milieu du désordre de mes idées, je ne pouvais trouver une pensée. Avec la volonté de résister, je ne faisais aucun effort pour me défendre. J'éprouvais cet étourdissement et cette torpeur qui précèdent un évanouissement complet.

« Son triomphe fut facile; ma faiblesse se fit sa complice. »

Madame de Précourt baissa la tête et des larmes silencieuses inondèrent ses joues.

— Pauvre femme! pensa madame Lambert; elle a cruellement expié ce qu'elle appelle sa faiblesse et ce qui est le crime d'un autre.

Elle prit son amie dans ses bras et lui dit tout bas :

— Continue.

Madame de Précourt parvint à dominer son émotion et reprit son récit.

— Il me quitta au bout d'une heure sans bruit, comme il était venu. Et moi, brusquement rendue à la réalité, je me révoltais contre moi-même. Je comprenais, trop tard, hélas! qu'un instant d'égarement et de folie avait fatalement compromis le bonheur de ma vie. Je passai le reste de la nuit à me désoler, à pleurer, à sangloter.

« Je me levai dès l'apparition du premier rayon de soleil et m'habillai machinalement.

« La première chose qui frappa ma vue, ce fut la lettre que je t'avais écrite la veille. Je la pris et la portai plusieurs fois à mes lèvres, je la mouillai de mes larmes. Cette lettre ne devait plus être mise à la poste, j'allumai une bougie et la brûlai.

« — Je ne lui écrirai plus! m'écriai-je en sanglotant, je n'en suis plus digne. »

Et puis, qu'aurais-je pu t'écrire à toi, si chaste et si pure? Je ne pouvais t'avouer la vérité. Ce que je dis à la femme, aujourd'hui, je n'aurais pu le confier à la jeune fille sans commettre une action mauvaise. T'écrire! mais chacune de mes phrases eût été un mensonge, une hypocrisie. Ma conscience me le défendait.

— C'est vrai, dit Joséphine.

— J'avais pris la résolution de quitter ce château, le jour même, reprit madame de Précourt. J'allai trouver la sœur de M. Alphonse et lui fis connaître mon intention.

« — Vous voulez partir! s'écria-t-elle; mais c'est impossible. Que penseraient de moi votre tante et votre oncle? Est-ce que vous vous ennuyez? Alors je n'ai point su vous distraire, je m'y prendrai mieux dès aujourd'hui. Si je ne vous ai pas témoigné assez d'amitié, dites-le-moi. Sont-ce les assiduités de mon frère qui vous déplaisent? Dites un mot et je le prierai d'aller visiter un autre coin de la France. »

« Je me trouvai fort embarrassée et ne sus que répondre.

« — Si vous me quittiez ainsi, reprit-elle, vous me feriez beaucoup de peine. Allons, vous resterez, ajouta-t-elle en m'embrassant avec tendresse, promettez-le-moi. »

« Nouvelle faiblesse. Je n'eus pas la force de dire non.

« Pendant les trois jours qui suivirent, M. Alphonse me parut tel qu'il était les jours précédents. Il parlait de toutes choses avec la même aisance et sans faire jamais la moindre allusion à ce qui s'était passé entre nous.

« Je m'étonnais de le trouver si calme et si maître de lui, lorsque sa seule présence me rendait tremblante et me troublait à ce point que je ne savais plus ni ce que je faisais ni ce que je disais.

« J'avais eu l'idée, un instant, que sa sœur avait été son alliée contre moi, mais rien dans la conduite de celle-ci ne vint confirmer ce premier soupçon. Je crois encore aujourd'hui que si elle a été pour quelque chose dans tout cela, c'est à son insu. Elle aimait beaucoup son frère et elle a été sa dupe, comme moi j'ai été sa victime.

« Un matin, profitant d'un moment que j'étais seule avec lui, Alphonse me dit :

« — Ce soir, j'ai à vous parler; laissez la porte de votre chambre ouverte. »

« Je lui lançai un regard que je crus terrible et m'éloignai sans lui répondre.

« J'avais retrouvé ma clef, c'est-à-dire qu'on l'avait rapportée dans ma chambre, et depuis, je la gardais toujours sur moi. Ce jour-là, prévenu par les paroles de M. Alphonse, je m'enfermai encore avec plus de soin. Néanmoins, je ne fus pas tranquille et je ne pus fermer l'œil de la nuit.

« En me levant, je trouvai une lettre qu'on avait glissée sous ma porte. Je ne te dirai pas ce qu'elle contenait ainsi qu'une douzaine d'autres qui la suivirent.

« C'était une foule de belles promesses, de flatteries, de protestations et de regrets, la peinture d'un immense désespoir. Tout cela était arrangé et dit avec cet art infernal que les hommes possèdent si bien; de magnifiques choses qui sont comme des fleurs semées sur le chemin de la séduction.

« Je commis une nouvelle faute, celle de répondre à ces lettres. Oh! que de fois je me suis repentie de mon imprudence et de ma trop facile confiance.

« Je le suppliais de s'éloigner du château où sa présence me tenait dans un état de fièvre continuelle et troublait jusqu'à mes heures de sommeil. Je lui demandais comme une grâce de courir à Paris et de ne revenir qu'après avoir obtenu le consentement de ma tante à notre mariage.

« Voyant que je persistais dans ma résolution de l'éloigner et que je mettais tous mes soins à éviter de me trouver seule avec lui, il se décida enfin à partir. Je crus naïvement qu'il se rendait à Paris, mais je fus bientôt détrompée. Sa sœur m'apprit qu'il était allé faire un voyage en Italie.

— Mais enfin, pourquoi ne t'a-t-il pas épousée? demanda madame Lambert.

— Pourquoi? Parce que cet homme est un misérable, sans honneur et sans cœur. Il n'y a pas songé un seul instant. Il ne voulait qu'une chose : faire de moi sa maîtresse. Ah! si j'avais eu une grande fortune à lui donner, il aurait certainement consenti pour mon malheur à me donner son nom. Mais une maigre dot de soixante mille francs, qu'était-ce que cela pour un homme qui avait déjà mangé les deux tiers d'une fortune évaluée à un demi-million? Jamais homme n'eut une perversité plus précoce. A vingt ans, il était déjà l'esclave de toutes les passions mauvaises.

« Sous des dehors distingués, des manières polies, un langage étudié et une apparence de bonté hypocrite, il cachait les plus vils instincts. Joueur et débauché, il passait ses nuits dans ces salons moitié tripots, moitié lieux de plaisirs, où à la lumière des bougies, le vice éhonté ne craint pas de se montrer dans toute sa laideur.

« Il entretenait avec un luxe inouï une choriste de l'Opéra; c'est avec elle qu'il était parti pour l'Italie.

« Un an plus tard, je rencontrai M. de Précourt chez une amie de ma tante. Je fis sur lui, paraît-il, une vive impression. Peu de temps après, malgré mon peu de fortune, il demanda ma main. Il était plus âgé que moi; mais le malheur, en me vieillissant, m'avait enlevé beaucoup de mes illusions. J'écoutai ma tante, qui, enchantée de se débarrasser des soucis de sa tutelle, me fit les plus grands éloges de M. de Précourt.

« Le mariage se fit presque immédiatement. Je trouvai dans M. de Précourt, en plus de l'affection du mari, le dévouement d'un ami et la tendresse d'un père. Chaque jour je découvrais en lui une de ces qualités solides, si précieuses à la femme qui sent le besoin d'être protégée. Je m'attachai sincèrement à lui et je résolus de le rendre aussi heureux qu'il méritait de l'être.

« Moi-même j'aurais pu être heureuse, si le souvenir du passé, comme un spectre sombre, ne s'était constamment dressé devant moi. Plus mon mari me témoignait d'affection, plus le remords implacable pénétrait profondément dans mon cœur.

« Vingt fois je fus sur le point de me jeter aux pieds de mon mari et de lui tout avouer, et toujours, toujours la honte m'a retenue. Il m'aurait pardonnée et consolée, j'en suis sûre. J'ai préféré souffrir. Maintenant il est trop tard... Mes larmes ne sont point encore taries; mais il me semble que mon cœur est mort, et je me demande parfois avec terreur quelle douleur serait assez grande pour le faire revivre.

« J'ai une fille qui va avoir quatorze ans, elle est intelligente, elle est bonne et elle sera belle. Elle est l'idole de son père, et toute la joie que je pouvais avoir m'est venue d'elle. Eh bien! parce que j'ai eu le bonheur d'être mère, Dieu m'a infligé un nouveau châtiment. Je rougis devant mon enfant. Sa tendresse, dont je suis jalouse, me crée une autre souffrance; c'est en tremblant que je mets un baiser sur son front d'ange. Il me semble que mon contact doit ternir sa pureté.

« Dis, y a-t-il quelque chose de plus affreux? N'est-ce pas horrible?

— Oh! oui, je ne m'étonne plus de te retrouver si vieillie, répondit madame Lambert, et je devine ce que t'a coûté de larmes chaque ride creusée sur ton visage. Tu as commis une faute, ma pauvre amie, et tu en as souffert, par l'exagération même de tes sentiments. Aujourd'hui l'expiation est complète, et tu peux relever la tête, douce victime d'un instant d'erreur. La tendresse de ton mari, l'amour de ta fille sont la preuve que Dieu t'a pardonnée. Et moi qui t'ai entendue, moi que tu as prise pour juge, je t'absous.

Les deux amies s'embrassèrent avec effusion.

— Et lui, cet infâme à qui tu dois cette misérable existence, l'as-tu revu? demanda madame Lambert après un moment de silence.

— Oui, plusieurs fois depuis mon mariage. Croirais-tu qu'il a eu l'audace de me rappeler le passé et qu'il a essayé de reprendre les droits qu'il croit avoir sur moi?... Je lui ai répondu par le mépris et le dégoût qu'il m'inspire. Les lettres que j'ai eu la sottise de lui écrire sont encore une de mes terreurs. Un jour, j'eus le courage de le prier de me les rendre.

— Il ne tient qu'à vous de rentrer en leur possession, me répondit-il; venez les chercher chez moi.

« Il les a encore, il les conserve. Quel usage en veut-il faire? Je le crois capable de tout oser. Oh! ces lettres maudites, je donnerais avec joie tout le reste de ma vie pour les savoir détruites!

XI

— Que fait-il? Est-il marié? demanda madame Lambert.

— Il ne s'est jamais marié. Il habite, rue de Ponthieu, un superbe hôtel. On le dit très-riche. Après avoir englouti sa fortune personnelle, son luxe d'aujourd'hui est un mystère pour tout le monde. Mais je crois qu'il vit d'expédients, et que son nom se trouve mêlé à une quantité d'affaires véreuses qui enrichissent directeurs et administrateurs aux dépens de la crédulité des petits capitalistes. Il n'a aucune fonction officielle, mais il est, dit-on, un personnage important et influent de l'Empire. Je n'en sais pas davantage et je n'ai jamais cherché à pénétrer plus avant dans le secret de cette existence qui a été si funeste à la mienne et que je redoute encore. Ah! Dieu veuille que je sois trompée dans mes pressentiments!

— Reprends confiance, mon amie, dit madame Lambert; maintenant que nous nous sommes retrouvées, nous ne nous séparerons plus pour longtemps, nous nous verrons souvent. Je lutterai avec toi contre le fantôme du passé, et il faudra bien qu'il disparaisse. Je te forcerai à oublier et je te protégerai, surtout contre toi-même. Mon cœur brûlant d'affection réchauffera ton cœur. Espère, espère, ma chère Adèle, il y aura encore pour toi des heures de soleil, des fleurs parfumées, des sourires, des caresses et des jours de bonheur.

Onze heures venaient de sonner. Les deux amies s'éloignèrent comme à regret du bord de la mer et revinrent vers la ville.

Soudain, madame Lambert pressa le bras de son amie.

— Voilà mon mari, dit-elle; je parierais qu'impatient et inquiet il s'est mis à ma recherche.

M. Lambert, les ayant aperçues, s'empressa de venir à elles. Il se découvrit et salua madame de Précourt.

— Mon ami, dit Joséphine en souriant, permets-moi de te présenter cette amie de pension dont je t'ai parlé si souvent, madame la baronne de Précourt.

— Si madame de Précourt ne trouve pas mon amitié importune, répondit-il en s'adressant à la baronne, je la prie de me mettre, comme ma femme, au nombre de ses meilleurs amis.

Madame Lambert s'élança et reçut son fils dans ses bras. (Page 51.)

— L'amitié de ma chère Joséphine m'est trop précieuse, répliqua la baronne, pour que je ne sois pas heureuse de posséder aussi celle de son mari.

Madame Lambert voulait que son amie vînt déjeuner avec elle.

— Monsieur de Précourt et ma fille s'inquiéteraient de mon absence, objecta la baronne.

— Nous les ferons prévenir par un domestique.

— Non, reprit Adèle, il est convenable, avant tout, que M. Lambert et M. de Précourt se connaissent. Demain nous vous ferons une visite.

— Soit, dit Joséphine, voici notre adresse.

Madame de Précourt embrassa son amie, tendit sa main à M. Lambert et s'éloigna rapidement.

— C'est donc par hasard que tu as rencontré ton ancienne amie? demanda M. Lambert.

— Par le plus grand des hasards.

— T'a-t-elle au moins expliqué la cause de son inexplicable silence?

— Oui.

— Et quelle est son excuse?

— Elle a été malheureuse et elle me savait comblée de toutes les joies.

M. Lambert comprit que sa femme ne lui dirait rien de plus, et il parla d'autres choses.

Le jour même, dans la soirée, le valet de chambre de M. de Précourt lui annonça la visite de Jacques Lambert.

Le baron le reçut aussitôt.

— Monsieur le baron, dit Jacques, madame de Précourt et ma femme sont unies par les liens d'une amitié déjà ancienne, mais toujours très-vive. Ces dames voudront se voir souvent; je serais, pour ma part, désolé d'y mettre le moindre empêchement. Il m'a semblé qu'il nous serait difficile de nous désintéresser de cette amitié, et j'ai cru qu'il était de mon devoir de venir simplement vous offrir la mienne.

— Vous m'avez devancé, monsieur, répondit le baron. Comme vous le voyez, j'allais sortir pour me rendre chez vous. Vos paroles sont, à peu de chose près, ce que je me proposais de vous dire. Je vous connais de réputation depuis longtemps, monsieur Lambert, et c'est avec un vif plaisir que j'accepte une amitié qui m'honore et qui m'est si noblement offerte.

Après cet échange de paroles courtoises, les deux hommes se donnèrent une chaude poignée de mains. Ils s'étaient immédiatement compris, car, à tous les points de vue, ils étaient dignes de s'entendre. S'ils n'étaient pas égaux par la naissance, l'élévation de leurs pensées, la grandeur de leur caractère et la noblesse de leurs sentiments les plaçaient au même niveau.

Dès la première réunion, l'intimité la plus complète s'établit entre les deux familles.

— Voilà une enfant que j'aimerai comme si elle était à moi, avait dit madame Lambert en embrassant la fille de son amie.

Et tout bas en pensant à son fils :

— Pourquoi un jour ne le deviendrait-elle pas?

Mademoiselle de Précourt, vive, enjouée, gracieuse, fraîche et jolie comme une madone, était le vivant portrait de sa mère jeune fille.

— Quand je la regarde, disait madame Lambert à son amie, il me semble que je te vois à la pension. Elle a tout de toi : ses magnifiques cheveux, l'expression tendre du regard, la voix mélodieuse et le charmant sourire. Sois jalouse si tu veux, mais je l'aime à la folie.

— Ce n'est pas moi, mais ton fils qui sera jaloux, répondait en souriant madame de Précourt.

Alors on parlait de Georges.

— Tu le verras, disait Joséphine, et tu me diras franchement ta pensée. Si tu ne le trouves pas tout à fait bien, je t'assure que tu seras difficile à satisfaire. Il y a près d'un an que je ne l'ai vu. Il sera bien changé... oh! à son avantage. Je le vois d'avance, là, devant moi, grand, la taille bien prise, avec sa barbe naissante, le regard plein de caresses et tout souriant de bonheur. Je le contemple et ne peux me lasser de l'admirer; je suis en extase devant lui... Ah! je suis vraiment folle! Parlons d'autre chose.

Et, attendrie, les yeux humides, elle se mettait à rire, se moquant d'elle-même.

Presque constamment, avec son amie, madame de Précourt éprouvait un grand soulagement. C'était un répit que lui laissait la douleur. Peu à peu, elle reprenait courage, se remettait à croire à la possibilité d'être heureuse encore et retrouvait par instants quelques éclairs de sa gaieté de jeune fille.

— Le cœur de la femme renferme d'étranges mystères, dit un jour le baron à Jacques Lambert. Voyez madame de Précourt : sa tristesse, qui a toujours fait mon désespoir, et que l'affection la plus constante et la plus dévouée n'a pu dissiper, semble se fondre au contact de l'amitié. L'amitié de la femme est-elle donc plus puissante que l'amour de l'homme? Je ne le crois pas. Mais alors votre femme est une fée, mon cher Lambert, elle a touché la mienne de sa baguette magique et l'a transformée.

La veille du jour où son fils devait sortir de l'école navale, Jacques Lambert partit pour Brest. Sa femme compta une à une les heures de son absence. Pour fêter l'arrivée du jeune officier de marine, la famille de Précourt s'était rendue aux Roches-Noires.

Enfin une voiture s'arrêta à la porte de l'enclos. Madame Lambert s'élança dans l'allée du jardin et reçut son fils dans ses bras. Ce fut une de ces heures de joie sans mélange dont le souvenir ne s'éteint jamais.

— Charmant cavalier, un vrai gentilhomme ! dit M. de Précourt à l'oreille de Jacques Lambert.

Dans la bouche du baron, ces mots n'étaient pas une félicitation banale, mais l'expression sincère de sa pensée.

Adèle prit silencieusement la main de son amie.

— Eh bien? fit madame Lambert en l'interrogeant du regard.

— Tu es trop heureuse ! répondit madame de Précourt.

Pendant ce temps, mademoiselle Jeanne regardait et admirait naïvement le bel enseigne de vaisseau.

Elle aussi avait ses pensées et faisait ses réflexions.

La charmante enfant avait trop de candeur pour être dissimulée. Un peu plus tard, en embrassant madame Lambert, elle ne put lui cacher sa pensée :

— Madame, lui dit-elle, votre fils vous aime beaucoup et je comprends votre bonheur. Ah ! je voudrais bien avoir un frère qui lui ressemblât.

Ces paroles avaient été dites à demi-voix ; cependant Georges les entendit. Cette naïveté d'enfant lui causa une impression délicieuse. Il s'approcha de la jeune fille.

— Votre mère et la mienne s'aiment comme deux sœurs, lui dit-il. Beaucoup de cette affection doit rejaillir sur nous. Pourquoi, dès aujourd'hui, ne nous aimerions-nous pas comme un frère et une sœur?

Le visage de la jeune fille s'empourpra.

Les deux amies échangèrent un regard rapide, exprimant la même pensée.

Dans ce regard, elles venaient de se dire :

— Laissons-les s'aimer ; un jour, dans quelques années, nous les marierons.

A partir de ce moment, Georges et Jeanne furent fiancés dans le cœur des deux mères.

Le temps s'écoula rapidement. La saison des bains touchait à sa fin et Jacques Lambert, qui avait déjà retardé son départ de quinze jours, fut obligé de quitter Trouville pour revenir à Reims, où ses affaires le réclamaient.

Georges n'avait plus qu'un mois à passer près de ses parents. Désigné pour faire partie de l'escadre de la Méditerranée, il devait s'embarquer à Toulon. Le dur métier de marin allait commencer pour lui.

Les deux familles se séparèrent en se promettant de se revoir à Paris au mois de décembre. Jacques Lambert avait décidé qu'il achèterait une maison dans un des beaux quartiers de Paris, et que, chaque année, il ferait un séjour de trois mois dans cette ville.

— Oui, se disait tristement mademoiselle Jeanne; mais Georges ne viendra pas à Paris, lui. Au mois de décembre, il sera en mer, exposé aux caprices des flots et aux fureurs de la tempête.

XII

Nous franchissons un espace de quatre années.

Ayant dû renoncer à l'espoir d'avoir un jour son fils pour successeur, Jacques Lambert avait vendu sa filature depuis un an, en conservant, toutefois, avec la qualité d'associé, de grands intérêts dans l'exploitation.

Il avait cédé au désir de sa femme et s'était définitivement installé à Paris. Madame Lambert avait voulu se rapprocher de son amie et tenir une promesse qu'elle lui avait faite à Trouville, promesse souvent renouvelée depuis.

M. de Précourt demeurait rue Le Peletier, et M. Lambert occupait, rue de La Rochefoucauld, un magnifique appartement au premier étage, dans la maison qu'il avait achetée.

Les deux familles se trouvaient pour ainsi dire porte à porte. Tantôt chez l'une, tantôt chez l'autre, les deux amies se voyaient très-souvent. De plus, les relations de M. et de madame de Précourt, qui connaissaient beaucoup de monde, étaient devenues bien vite celles de M. et de madame Lambert. De sorte que, chaque fois qu'elles sortaient pour faire une visite ou assister à une soirée, les deux jeunes femmes étaient à peu près sûres de se rencontrer.

Après un second voyage, pendant lequel il avait vu Madagascar, les côtes occidentales de l'Afrique, celles de l'Inde et du Japon, Sumatra et la Nouvelle-Calédonie, Georges Lambert venait de revenir près de ses parents. Il était enseigne de vaisseau.

— Ce sera son dernier voyage, avait dit Jacques Lambert à sa femme, un jour qu'elle s'était évanouie en apprenant le naufrage d'un navire de l'État qui s'était perdu corps et biens.

Et, bien avant le retour du marin, les amis de Jacques Lambert s'étaient mis en mouvement afin d'obtenir pour le jeune homme un poste sédentaire dans un de nos ports militaires.

Rien n'était fait encore, mais le ministre avait promis.

Entre son premier et son second voyage, Georges avait revu mademoiselle de Précourt, à Reims d'abord, où elle était venue passer quelque temps avec ses parents, et ensuite à Paris.

Il avait été surpris et ravi de voir ce que deux années avaient ajouté de grâce et d'attraits à la beauté déjà si parfaite de la jeune fille.

— Vous ne m'appelez plus votre petite sœur, lui dit-elle un jour en riant.

— Vous êtes trop grande, répondit-il avec embarras.

Elle baissa les yeux et devint rêveuse.

Quant à Georges, il venait d'éprouver la plus délicieuse sensation.

Un autre jour elle lui dit :

— Monsieur Georges, avez-vous pensé à moi pendant que vous étiez dans les eaux du Bosphore?

— Oui, mademoiselle, souvent.

— Moi, fit-elle avec une franchise adorable, j'ai pensé à vous tous les jours.

Le jeune homme sentit son cœur bondir dans sa poitrine.

— Jeanne... commença-t-il.

Et il s'arrêta effrayé de ce qu'il allait dire.

Elle attacha sur lui son long regard voilé. Elle le vit ému, troublé, elle se troubla aussi.

— Oui, dit-elle vivement, appelez-moi Jeanne; c'est mieux pour vous.

L'amitié de ces deux jeunes cœurs également nobles et purs les avait doucement entraînés vers un sentiment plus parfait, plus exquis. La première étincelle de l'amour venait de jaillir et allait les embraser. Chaque jour devait le voir grandir, cet amour suave, rayonnant et joyeux de la première jeunesse.

Georges avait repris la mer, mais il avait laissé son cœur à Paris. Et il en était sûr, deux femmes, sa mère et Jeanne, le suivaient maintenant sur l'immense Océan et priaient pour lui en attendant son retour.

Ainsi que nous l'avons dit plus haut, Georges, après une heureuse traversée, venait d'arriver à Paris.

Sa première visite fut pour M. et madame de Précourt. Le bonheur de voir Jeanne était certainement pour beaucoup dans son empressement.

Devant son père et sa mère, la jeune fille lui tendit ses joues rougissantes. Depuis la séparation de Trouville, c'était le premier baiser.

M. de Précourt sourit et fit semblant de regarder un tableau.

Jeanne avait parlé à sa mère, et celle-ci avait tout répété à son mari.

On dit que l'éloignement et l'absence font naître l'oubli; ce n'est pas toujours vrai. Il y a des sentiments qui se développent et se fortifient par la pensée et auxquels l'absence sert d'aliment.

La possession amène souvent l'indifférence, et c'est presque une jouissance de désirer vivement ce qu'on ne possède pas.

Or, dans le cœur de Georges, comme dans celui de Jeanne, l'amour s'était fortifié par l'absence. S'ils avaient pu se voir constamment, ce sentiment serait resté une affection heureuse et tranquille. Il prit, au contraire, les proportions d'une violente passion.

Parmi les personnes qu'on voyait fréquemment chez M. de Précourt, et qui ne manquaient jamais d'assister à ces soirées intimes, on remarquait M. de Borsenne.

C'était un homme très-considéré et très-répandu dans le monde parisien. Nul mieux que lui ne connaissait la chronique scandaleuse des coulisses de théâtre, du boudoir des femmes galantes et de tous les salons à la mode. Causeur spirituel, il intéressait souvent et amusait toujours. Très-distingué, d'ailleurs, et toujours vêtu à la dernière mode, il était ce qu'on est convenu d'appeler un élégant.

Il devait avoir plus de quarante ans, mais il pouvait facilement n'en avoir que trente-six ou trente-huit, tant il prenait de soin de sa personne et mettait d'art à faire disparaître certains signes qui se font traîtreusement des révélateurs.

M. de Précourt faisait grand cas de M. de Borsenne et le traitait tout à fait en ami.

Il n'en était pas de même de madame de Précourt, qui ne le recevait que pour être agréable à son mari, et qui l'accueillait toujours très-froidement.

Quand M. de Précourt le lui avait présenté pour la première fois, elle avait paru surprise et vivement contrariée.

— Pourquoi recevez-vous ainsi ce monsieur dans notre intimité? lui demanda-t-elle le lendemain.

— M. de Borsenne n'est-il pas un très-galant homme? répondit-il.

— C'est possible; mais je ne le connais pas.

— Vous ne tarderez pas à l'apprécier, répliqua M. de Précourt. Croyez-moi, ma chère Adèle, un ami de plus n'est jamais à dédaigner.

— Oh! un ami! fit-elle avec un air de doute.

— Mais, oui, un ami, insista M. de Précourt. Je le connaissais fort peu, il y a quinze jours, et cependant il m'a rendu un immense service. Grâce à ses relations et à son influence auprès de hauts personnages, j'ai pu obtenir, devant le conseil d'État, réparation d'un acte injuste et odieux. Je dois à cela deux cent mille francs que je considérais comme perdus.

M. de Borsenne continua à venir assidûment chez madame de Précourt où la reconnaissance du baron lui donnait ses grandes et petites entrées.

Toujours poli, digne et respectueux sans affectation, rien, d'ailleurs, ni dans ses manières, ni dans son langage, ne semblait justifier le peu de sympathie qu'il inspirait à madame de Précourt.

Mademoiselle Jeanne partageait les sentiments de son père à l'égard de M. de Borsenne, et elle ne comprenait pas pourquoi la baronne lui était si visiblement hostile.

— M. de Borsenne est fort aimable, disait-elle; j'aime à l'écouter et, je suis forcée de l'avouer, je le trouve tout à fait bien.

C'était également l'opinion de la plupart des personnes qui fréquentaient le salon de madame de Précourt.

Il y eut bien quelques cancans.

On disait, par exemple, que les assiduités de M. de Borsenne cachaient un but secret. Il était célibataire et, sans aucun doute, les beaux yeux de mademoiselle Jeanne devaient être le véritable attrait qui attirait d'une façon si évidente l'homme le plus recherché de Paris.

Pour que ces bruits, éclos derrière les éventails, ne prissent aucune consistance, madame de Précourt avait soin de les détruire à mesure qu'ils se manifestaient.

— Vous vous trompez, disait-elle, ma fille est fiancée à M. Georges Lambert, officier de marine. Nous attendons son retour pour la célébration du mariage.

Cela était dit d'un ton qui ne permettait plus aucun doute. Cependant quelques-uns, les entêtés, ne voulaient pas être convaincus.

— Attendons, disaient-ils en souriant.

Un ancien magistrat, qui avait certaines prétentions littéraires, cita même, comme étant de lui, ce vers bien connu :

Sa barque est si petite, et la mer est si grande !

Le retour de Georges mit fin à tous les bavardages.

Peu de jours après, le mariage de Jeanne était officiellement annoncé. Cette fois, ce n'était plus madame de Précourt, mais le baron lui-même qui avait parlé.

On remarquait M. de Borsenne, causeur spirituel. (Page 55.)

Le soir même de cette déclaration, une vieille dame, grande admiratrice de M. de Borsenne, lui dit d'une voix mielleuse :

— Comment! cher monsieur, c'est ainsi que vous nous laissez enlever cette charmante petite Jeanne! A quoi pensez-vous donc? Un officier de marine! ça ne connaît que l'Océan. Bien sûr, il va emmener cette chère enfant aux antipodes, dans quelque pays habité par les sauvages.

M. de Borsenne se contenta de sourire. Mais ce sourire, un peu forcé d'ailleurs, fut suivi d'un regard sombre qui était la révélation d'une ténébreuse pensée.

XIII

On s'occupait activement des préparatifs du mariage. Les papiers nécessaires pour la publication des bans avaient été demandés à Reims. On les attendait.

L'ami de Jacques Lambert, qui connaissait le ministre de la marine, alla lui faire une nouvelle visite. Il lui rappela sa promesse en ajoutant que le moment de la remplir était venu.

Le grand dignitaire se montra gracieux et plein de bienveillance.

— On prépare en ce moment dans les bureaux de la marine, dit-il, un important travail de réorganisation des services, qui doit m'être soumis dans deux ou trois jours. Je n'oublierai pas votre protégé.

On ne pouvait désirer une réponse plus satisfaisante. C'est ce que pensa Jacques Lambert lorsqu'elle lui fut transmise.

Un matin, Georges reçut un grand pli cacheté de cire rouge, aux armes de la marine française.

— C'est ta nomination, dit Jacques; voyons ce que le ministre a fait pour toi.

Georges brisa le cachet et lut rapidement ce que contenait l'expédition ministérielle.

En lisant, il avait pâli et ses sourcils s'étaient froncés.

— Tu n'es pas content, fit Jacques.

Le jeune homme lui tendit silencieusement la lettre.

— C'est impossible ! s'écria Jacques Lambert en froissant le papier sous ses doigts crispés. C'est le résultat d'une erreur.

Georges secoua tristement la tête.

— Que contient donc ce papier? demanda madame Lambert avec inquiétude.

— Ma nomination, chère mère, répondit Georges d'un ton amer. Seulement, au lieu de la place qu'on nous avait fait espérer, je suis promu au grade de lieutenant de vaisseau.

— Et dans trois jours, ajouta Jacques Lambert d'une voix sourde, il doit être à Brest, à bord du *Scipion*, prêt à partir pour la Cochinchine.

— Jamais ! s'écria madame Lambert.

« Ainsi, voilà ce que le ministre a fait pour nous!... Georges, tu ne partiras pas. Tu vas répondre à cette lettre en envoyant ta démission.

— Vous oubliez, ma mère, que je n'ai que vingt-deux ans, que je suis marin et que le ministre a le droit de disposer de moi.

— C'est vrai, fit le père.

— Ah! mon pauvre enfant! mon pauvre enfant! s'écria madame Lambert.

Elle s'affaissa sur un siége et se prit à sangloter.

— Mon père, dit Georges cherchant à vaincre son émotion, c'est contre votre gré que je suis entré à l'École navale; je n'ai pas voulu écouter vos conseils, j'en suis cruellement puni aujourd'hui. Mais je n'ai pas le droit de me plaindre, j'ai mérité mon sort.

Il se rendit immédiatement chez M. de Précourt pour annoncer la mauvaise nouvelle. Elle était si peu attendue que Jeanne en fut frappée comme d'un coup de foudre.

Madame de Précourt poussa un soupir et resta comme paralysée sur sa causeuse.

— Morbleu! je suis de l'avis de votre père, dit le baron, c'est évidemment une erreur; mais, pour un ministre, quelle étrange bévue! Vous n'êtes pas encore parti, mon cher Georges; heureusement, nous avons du temps devant nous; il nous reste trente-six heures pour agir. Nos amis les plus puissants vont intervenir. Je vais à l'instant même trouver M. de Borsenne, il ne nous refusera pas son précieux appui.

Madame de Précourt tressaillit et se dressa comme mue par un ressort.

— Ne comptez pas sur M. de Borsenne, monsieur, dit-elle à son mari, n'y comptez pas!...

Et elle enveloppa Georges et sa fille d'un regard où il y avait autant de pitié que de tendresse.

— Vous êtes tout à fait injuste envers ce galant homme, répliqua M. de Précourt avec vivacité; je puis admettre que vous ne l'aimiez pas; il y a des sentiments qui s'imposent et qu'on est forcé de subir; mais je m'étonne qu'une femme de votre caractère puisse nier les qualités d'un homme dont tout le monde reconnaît les mérites.

Madame de Précourt retomba sur la causeuse et sa tête s'inclina lentement sur sa poitrine.

— Mon père a raison, reprit Jeanne; M. de Borsenne est notre ami; il connaît tous les ministres et, dans cette grave circonstance, nous ne saurions mieux nous adresser qu'à lui.

Une demi-heure après, M. de Précourt était chez M. de Borsenne.

En quelques mots, il le mit au courant de la situation, et lui fit connaître ce qu'on espérait de son amitié.

— La chose est difficile, répondit-il, mais vous pouvez compter sur moi ; je verrai le ministre et plaiderai chaudement la cause de M. Lambert. Ce soir même, j'aurai l'honneur de vous voir et je vous ferai connaître le résultat de ma démarche.

A peu près sûr du succès, M. de Précourt se retira fort satisfait.

Il retrouva chez lui Georges qui l'attendait, très-patiemment du reste, en causant avec Jeanne.

Madame de Précourt, à quelques pas des jeunes gens, était restée immobile, plongée dans de sombres réflexions.

Le retour du baron interrompit la causerie intime des amoureux; mais ils ne s'en plaignirent pas, car M. de Précourt venait leur faire partager son espoir.

— Ma chère Adèle, vous ne dites rien, fit-il en s'asseyant près d'elle.

Elle leva sur lui ses grands yeux humides de larmes.

— Je n'ai rien à dire, répondit-elle.

— Vous paraissez désolée ; en vérité, je ne m'explique pas cet excès de faiblesse.

— Ne me grondez pas, mon ami, dit-elle; je souffre beaucoup. Moi aussi j'aime notre enfant et je vois, je devine le malheur qui la menace.

— Ce sont toujours les mêmes idées noires qui vous tourmentent, ma chère amie. Tenez, mettons les choses au pire et supposons que nous n'obtenions rien du ministre, que Georges soit obligé de partir, ce serait une contrariété, une douleur même, mais non un malheur irréparable. Georges a vingt-deux ans, Jeanne n'en a pas encore dix-huit; ils peuvent attendre deux et même trois ans. Vous voyez bien qu'en parlant de malheur, vous tombez dans l'exagération. Je suis sûr que votre amie Joséphine est plus résignée que vous.

— Ah! madame Lambert n'a pas les mêmes sujets d'alarmes! s'écria-t-elle.

— Permettez-moi d'être d'une opinion contraire, répliqua le baron. En fait d'inquiétudes et d'alarmes, elles sont toutes pour votre amie, qui voit son fils s'éloigner et livré aux mille dangers d'une longue traversée, tandis que votre fille reste près de vous, avec votre tendresse pour adoucir son chagrin et l'aider à supporter la douleur de la séparation.

Madame de Précourt ne répondit pas. Ce qu'elle aurait pu dire était le secret de son cœur.

Ainsi qu'il l'avait promis, M. de Borsenne se présenta dans la soirée chez M. de Précourt.

On vit tout de suite sur son visage qu'il n'avait pas réussi.

M. Lambert doit être très-satisfait, lui avait-on dit au ministère; il a été l'objet d'une faveur toute spéciale, dont mille autres s'estimeraient heureux. Le travail d'avancement était terminé, les commissions signées, et il n'était plus possible que le ministre revînt sur sa décision. Il n'était pas d'ailleurs absolument le maître ; il devait tenir compte des désirs exprimés par le conseil d'Amirauté.

Dans tous les cas, avait-on ajouté, M. Georges Lambert ne sera pas oublié ; c'est un jeune officier d'un grand mérite et très-apprécié. Dans un an, dans deux ans au plus tard, on trouvera l'occasion de reconnaître ses services et de l'en récompenser.

Il n'y avait rien à répondre à cela. On ne pouvait formuler une plainte sérieuse. Georges, en effet, obtenait un avancement que tous ses collègues allaient envier. On le frappait cruellement ; mais, pour adoucir le coup qu'on lui portait, on le dédommageait en gracieusetés et en promesses pour l'avenir.

Les apparences démontraient que Georges était grandement favorisé et qu'il devait des remerciements au ministre.

A son égard, on imitait certaine coutume barbare, qui consiste à couvrir la victime de fleurs et de rubans, et à la faire passer sous des arcs de triomphe pour la conduire au lieu du supplice.

Les deux familles étaient dans la consternation.

Le lendemain, l'ami dévoué de Jacques Lambert voulut tenter un dernier et suprême effort auprès du ministre. Mais celui-ci refusa de le recevoir.

— Je ne puis rien changer à ce qui a été fait, lui fit-il dire par son chef de cabinet. M. Georges Lambert m'a été très-vivement recommandé par vous et par d'autres personnes ; je lui ai accordé l'avancement qu'il méritait. Je ne puis rien faire de plus pour le moment.

Ces paroles étaient la confirmation de la réponse déjà transmise à M. de Précourt par M. de Borsenne.

Il n'y avait plus rien à espérer.

Georges puisa dans le sentiment de son devoir tout ce qu'il lui fallait de courage pour dompter les révoltes de son cœur, et se résigner à accepter la douloureuse épreuve.

Immédiatement, et avec un calme stoïque, il fit ses préparatifs de départ.

En même temps, il envoya un domestique rue Le Peletier, avec un billet à l'adresse de mademoiselle de Précourt, qui contenait ces mots :

« L'ami de mon père a fait une dernière et inutile démarche ; je pars demain matin à la première heure. Il faut absolument que je puisse causer ce soir avec vous. »

Le domestique rapporta la réponse suivante :

« Ce soir, nous irons vous faire nos adieux. Ma mère est tout à fait désolée ; nous craignons pour sa santé. Malgré tout, elle nous accompagnera. »

Au-dessous de la signature, le papier portait l'empreinte humide encore de deux grosses larmes.

XIV

Derrière la maison de M. Lambert s'étendait, jusqu'à la rue Pigalle, un jardinet de deux cents mètres carrés, dépendant de l'immeuble, dont le propriétaire s'était réservé la jouissance.

C'était un petit coin bien tranquille au milieu de la cité bruyante, plein de fraîcheur et de parfums pendant six mois de l'année. Quelques arbres au tronc vénérable le protégeaient contre les ardeurs du soleil. Toutefois, leur ombrage n'empêchait point la pelouse de reverdir à chaque printemps. Cette ombre, au contraire, semblait protéger l'épanouissement des fleurs en toutes saisons. En avril, c'étaient les seringats et les lilas roses et blancs, en mai les pivoines, les tulipes et les roses.

Les massifs d'arbustes servaient aussi de refuge aux merles et aux fauvettes, qui s'y querellaient souvent avec les moineaux. Ceux-ci se croyaient les maîtres de ce petit domaine, parce qu'ils étaient nés dans les grands lierres qui tapissaient les murs des maisons voisines.

Ainsi que Jeanne l'avait annoncé à Georges, elle était venue, accompagnée de ses parents, pour l'embrasser avant son départ.

Un peu avant la nuit, les deux mères suivirent leurs enfants, qui descendaient au jardin. M. Lambert et M. de Précourt avaient préféré rester dans le salon.

On était aux premiers jours de l'automne ; mais on respirait encore cet air tiède, imprégné de douces senteurs, qui rend si délicieuses les longues soirées d'été.

Joséphine et son amie s'assirent sur un banc à l'entrée du jardin ; les jeunes gens allèrent plus loin s'asseoir sur un autre banc.

— Ma chère Jeanne, lui dit Georges, en s'emparant de ses deux mains, qu'elle ne songea pas à lui retirer, je vous remercie d'être venue.

— Je n'avais pas besoin que votre lettre m'appelât, répondit-elle de sa plus douce voix ; je serais venue tout de même.

— Jeanne, reprit-il, m'aimez-vous autant que je vous aime?

— Ah! Georges, voilà un nouveau doute qui est presque injurieux.

— C'est vrai, ma Jeanne bien-aimée ; mais si vous saviez comme je souffre !...

— Je le sais, Georges, car votre douleur est la mienne. A chaque battement de votre cœur répond un battement du mien.

— Hélas! moi, je vais partir et vous restez. Dans quelques jours, je serai perdu au milieu de l'Océan, et vous serez ici, Jeanne, toujours b elle, entourée, admirée, aimée; tout le monde pourra vous voir, vous approcher, vous parler, et moi, moi qui vous adore, je serai seul privé de vos regards et de votre sourire.

— Vous aurez ma pensée.

— Oui, n'est-ce pas, Jeanne? vous ne m'oublierez point!

— Je connais mon cœur, Georges, je vous aime et jamais je ne cesserai de vous aimer.

— C'était pour vous entendre répéter ces mots charmants que j'ai voulu causer avec vous ce soir. De noirs pressentiments m'assiégent, Jeanne; je les repousse de toutes mes forces, ils reviennent toujours plus obstinés. Mais vos paroles pénètrent en moi comme une douce rosée; elles rafraîchissent mon sang et calment mon agitation. Oui, c'est le baume qu'il faut à mes souffrances, qui tombe de vos lèvres roses, pures de tout mensonge. Ma vie est attachée à la vôtre, ma bien-aimée, dites-le-vous sans cesse en pensant à moi. Si vous cessiez de m'aimer, ce jour-là je cesserais de vivre.

— Soyez donc tranquille, mon ami, vous vivrez !

— Oh! je le veux pour consacrer ma vie à votre bonheur. Combien de temps serai-je éloigné de vous? Je l'ignore encore; mais je vous écrirai souvent. Vous répondrez à toutes mes lettres; il faut me le promettre, Jeanne.

— Je vous le promets, mon ami ; si je ne le faisais pas...

— Achevez.

— Oh! alors, c'est que je serais bien malheureuse !

— Malheureuse, vous! Ne dites pas cela, car je serais capable de ne plus vouloir partir. Jeanne, Jeanne, vous devez comprendre tout ce qu'il me faut de courage pour m'éloigner de vous.

— Ne pensons plus au départ, Georges, mais au retour. Le devoir a souvent de cruelles exigences, mais il renferme aussi de pures joies dans le contentement de soi-même. Plus nous aurons souffert, mon ami, plus nous aurons attendu le bonheur, plus il nous semblera doux. Je vous attendrai, en priant pour vous, comme je l'ai déjà fait. Quand vous reviendrez, — et vous reviendrez toujours digne de moi, j'en suis sûre, — vous retrouverez votre fiancée, pleine de tendresse comme aujourd'hui, heureuse et fière de votre amour.

— Jeanne ! s'écria-t-il en l'entourant de ses bras, ton langage est celui de la sagesse. Auprès de toi, je m'élève et je sens que je deviens meilleur. Tu es un ange ou une divinité.

— Non, fit-elle en souriant, je suis une femme qui aime.

Et sa jolie tête se pencha doucement sur l'épaule du jeune homme.

Il la serra avec plus de force contre son cœur.

— Je t'aime bien, va, lui dit-elle tout bas. Te souviens-tu de la première fois que nous nous sommes vus à Trouville ? Je n'étais alors qu'une petite fille. Pourtant, je t'ai aimé tout de suite. Depuis, cela a grandi, et, peu à peu, mon cœur s'est rempli de toi. Crois-le bien, mon Georges, un amour qui naît à cet âge doit être éternel.

— Tu fais passer en moi la plus douce des ivresses, ma bien-aimée.

— Et moi, en me sentant près de toi, sur ton cœur, j'éprouve un bonheur infini. Mon Dieu, vous avez été bon pour vos créatures, quand vous leur avez donné la faculté de s'aimer !

La jeune fille souleva légèrement sa tête, et leurs lèvres, qui semblaient se chercher, échangèrent un brûlant baiser.

Tous deux frissonnèrent.

— Georges, j'ai peur, dit Jeanne ; je t'aime trop !

— Et moi aussi, j'ai peur, peur de mourir !

— Oh ! je n'ai pas cette crainte ! s'écria-t-elle en jetant ses bras autour du cou du jeune homme. Georges, si j'étais morte, un baiser de toi me rendrait la vie !...

— Non, non, nous ne mourrons point ; nous vivrons pour nous aimer !

Il la pressa fiévreusement contre sa poitrine.

— Morts ou vivants, reprit-elle avec enthousiasme, nous serons toujours l'un à l'autre.

En ce moment, ils entendirent la voix de madame Lambert qui les appelait.

La nuit était venue. Les premières étoiles commençaient à se montrer dans l'azur du ciel.

Ils se levèrent. Mais, avant de rejoindre les deux mères, ils se jetèrent dans les bras l'un de l'autre et se tinrent embrassés dans une étreinte passionnée.

La baronne couvrit M. de Borsenne d'un regard de dédain et de mépris. (Page 71.)

— Nous vous avons laissé causer longuement, leur dit doucement madame Lambert lorsqu'ils se furent rapprochés des deux amies; nous n'avons pas voulu vous priver de ce bonheur. Mais nous avons craint pour Jeanne la fraîcheur de la nuit; il est prudent de rentrer. Si vous avez encore quelque chose à vous dire, vous causerez dans le salon.

Les jeunes gens échangèrent un sourire et un regard pleins d'amour.

— Ma mère, dit Georges, Jeanne a fait entrer dans mon cœur la force et le courage qui conviennent à un homme. Je m'éloignerai sans défaillance.

— Georges a mis dans le mien la résignation et l'espérance, dit Jeanne. J'attendrai son retour sans impatience.

— Et tout en aimant votre mère, vous m'aimerez un peu aussi, n'est-ce pas, ma bonne Jeanne? reprit madame Lambert. Vous viendrez me voir quelquefois, nous parlerons de lui; cela me consolera.

Elle prit dans ses mains la tête de la jeune fille et la baisa au front.

Il était tard lorsque l'on se sépara.

Jeanne pleura. Mais en regardant Georges, ses larmes se séchèrent. Elle voulait lui montrer qu'elle était forte aussi.

— Nous ferons la noce un peu plus tard, dit presque gaiement M. de Précourt en serrant la main de Jacques Lambert.

En embrassant le jeune officier, madame de Précourt lui dit tout bas :

— Je connais le cœur de ma fille, il est loyal et pur comme le plus riche diamant. Elle vous aime, Georges, mon fils. Quoi qu'il arrive, ne doutez jamais d'elle.

Georges ne comprit pas. Mais, depuis, il pensa bien souvent à ces paroles, qui lui revenaient à la mémoire comme la prédiction d'un malheur inconnu.

Le lendemain, à sept heures du matin, il prenait le train express de la ligne de Bretagne.

Il avait fallu qu'il s'arrachât des bras de sa mère en larmes.

Rue Le Peletier, il y avait aussi une femme qui pleurait. Ce n'était pas Jeanne. La jeune fille avait juré de garder sa douleur dans son cœur. La femme qui pleurait était la baronne de Précourt.

Elle savait que le plus sûr protecteur de sa fille et d'elle-même filait à toute vapeur sur la route de Brest.

XV

Il y avait huit jours que Georges Lambert était parti. Deux lettres datées de Brest, en rade, adressées, l'une à sa mère, l'autre à mademoiselle de Précourt, et reçues le matin même, annonçaient que le navire appareillait, et qu'il quitterait le port, le lendemain vers midi.

Ce jour-là, les deux familles devaient se réunir et passer la soirée rue de

La Rochefoucauld. On devait parler du marin, relire ses lettres en commun, et s'unir de cœur pour lui souhaiter une heureuse traversée.

Dans la journée, un domestique, depuis peu au service de M. de Précourt, remit à la baronne une lettre qui lui était adressée.

Cette lettre ne portait pas le timbre de la poste.

Madame de Précourt la tenait entre ses doigts avec défiance et hésitait à l'ouvrir.

— D'où vient cette lettre? demanda-t-elle.

— C'est un commissionnaire qui l'a apportée, répondit le valet.

— C'est bien, laissez-moi.

Le domestique sortit.

Il y avait du feu dans la cheminée, la baronne fit un mouvement pour jeter la missive au milieu des flammes.

— Non, fit-elle, en se retenant, c'est en face qu'il faut affronter le danger.

D'une main fiévreuse elle déchira l'enveloppe, et lut ce qui suit :

« Il faut que je vous parle ce soir même, sans témoins, il y a urgence. Vous devez passer la soirée chez votre amie madame Lambert. Feignez une indisposition subite qui vous empêche d'accompagner le baron et votre fille. Il s'agit de vos plus chers intérêts. Je serai chez vous à huit heures. »

Ces lignes n'étaient suivies d'aucune signature; mais madame de Précourt n'avait pas eu de peine à reconnaître l'écriture de M. de Borsenne. Sa douce physionomie prit soudain une expression étrange. C'était un mélange de colère, d'indignation et de terreur.

Elle déchira la lettre avec une sorte de rage, et en jeta les morceaux au feu.

— Mon Dieu, dit-elle, protégez-moi.

Elle jeta autour d'elle un regard inquiet, effaré, puis elle tomba épuisée sur un fauteuil. A chaque instant, tout son corps frémissait. Les mouvements de sa poitrine indiquaient la plus vive émotion.

— Mais que me veut-il donc encore, cet homme? s'écria-t-elle après un moment de silence. Ne m'a-t-il pas été assez funeste? Par lui, n'ai-je pas connu toutes les douleurs? Il a fait de moi la plus malheureuse des femmes. Que veut-il de plus? Me tuer... Ah! ne suis-je pas déjà un cadavre!... Après m'avoir perdue, oserait-il, l'infâme... Oui, je l'ai deviné; cette lettre, je l'attendais.

« Ce n'est plus moi, une vieille femme, qui ai quelque chose à redouter. C'est le bonheur de ma fille qui est en danger. Il lui faut une nouvelle victime, à ce misérable, et il a choisi ma fille! Ma fille, ma Jeanne adorée!... Oh! je la défendrai...

je ne suis pas morte encore, et Dieu m'aidera. Il ne l'approchera pas; toujours, toujours, je serai devant elle, la couvrant de mon corps, la protégeant de ma tendresse. Assez d'anéantissement et de faiblesses, ma fille est menacée, il me faut du courage, je veux être forte! »

Elle se leva et se mit à marcher avec agitation. Sous ses sourcils froncés son regard lançait des éclairs. Un peu de rouge montait à ses joues pâles. Ce n'était plus la même femme, réfugiée dans sa douleur et résignée à tout supporter. Quelque chose semblait se réveiller en elle.

L'annonce d'un danger pour elle l'eût laissée froide et insensible; mais il s'agissait de son enfant; l'amour maternel secouait ce corps inerte et faisait battre violemment ce cœur brisé par la souffrance, mais toujours plein de vie.

— Ah! il veut me parler, ce soir, reprit-elle; eh bien! je l'attendrai; il peut venir. Il croit sans doute trouver en moi une femme peureuse, effarée, semblable à la fauvette que poursuit l'épervier, une malheureuse sans énergie, sans volonté, prête à se faire sa complice par crainte ou par lâcheté. Qu'il vienne, et je lui apprendrai, à lui, qui ne connaît que le mal, ce que vaut une mère qui défend son enfant!

Vers cinq heures, au moment de se rendre chez madame Lambert, Jeanne entra dans la chambre de sa mère.

— Comment, chère maman, lui dit-elle, pas encore habillée!

La baronne prit sa fille dans ses bras et l'embrassa à plusieurs reprises.

— Je ne vous accompagnerai pas chez mon amie, dit-elle. Je suis un peu indisposée, et, à mon grand regret, je suis obligée de me priver d'une soirée qui est toujours pour moi un nouveau plaisir.

La jeune fille regarda sa mère et n'eut pas de peine à remarquer que ses yeux brillaient d'un éclat inaccoutumé.

— C'est vrai, fit-elle tristement, vous êtes souffrante; c'est un peu de fièvre.

— Oui, un peu de fièvre, reprit la baronne, qui disparaîtra après quelques heures de repos.

— Je n'irai pas chez madame Lambert, dit Jeanne; mon père ira seul. Je veux rester près de vous.

— Voilà ce que je ne permettrai pas, répliqua vivement madame de Précourt; s'il ne s'agissait que de ton seul plaisir, ma mignonne, mon égoïsme maternel accepterait volontiers ton sacrifice; mais ce serait priver ma pauvre Joséphine d'un bonheur qu'elle attend et sur lequel elle compte.

— C'est vrai, fit la jeune fille.

— D'ailleurs, continua madame de Précourt, mon malaise n'a rien de grave, et le seul remède à employer est, je crois, quelques heures de solitude.

Jeanne ne crut pas devoir insister.

M. de Précourt fut contrarié d'être obligé de sortir sans sa femme. Après lui avoir proposé d'envoyer chercher le médecin, ce qu'elle refusa, et lui avoir recommandé avec beaucoup de sollicitude de prendre soin d'elle, il partit avec sa fille.

Madame de Précourt sonna sa femme de chambre.

— Mariette, lui dit-elle; je n'ai pu sortir ce soir avec M. de Précourt et ma fille; s'il venait quelques visites vous répondriez, néanmoins, que nous sommes sortis tous.

— Oui, madame.

Au moment où Mariette allait sortir, la baronne la rappela.

— Il se pourrait, lui dit-elle, que M. de Borsenne se présentât; je le recevrais. Vous le feriez entrer dans le petit salon, et vous viendriez me prévenir immétement.

La femme de chambre s'inclina et sortit.

A partir de ce moment, madame de Précourt attendit l'heure du rendez-vous avec une fiévreuse impatience. Elle ne redoutait point cet instant qui allait la mettre face à face avec son ennemi, et elle le sentait l'ennemi acharné de tous ceux qu'elle aimait; elle avait hâte, au contraire, de se trouver plus près du danger et de savoir de quels périls sa famille était menacée.

Elle les soupçonnait peut-être; mais cela lui paraissait si impossible qu'elle ne voulait pas y croire.

— Non, se disait-elle en repoussant une pensée qui lui revenait sans cesse, ce serait trop horrible!

« Il parlera, reprenait-elle, et quand je saurai ce qu'il veut, quand je connaîtrai ses projets, je serai plus forte pour les combattre. »

A mesure que l'aiguille avançait sur le cadran de la pendule, elle devenait plus agitée, mais non moins disposée à accepter la lutte.

Les yeux fixés sur la pendule et l'oreille attentive aux moindres bruits, elle écoutait pour entendre le timbre qui annonce un visiteur.

— Encore vingt minutes, dit-elle.

Presque aussitôt la porte de sa chambre s'ouvrit. Elle tourna vivement la tête. M. de Borsenne était devant elle.

— Vous ici, monsieur, dans ma chambre! s'écria-t-elle.

Et elle se dressa frémissante de colère.

— Est-ce que vous ne m'attendiez pas? fit-il en souriant.

— Oui, je vous attendais ; mais j'avais donné des ordres pour qu'on vous fît entrer au salon.

— J'ai jugé que nous causerions ici plus librement, répliqua M. de Borsenne en refermant la porte. Et puis, ajouta-t-il, je ne veux pas vous compromettre.

— Mais c'est justement ce que vous faites, monsieur ! s'écria la baronne indignée.

Elle voulut atteindre le cordon de la sonnette. M. de Borsenne se jeta devant elle.

— Vous voulez appeler, dit-il ; je vous assure que ce serait une faute. Votre femme de chambre ignore que je suis chez vous. Je tiens à ce qu'on ne sache pas dans la maison que j'ai eu l'honneur de causer avec vous ce soir.

— Je ne comprends pas, fit la baronne. Qui vous a ouvert la porte de l'appartement ?

— Je ne suis pas entré par la porte habituelle. Soyez tranquille, j'ai pris mes précautions. On ne m'a pas vu entrer, on ne me verra pas sortir.

Madame de Précourt était stupéfiée.

— Il y dans notre maison un domestique infidèle, pensa-t-elle, et qui est le complice de cet homme.

« Enfin, monsieur, dit-elle en s'asseyant, puisque vous vous êtes introduit jusque dans ma chambre, et que vous trouvez ce lieu plus sûr pour votre confidence, je me résigne.

Et elle ajouta froidement :

— Vous pouvez parler, je vous écoute.

— Vous me permettez de m'asseoir, n'est-ce pas? fit-il en se plaçant dans un fauteuil en face de madame de Précourt.

« Je ne viens pas vous parler du passé, commença-t-il, rassurez-vous.

— Je suis parfaitement tranquille, monsieur, répliqua sèchement la baronne.

— Je suis l'ami de votre mari...

— M. de Précourt a le malheur d'en être convaincu.

— Parce que je le suis sincèrement. Il n'y a que vous...

— Ne parlez pas de moi, monsieur, je vous prie, interrompit vivement la baronne ; vous n'êtes pas venu pour cela, je suppose.

— C'est vrai. Je suis venu pour vous faire part d'un grand projet.

— Ah !...

— Je songe à me marier.

La baronne tressaillit.

XVI

La pauvre femme avait compris. Voilà ce qu'elle redoutait le plus. Cette pensée qu'elle n'avait pas voulu admettre, tellement elle lui semblait invraisemblable, devenait une réalité terrible.

Elle trouva pourtant la force de répondre, en ébauchant un sourire et d'un ton plein d'indifférence :

— Vous voulez vous marier, monsieur, mais cela ne m'intéresse nullement.

— Je vous assure, au contraire, que la chose vous touche de près et qu'elle vous intéressera au plus haut point.

— Je n'entends rien aux énigmes, monsieur.

— Il n'y a dans mes paroles ni énigme, ni rébus, madame. La jeune fille à qui je veux donner mon nom est mademoiselle Jeanne de Précourt.

La baronne couvrit M. de Borsenne d'un regard de dédain et de mépris.

— Ma fille! s'écria-t-elle, ma fille!... Vous êtes fou, monsieur, vous êtes fou.

— Je crois avoir toute ma raison, madame; oui, je veux épouser votre fille.

— Jamais, entendez-vous, jamais!

— C'est ce que nous verrons. Vous seule, madame, pouvez mettre un obstacle à mon projet, mais je ne désespère pas d'obtenir votre consentement.

— En vérité, votre audace est sans bornes.

— Ce n'est pas être audacieux que de désirer vivement la possession d'une jeune femme aussi charmante que mademoiselle de Précourt.

— Tout cela est absurde, monsieur, et je suis vraiment trop bonne de vous répondre. Je n'ai que ceci à vous dire : Ma fille ne vous aime pas.

— Elle m'aimera. D'ailleurs elle ne me déteste pas, c'est déjà quelque chose.

— Vous savez aussi bien que moi, monsieur, que le cœur de Jeanne n'est plus libre.

— Elle aime ou croit aimer M. Georges Lambert, un officier de marine, fit-il d'un ton dédaigneux. Mais il est parti, elle l'oubliera.

— Oui, il est parti, dit la baronne en soupirant, et vous êtes certainement pour beaucoup dans cette décision imprévue qui l'a subitement éloigné de ses parents.

— J'avoue volontiers que je n'y suis pas étranger.

— Ce que vous avez fait là est infâme, monsieur.

— Du tout. J'ai voulu seulement écarter de mon chemin un obstacle. La rivalité de M. Lambert me gênait. Pourquoi me serais-je fait de ce jeune homme un ennemi? Il n'a pas à se plaindre, du reste; le voilà lieutenant de vaisseau, dans quatre ou cinq ans, il sera capitaine de frégate. S'il n'était pas satisfait, ce serait un gaillard difficile. En parlant au ministre de M. Lambert, je me suis inspiré de l'intérêt profond que je porte à mademoiselle de Précourt. Je me suis dit que c'était une existence déplorable que celle d'une jeune femme dont le mari est toujours en mer et dont le bonheur est sans cesse menacé par un coup de vent ou la pointe d'un récif. Mais je reviens au sujet qui nous intéresse, c'est-à-dire à l'objet de ma visite. Comme j'ai eu l'honneur de vous le déclarer, je veux devenir l'époux de mademoiselle de Précourt.

— Je vous ai déjà répondu : Jamais!

— J'ai dit que je le voulais, fit-il d'un ton absolu; ce que je veux, je l'obtiens toujours.

— Je vous renvoie à la réponse que vous fera ma fille, dit la baronne d'une voix railleuse.

— Ne parlons pas, quant à présent, de mademoiselle Jeanne, que je respecte profondément et que j'aime...

— Oh! fit la baronne en bondissant sur son siége.

— Oui, que j'aime, madame, continua M. de Borsenne. Vous savez mieux que personne tout le charme qu'elle répand autour d'elle et combien elle est digne des affections qu'elle inspire.

— Ainsi, reprit la baronne moqueuse, c'est par amour que vous recherchez ma fille?

— Oui, madame.

— Vous mentez! s'écria-t-elle en le regardant dans les yeux.

Il ne se troubla point et il répondit avec assurance :

— Quel autre sentiment pourrait m'entraîner? La dot de votre fille sera tout au plus de trois cent mille francs, ce n'est pas pour cette misère que je renoncerais à ma liberté et à mes habitudes de célibataire. Il faut donc qu'une affection réelle et bien sincère se soit imposée à moi pour me décider à changer ma vie.

La baronne secoua la tête. Elle n'était nullement convaincue.

— Quel but mystérieux poursuit-il donc? pensait-elle, et quel rôle voudrait-il faire jouer à ma fille dans cette nouvelle intrigue.

De plus en plus défiante, elle prit la résolution de rester calme quand même et elle rassembla toutes ses forces pour se tenir sur la défensive.

Comme on est bien dans tes bras! On y voudrait rester toujours. (Page 78.)

— Je ne puis épouser mademoiselle de Précourt, reprit M. de Borsenne sans le consentement de ses parents.

— Et le sien, ajouta la baronne.

— Je m'occupe d'abord des autres.

— Le premier à obtenir est celui de ma fille, monsieur.

— C'est votre opinion, ce n'est pas la mienne. J'obtiendrai facilement le consentement de M. de Précourt.

— M. de Précourt vous répondra, monsieur, qu'il laisse sa fille libre de disposer d'elle.

— Il me fera la réponse qu'il jugera convenable. Mais pour arriver à la réalisation de mon vœu le plus cher, il me faut un aide puissant, un ami dévoué, qui plaide un peu ma cause. Cet auxiliaire précieux, je l'ai trouvé : c'est vous, madame.

— Ah! c'est trop fort! s'écria madame de Précourt en se levant. Monsieur, continua-t-elle en s'efforçant de contenir sa colère, il y a une heure que j'écoute vos paroles insensées, avec une patience que je m'étonne d'avoir conservée. Il est tard, j'ai besoin de repos, vous pouvez vous retirer. Et écoutez bien ceci : moi vivante, jamais, jamais vous n'épouserez ma fille! Jeanne vous aimerait, entendez-le bien, que je lui défendrais de vous épouser! Allez, monsieur, allez, vous pouvez sortir comme il vous plaira, par le grand ou le petit escalier, cela m'est égal.

M. de Borsenne ne bougea pas, un sourire méchant contracta ses lèvres.

— Vous avez bien tort de vous mettre en colère, fit-il en souriant toujours; cela ne changera rien à la situation.

Le pied de la baronne frappa le parquet avec impatience.

— Ma chère baronne, reprit-il avec impudence, notre petite causerie n'est pas terminée; nous arrivons au moment le plus intéressant. Allons, asseyez-vous et causons comme de vieux amis. Il est impossible qu'Adèle ait tout à fait oublié Alphonse.

Cette évocation du passé fit surgir tout à coup, au milieu du salon, le spectre sinistre des mauvais jours et des nuits d'insomnie. L'implacable tourmenteur se dressa hideux et plein de menace devant madame de Précourt.

Elle pâlit affreusement et deux flammes jaillirent de ses yeux.

— Le lâche! murmura-t-elle éperdue.

M. de Borsenne ne perdait aucun de ses mouvements. Il éprouvait une jouissance infinie à la voir palpitante et blême de terreur sous son regard.

— Je possède toujours les lettres que mademoiselle Valudier m'a écrites, dit-il, je les ai conservées comme un trésor précieux; je les relisais ce matin encore, que de choses charmantes elles contiennent. J'y tiens beaucoup, à ces lettres, qui me rappellent de si doux souvenirs; cependant je me suis promis de les rendre à Adèle Valudier le jour de mon mariage avec la fille de madame de Précourt.

La baronne poussa un sourd gémissement et tomba accablée dans son fauteuil.

— Voilà, madame, continua-t-il, ce que je tenais à vous faire savoir.

— Vous me croyez donc bien misérable et aussi infâme que vous, pour avoir pu supposer que j'accepterais cet ignoble marché? Je croyais connaître toutes les souffrances, eh bien, non, il m'était réservé de sentir la douleur de cette nouvelle et grossière injure. Je suis une malheureuse femme, monsieur, dont vous avez empoisonné la vie; mais toute brisée et meurtrie que je suis, il me reste encore assez de force pour défendre mon enfant et éloigner d'elle l'opprobre et la honte.

— Prenez garde, reprit-il durement, j'ai l'habitude de ne reculer jamais devant les obstacles. Si je les rencontre sur ma route, je les renverse. Croyez-moi, madame, ne vous placez pas en travers de mes desseins. Rien ne saurait m'empêcher d'arriver au but.

— Oh! des menaces! fit-elle d'un ton de suprême dédain; vous croyez donc me faire peur? Je ne vous crains pas, monsieur. Oui, je me placerai entre vous et ma fille, et je vous jure que vous rencontrerez en moi un obstacle qui vous empêchera d'avancer.

— Ne me défiez pas, répliqua-t-il d'une voix irritée; je vous l'ai dit, je ne recule devant rien. Ces lettres dont je parlais tout à l'heure, et qui peuvent révéler d'étranges choses, ces lettres, placées sous les yeux de votre mari, sous les yeux de votre fille même, vengeraient l'homme que vous auriez combattu.

— Vous êtes un misérable! lui cria madame de Précourt d'une voix sourde.

— Je le ferais, je vous le jure.

— Je n'en doute pas; vous êtes capable de tous les crimes, de toutes les lâchetés. Eh bien! cette menace elle-même, la plus terrible que vous puissiez faire, ne m'épouvante pas. Pour défendre ma fille contre vous, pour la sauver, moi-même je me jetterais aux pieds de M. de Précourt que j'ai trompé et je lui avouerais tout, ma faute qui est votre crime, et ma honte. Il me repousserait, il me maudirait, il me couvrirait de son mépris, il me tuerait peut-être.

« Mais il saurait qui vous êtes et, vous connaissant... ah! j'en suis sûre, il vous chasserait de sa maison, et ma fille, ma Jeanne n'aurait plus rien à redouter de vous. »

XVII

Dans son exaltation, madame de Précourt s'était levée et, superbe d'audace, l'œil en feu, elle dominait son ennemi de toute sa fierté.

M. de Borsenne ne s'attendait certainement pas à trouver tant d'énergie et de volonté chez cette femme depuis si longtemps absorbée dans sa douleur. Il fut un moment décontenancé, mais il reprit bientôt toute son assurance.

— Ce serait une confession un peu tardive, dit-il avec un faux sourire; vous n'oseriez pas la faire. On ne renonce pas aussi facilement à l'estime d'un homme comme M. de Précourt. Vous êtes capable des plus grands sacrifices, je le sais; mais perdre du même coup votre position dans le monde, l'amour de votre fille et l'affection de votre mari serait au-dessus de vos forces.

« Vous connaissez mon projet, ajouta-t-il en se levant, je vous ai dit toute ma pensée, je veux que mademoiselle de Précourt soit ma femme, elle le sera. »

La baronne eut un geste expressif.

— Oh! je connais votre mot : Jamais! Vous me l'avez répété assez de fois, poursuivit-il. Mais quand vous aurez bien compris que je veux avant tout le bonheur de votre fille, permettez-moi de croire que vos dispositions à mon égard ne seront plus les mêmes. Je vous accorde huit jours pour réfléchir à tout ce que je vous ai dit ce soir. Si après ces huit jours écoulés vous ne m'avez pas dit ces deux mots : Je consens, il y aura guerre entre nous, et je vous promets que la lutte sera sérieuse, acharnée, terrible! Je puis être vaincu; mais je ne me retirerai pas du combat sans avoir porté de rudes coups et jeté à terre quelques victimes.

Après ces paroles, il prit son chapeau, salua la baronne avec une politesse affectée et sortit de la chambre.

— Cet homme est un monstre! s'écria madame de Précourt en tombant à demi évanouie sur un siége.

Elle étouffait. Les efforts qu'elle avait faits pour rester maîtresse d'elle-même et contenir sa colère, prête à éclater à chaque instant, l'avaient anéantie. Elle cacha son visage dans ses mains et des sanglots s'échappèrent de sa poitrine oppressée.

Dans la pièce que M. de Borsenne devait traverser en sortant de la chambre de madame de Précourt, un domestique paraissait dormir dans un coin sombre. Mais il avait les oreilles et les yeux ouverts.

Dès qu'il aperçut M. de Borsenne il se leva, alluma une bougie et ouvrit une porte. M. de Borsenne le suivit et tous deux disparurent dans un couloir.

Quand madame de Précourt se sentit à peu près remise de ses pénibles émotions, elle appela Mariette.

— Est-il venu quelqu'un? demanda-t-elle.

— Non, madame, personne; seulement mademoiselle est rentrée.

La baronne jeta un regard sur la pendule; les aiguilles marquaient neuf heures un quart

— Déjà! fit-elle mentalement.

Et elle reprit tout haut :

— Est-ce que M. de Précourt est déjà dans sa chambre?

— M. le baron n'est pas encore rentré, répondit la femme de chambre.

— Comment, reprit madame de Précourt très-surprise, ma fille est revenue seule!

— Oui, madame.

— Qu'est-ce que cela veut dire? murmura la baronne préoccupée. Mariette, demanda-t-elle, y a-t-il longtemps que mademoiselle de Précourt est rentrée?

— Il y a quelques instants, madame.

— C'est bien, Mariette, merci; vous pouvez vous retirer.

Comme la femme de chambre sortait, mademoiselle de Précourt entrait chez sa mère par une autre porte.

Cette porte servait de communication entre la chambre de la baronne et celle de sa fille; elles étaient, toutefois, séparées par un cabinet de toilette.

La jeune fille s'avança vivement vers sa mère, lui prit les deux mains et lui mit un baiser sur le front.

— Comment te trouves-tu, ce soir, chère mère? demanda-t-elle.

— Mieux, beaucoup mieux, répondit la baronne inquiète en regardant sa fille dans les yeux, comme si elle eût voulu lire dans sa pensée.

— Oh! je suis bien contente, fit la jeune fille presque joyeuse.

Elle approcha un tabouret sur lequel elle s'assit, les bras appuyés sur les genoux de sa mère.

— Jeanne, reprit madame de Précourt, comme tu es rentrée de bonne heure.

— C'est vrai. Mais vois-tu, mère chérie, continua-t-elle d'une voix adorable, j'avais hâte de revenir près de toi.

— Chère enfant, dit la baronne en passant ses doigts dans les boucles de cheveux noirs qui ondulaient sur le cou de sa fille.

— Et puis, poursuivit Jeanne, madame Lambert était aussi un peu souffrante. Elle pense trop à son fils, cela la rendra malade.

— Est-ce que tu ne penses pas à lui, toi?

La jeune fille rougit.

— Si, chère mère, fit-elle; seulement je me fais une raison.

Madame de Précourt eut un regard qui sembla se perdre dans l'infini.

Après un court silence :

— Jeanne, demanda-t-elle, y a-t-il longtemps que tu es rentrée?

— Mais non, chère mère. Je n'ai fait qu'entrer dans ma chambre et ôter mon chapeau.

— Est-ce que tu es revenue seule de chez madame Lambert?

— La nuit, j'aurais eu trop peur! Mon père et M. Lambert m'ont accompagnée jusqu'à la porte de la maison. Et comme il est encore de bonne heure, M. Lambert ayant quelqu'un à voir rue Villedo, je crois, mon père y est allé avec lui.

Madame de Précourt poussa un soupir de soulagement. Ses craintes venaient de se dissiper. Sa fille lui avait bien dit la vérité; elle ne lui cachait rien. Elle le voyait dans son sourire et dans ses yeux limpides et purs comme son cœur.

Elle l'obligea à se lever, la fit asseoir sur ses genoux, et l'attirant à elle, la tint longtemps serrée sur sa poitrine.

— C'est ainsi que tu me tenais souvent quand j'étais petite fille, dit Jeanne. Comme on est bien dans tes bras! On y voudrait rester toujours.

Ces paroles furent suivies d'un bruit de baisers.

. . . .

M. de Borsenne connaissait assez les affaires du baron de Précourt pour avoir pu dire effrontément, et sans craindre d'être démenti par la baronne, que ce n'était point par cupidité qu'il voulait épouser Jeanne.

Et pourtant, pour cet homme blasé et presque ruiné, ce sentiment seul pouvait dicter ses résolutions. C'était, en effet, pour l'argent, et attiré par la perspective d'une nouvelle fortune qu'il agissait.

M. de Précourt ne donnait réellement à sa fille que trois cent mille francs de dot; mais ce que le baron n'avait pu confier à personne, puisqu'il l'ignorait, c'est qu'à une époque qui ne pouvait être très-éloignée, Jeanne devait hériter de plus de deux millions.

M. de Borsenne était mieux instruit. Non-seulement il connaissait la somme, mais il avait lu le testament et il aurait pu indiquer les propriétés et les valeurs mobilières dont se composait l'héritage.

Ce testament existait depuis quatre ans; il avait été dicté à un notaire de Fréjus par M. Fontange mourant.

Jeanne avait eu pour parrain et marraine M. et madame Fontange, qui étaient les seuls proches parents de sa mère. Elle était déjà grande lorsque M. Fontange, pour cause de santé, fut obligé de quitter les affaires. L'air de Paris lui étant nuisible, il se retira à Fréjus, sa ville natale, où il avait fait bâtir une maison magnifique et acheté une propriété de plus de mille hectares.

Madame Fontange le suivit : nous ne dirons pas avec plaisir, mais sans répugnance; évidemment, cela lui coûtait un peu de quitter Paris et ses salons dont elle avait fait les délices, et où, si souvent et pendant si longtemps, elle avait été saluée comme une reine de la mode. Mais elle n'était plus l'étoile brillante dont on avait tant admiré les rayonnements. De jeunes femmes, qu'elle avait vues gamines, apparurent comme des astres nouveaux, et, peu à peu, elle se trouva délaissée, éclipsée. C'était lui faire sentir, un peu cruellement peut-être, qu'elle avait vieilli et que son temps était fini. Elle eut le bon esprit de ne pas en trop souffrir et de ne pas se plaindre. Il lui restait pour se consoler, avec une immense fortune, l'affection toujours sincère et dévouée de son mari.

Ces défections autour d'elle et les blessures faites à son amour propre donnèrent à cette véritable Parisienne, toujours belle et toujours élégante, le courage d'aller s'isoler et s'enfouir dans une petite ville de province.

La santé de M. Fontange, délabrée par des excès de travail, ne se rétablit point dans le Midi, ainsi que le lui avait fait espérer son médecin. Elle alla sans cesse en déclinant, et un jour il comprit qu'il touchait au terme de sa vie.

Il n'avait que des parents éloignés, tous riches, d'ailleurs, et qu'il ne voyait jamais.

Devait-il les faire ses héritiers?

Il se posa cette question pour ne plus songer qu'à Jeanne de Précourt, sa filleule, qu'il avait tant de fois fait sauter sur ses genoux; il se rappelait avec ravissement qu'elle lui tirait la moustache et les baisers dont elle couvrait ses joues. Plus d'une fois, il s'était souhaité une petite fille aussi jolie, aussi intelligente et, peu à peu, il s'était pris pour elle d'une affection presque paternelle.

XVIII

M. Fontange fit donc un testament en faveur de mademoiselle Jeanne de Précourt, sa filleule, en réservant l'usufruit à sa femme.

M. de Précourt avait bien entendu parler vaguement d'un testament, mais avec sa répugnance à s'occuper des affaires, il n'avait fait aucune question à ce sujet.

La baronne, dont nous avons esquissé la vie, était, sous ce rapport, au moins aussi indifférente que son mari.

Fréjus est loin de Paris; depuis la mort de M. Fontange, la famille de Précourt n'y était allée qu'une seule fois, et madame Fontange n'avait pas cru devoir parler du testament. Lorsqu'elle venait à Paris pour y passer un mois ou six semaines, elle employait son temps à revoir ses anciennes connaissances et à se montrer dans quelques théâtres, ce qui lui rappelait les grands jours de ses triomphes. On la voyait à peine chez M. de Précourt où, disait-elle, on s'ennuyait à mourir. Elle y parlait de Paris, de ce qu'elle avait vu, de ses nouveaux boulevards, de ses amies vieillies, enlaidies, de celles qui n'étaientplus et d'une infinité de niaiseries, comme une provinciale qu'elle était devenue. Et c'était tout.

Un jour pourtant, après avoir babillé un quart d'heure avec Jeanne, elle lui avait dit :

— Sais-tu bien, mignonne, que tu es très-jolie et que tu as de l'esprit comme un démon! Avec la grande fortune que tu auras un jour, gare les amoureux!

La jeune fille n'avait pas fait attention, elle ne comprit rien à ces paroles.

Au retour d'un voyage qu'il avait fait en Italie, M. de Borsenne s'était arrêté à Fréjus.

Heureuse de revoir une de ses anciennes connaissances, un de ceux qui avaient été témoins de son éclat, et qui s'étaient courbés sous le sceptre de sa royauté mondaine, madame Fontange le retint plusieurs jours, et se plut à l'exhiber au milieu de sa société bourgeoise, dont elle s'était fait une nouvelle cour, et où elle trouvait encore des adulateurs, ce qui lui permettait de récolter un regain de compliments, de louanges et d'adorations.

C'est dans une conversation qu'il eut avec madame Fontange, que M. de Borsenne apprit l'existence du testament.

Il alla chez le notaire qui, sans défiance, lui mit la minute sous les yeux.

A partir de ce moment, le projet d'épouser mademoiselle Jeanne de Précourt, la riche héritière, germa et grandit dans sa tête.

Revenant à Paris, il chercha immédiatement le moyen de se lier avec M. de Précourt et de capter sa confiance.

Comme le hasard se fait toujours le serviteur et le complice de certains hommes, ce moyen s'offrit de lui-même à M. de Borsenne.

M. de Précourt était en procès avec la ville de Paris à propos d'un immeuble; le conseil d'État était appelé à se prononcer. M. de Borsenne s'empara de l'affaire et la mena si promptement et si bien que M. de Précourt, qui du reste avait tous les droits de son côté, obtint gain de cause. M. de Borsenne n'en attribua pas moins cette décision des juges suprêmes à ses démarches et à son activité, et M. de Précourt, reconnaissant, lui offrit son amitié et lui ouvrit sa maison comme nous l'avons vu.

Il avait su si bien s'emparer de lui et de sa confiance, qu'il lui avait fait accepter un valet de chambre sans que le baron eût songé à voir son livret ou à lui demander ses certificats.

Elle courut se jeter dans le coupé de remise qui l'attendait devant l'hôtel. (Page 91.)

Cependant M. de Précourt était un homme prudent, sage, réservé, sachant juger les hommes et très-difficile dans le choix de ses amis.

Or, le nouveau domestique du baron n'était autre chose qu'un agent de M. de Borsenne, un espion à ses gages, chargé d'observer, de voir, d'entendre et de le renseigner sur tout ce qui se passait dans la maison.

Après les paroles menaçantes qu'il avait adressées à la baronne en la quittant, il crut devoir ne plus revenir rue Le Peletier afin de la laisser tout entière à ses réflexions. D'ailleurs, il voulait utiliser les huit jours de répit qu'il lui avait accordés à préparer son plan d'attaque, dans le cas où madame de Précourt persisterait dans ses résolutions.

Pour la pauvre femme, ces huit jours furent remplis d'angoisses, de terreurs et de sombre découragement. Elle voyait avec horreur l'abîme ouvert devant elle, prêt à l'engloutir. Elle ne vivait plus. Elle ne pouvait rester une minute éloignée de sa fille. Elle la couvait du regard, on aurait dit qu'elle ne pouvait se rassasier de la regarder. C'était un véritable débordement de tendresse et de caresses passionnées.

La jeune fille répondait à cette effusion d'amour maternel par un redoublement de prévenances, de petits soins et de câlineries charmantes.

Toutefois, Jeanne n'était pas dans son état habituel. Par moments, elle était préoccupée; ses mouvements et sa gaieté même, trop bruyante pour ne pas être un peu factice, trahissaient une certaine agitation intérieure.

Était-ce l'excitation causée par l'affection de sa mère, qui se manifestait tout à coup si expansive et si violente?

Voilà ce que se demandait madame de Précourt, en suivant d'un regard inquiet sa fille bien-aimée, qui allait et venait autour d'elle, gracieuse et légère comme un oiseau.

Un soir, après le dîner, Jeanne, s'adressant à son père, lui dit :

— C'est étonnant, cher père, voilà bientôt une semaine que nous n'avons pas vu M. de Borsenne ; je ne comprends rien à cela.

— Elle parle de M. de Borsenne et depuis six jours elle n'a pas prononcé le nom de Georges, ne put s'empêcher de remarquer la baronne.

— En effet, dit le baron, M. de Borsenne nous néglige; peut-être est-il en voyage.

— Il vous aurait prévenu.

— Malade.

— Il nous le ferait savoir.

— Tu as raison, Jeanne, il y a quelque chose d'extraordinaire dans cette retraite. Demain, je ferai prendre des nouvelles de M. de Borsenne.

« Vous avez entendu, Pierre, poursuivit-il en s'adressant à son valet de chambre, qui achevait de desservir la table, demain vous passerez chez M. de Borsenne et demanderez s'il est indisposé ou en voyage.

— Je n'oublierai pas, répondit le domestique.

S'il l'eût voulu, maître Pierre aurait pu répondre tout de suite à M. de Précourt que M. de Borsenne n'avait pas quitté Paris et qu'il se portait à merveille ; que s'il ne venait pas rue Le Peletier, c'est qu'apparemment il avait d'excellentes raisons pour cela.

Madame de Précourt n'avait pas prononcé une parole, mais le valet de chambre s'étant retiré :

— A voir votre empressement à vous informer de ce que devient M. de Borsenne, dit-elle d'une voix brève, on dirait que cet homme est absolument nécessaire à votre existence.

— Se préoccuper de ce qui peut causer l'éloignement d'un ami est une chose fort naturelle, répliqua le baron. N'est-il pas vrai, Jeanne?

— Certainement, mon père, mais nous devons respecter les sentiments de ma mère ; nous savons que la figure de M. de Borsenne lui déplaît.

— Oh ! sa figure, se dit tout bas madame de Précourt, je déteste, je hais tout en lui.

La soirée se passa sans qu'on s'occupât davantage de M. de Borsenne.

Le lendemain, dans l'après-midi, M. de Précourt reçut une lettre qu'il fit lire à sa fille. Elle était de M. de Borsenne.

« Je viens d'apprendre que vous avez fait demander de mes nouvelles, écrivait-il ; veuillez m'excuser si j'attends encore deux ou trois jours avant d'aller vous rendre mes devoirs. Ma santé est toujours excellente. Mais je suis absorbé dans un travail de la plus haute importance, qui ne me permet pas de disposer d'une minute en faveur de mes meilleurs amis.

— Encore trois jours, fit Jeanne, qui parut vivement contrariée.

— C'est singulier, pensa M. de Précourt, on supposerait volontiers que ma fille est amoureuse de M. de Borsenne.

La jeune fille devint de plus en plus préoccupée et agitée ; mais, en présence de sa mère, elle redevenait vive, joyeuse et mettait tous ses soins à ne pas lui laisser soupçonner le travail qui se faisait dans sa pensée.

Du reste, la baronne était elle-même dans une situation d'esprit qui ne lui permettait guère d'observer sa fille avec cette précision et cette sûreté de jugement qui sont chez une mère, en certaines circonstances, comme un don surnaturel de divination.

M. de Borsenne lui avait donné huit jours pour réfléchir. Certes, elle les avait bien employés ; elle avait réfléchi longuement ; mais si, d'une part, sa résolution était bien définitivement arrêtée, elle n'avait pris aucun parti pour conjurer les inévitables dangers auxquels sa résistance allait la livrer.

De quelque côté qu'elle se tournât, elle se voyait également condamnée et perdue.

Sans doute, elle pouvait lutter, elle y était même absolument décidée, mais le résultat devait quand même lui être fatal. Impossible de changer sa destinée. Il fallait qu'elle fût immolée.

XIX

Un matin, M. de Borsenne avait reçu à déjeuner quelques-uns de ses amis, tous plus jeunes que lui et, comme lui, très-répandus dans le monde.

Un déjeuner de garçons est toujours fort gai, surtout lorsque des vins de choix aident à délier la langue. Or la cave de l'amphitryon était une des meilleures de Paris.

On était resté à table très-longtemps; on avait bu beaucoup, beaucoup ri et beaucoup causé.

Le grave de Borsenne était sorti lui-même de sa froide réserve. Entre deux verres de xérès il avait annoncé à ses amis son prochain mariage, sans nommer, toutefois, la personne qu'il allait épouser.

Cette déclaration inattendue jeta un peu de froid au milieu de cette société d'aimables viveurs.

— Il nous faut le nom de ta future, dit un des convives.

— Oui, oui, son nom, son nom! répétèrent les autres en chœur.

— Je ne puis encore vous le faire connaître, répondit M. de Borsenne; mais dans huit jours vous le saurez.

— Dans huit jours, quand ton secret sera connu de tout Paris. Ce n'est vraiment pas la peine que nous soyons tes amis.

— M'est avis, messieurs, dit un vicomte pâle et efflanqué, qui fréquentait les reporters d'un grand journal à informations, que le mariage de de Borsenne est un fait-Paris de la plus haute importance. Il y a en ce moment disette de nouvelles à sensations.

— Puisque de Borsenne ne veut pas nommer sa fiancée, qu'il nous donne au moins quelques renseignements, dit un autre. Est-elle jeune?

— Elle n'a pas vingt ans.

— Est-elle riche?

— La dot est modeste, mais il y a des espérances.

— Prochaines?

— Peut-être, fit M. de Borsenne en souriant.

— Est-elle jolie?

— C'est une beauté parfaite.

— Peste, tu as de la chance, toi.

— J'en conviens, très-modestement.

— Oh! oh! l'adverbe est délicieux.

Et tout le monde se mit à rire

En ce moment on vint avertir M. de Borsenne qu'une dame l'attendait dans son cabinet de travail.

— Voyez-vous ça! s'écria le vicomte au teint pâle, il va se marier et les femmes viennent le trouver ici.

— Je vous jure que j'ignore...

— Oh! il ignore... Joli! joli!

Le domestique était resté, attendant les ordres de son maître.

— Comment est cette dame? lui demanda M. de Borsenne.

— Elle paraît fort bien.

— Est-elle jeune, jolie?

— Je ne puis répondre à monsieur, car son visage était caché sous un voile très-épais. Mais ce que je puis vous dire, c'est qu'elle était très-émue en me demandant si vous y étiez. Sa voix tremblait si fort que j'ai eu beaucoup de peine à comprendre ce qu'elle disait.

Un sourire singulier passa sur les lèvres de M. de Borsenne.

— C'est madame de Précourt, se dit-il. Enfin.

Les convives se regardèrent entre eux en se faisant des signes. Ils flairaient une aventure mystérieuse, peut-être un scandale. La bonne aubaine!

D'un geste M. de Borsenne congédia le domestique; puis se tournant vers ses amis :

— Vous me permettez, n'est-ce pas, dit-il, de remplir mes devoirs de maître de maison?

— Certainement.

— Je ne vous quitte pas pour longtemps.

« En m'attendant, causez, jouez si cela vous fait plaisir. Vous avez des liqueurs et des cigares. »

Il passa dans sa chambre, répara un peu le désordre de sa toilette, et entra dans le cabinet où l'attendait la dame voilée.

— Madame... dit-il en s'avançant vers elle.

La dame se leva, écarta les plis de son voile et montra son visage à M. de Borsenne.

Stupéfié, n'en pouvant croire ses yeux, il fit trois pas en arrière.

— Jeanne! murmura-t-il.

— Ne comptant plus vous voir chez mon père, monsieur, dit timidement la jeune fille, il a bien fallu que je vinsse ici.

M. de Borsenne ne répondit rien; il attendait qu'un mot de mademoiselle de Précourt lui fît connaître le motif de sa visite.

Après un moment de silence, la jeune fille reprit d'une voix un peu mieux assurée.

— Je suis venue ici, monsieur, je ne dirai pas sans hésitation et sans trouble, mais pleine de confiance en vous.

— Je vous en remercie, mademoiselle.

— Monsieur de Borsenne, vous possédez des lettres dont l'existence a causé de grands chagrins à une pauvre femme et qui peuvent aujourd'hui la pousser à un acte de désespoir terrible. Ces lettres, monsieur, je viens vous les demander.

M. de Borsenne crut que la baronne avait déjà parlé. Dans ce cas, c'était le renversement complet de son plan. Il éprouva une émotion singulière.

— Quoi! s'écria-t-il, votre mère vous a dit?...

— Ma mère ne m'a rien dit, monsieur, répondit la jeune fille. Mais par ses tortures présentes, j'ai deviné tout ce qu'elle a souffert pendant longtemps.

M. de Borsenne respira plus à l'aise.

— Mais comment savez-vous? fit-il.

— Que ces lettres existent?...

Elle rougit, baissa les yeux, puis les relevant lentement sur M. de Borsenne :

— Il y a huit jours, dit-elle, vous avez eu une conversation avec ma mère, je l'ai en partie entendue. Oh! sans le vouloir, monsieur, je vous le jure, ajouta-t-elle.

« C'est ainsi que j'ai su que vous aviez entre les mains certaines lettres qui peuvent être funestes à ma mère. J'ignore ce qu'elles contiennent, je ne veux pas le savoir. Elle a parlé de honte, d'une faute, d'un crime : mais elle est ma mère, monsieur, je l'aime, elle n'est point coupable! Elle s'accusait, cependant, mais je n'ai pas compris, je n'ai pas voulu comprendre. Je n'ai vu qu'une chose, c'est qu'elle est malheureuse et je ne veux pas qu'elle le soit. Rendez-moi ces lettres, monsieur, je vous en prie, rendez-les-moi!

— La fille se dévoue pour la mère, pensa M. de Borsenne; jusqu'où son dévouement ira-t-il?

Et il lui vint une pensée qui lui causa un éblouissement.

— Puisque vous nous avez entendus, mademoiselle, dit-il, vous savez à quelle condition j'ai promis à madame de Précourt de lui rendre les lettres en question.

La jeune fille garda le silence.

— Elles sont là, dans un tiroir, reprit-il.

Et il indiquait un petit meuble de Boule.

Jeanne jeta sur le meuble un regard furtif.

— J'ai promis à madame de Précourt, continua-t-il, de lui remettre ses lettres le jour même où j'aurai le bonheur de devenir votre époux.

— Oh! monsieur, fit-elle.

— Autrefois, reprit-il, j'aurais pu les rendre sans conditions, on ne les a pas réclamées. Aujourd'hui, elles me sont trop utiles pour que je consente à m'en séparer. En cette circonstance, mon cœur est plus fort que ma volonté.

— Vous manquez de générosité, monsieur.

— Je le reconnais, mademoiselle; vous auriez même pu vous servir d'une expression plus dure. Je vous aime, voilà mon excuse.

La jeune fille le regarda d'un air incrédule.

— Vous doutez, mademoiselle, reprit-il, c'est la preuve de votre adorable modestie, car vous êtes seule à ne pas connaître le pouvoir irrésistible de vos yeux et de votre charmant sourire. Oui, je vous aime, poursuivit-il, il faut que cet amour que vous avez fait naître en moi soit bien puissant pour que, me faisant sortir de mon caractère, il m'ait entraîné jusqu'à menacer madame de Précourt.

— Ah! monsieur, excusez mon émotion, dit la jeune fille avec un embarras plein de charme, je suis si troublée, que je ne trouve rien à vous répondre. Vous m'aimez, dites-vous, mais alors c'est un grand malheur!

— Un grand malheur?

— Hélas! oui, monsieur.

Elle poussa un profond soupir.

— J'aime M. Georges Lambert, dit-elle.

— M. Lambert est assurément digne de votre affection, répliqua-t-il; mais il est loin et ne reviendra pas en France avant cinq ou six ans.

Jeanne devint très-pâle.

— C'est bien long, fit-elle; mais j'ai promis à M. Lambert d'attendre son retour.

M. de Borsenne se mordit les lèvres de dépit.

— Nous nous aimons, Georges et moi, depuis plusieurs années, continua-t-elle, vous le savez comme tous nos amis, monsieur de Borsenne. Une affection comme la nôtre ne peut être brisée. L'oubli serait un parjure, et si je suis sûre de moi, je le suis aussi de Georges. Voilà pourquoi j'ai répondu tout à l'heure à vos paroles par ces mots : « C'est un grand malheur ! » Et c'est la vérité. J'ai aimé M. Lambert avec l'autorisation de mes parents; sous leurs yeux, j'ai mis ma main dans la sienne et je suis devenue sa fiancée. J'allais être sa femme lorsqu'un ordre du ministre l'a éloigné de nous. Vous le voyez, monsieur de Borsenne, je vous parle bien franchement; ce que je vous dis, c'est l'expression de ma pensée. Vous êtes l'ami de mon père, vous êtes aussi le mien, je vous en prie, soyez-le toujours. Oh! je ne serai pas ingrate, vous verrez.

— Votre amitié est certainement très-précieuse, mademoiselle, répondit-il; mais je suis trop exigeant pour pouvoir m'en contenter. J'ambitionne un titre plus doux, celui de mari.

— Monsieur, je vous ai dit que je ne m'appartenais plus, que j'aimais M. Lambert.

— Eh! mademoiselle, répliqua-t-il vivement, je vous aime aussi, moi!

— En insistant ainsi, monsieur, dit-elle tristement, vous me faites croire que les sentiments des hommes ne ressemblent guère à ceux des femmes. Je vous ai dit, je crois, tout ce que je pouvais dire pour vous faire renoncer à une chose impossible.

— Il n'y a rien d'impossible, mademoiselle.

— Ainsi, vous persistez...

— Plus que jamais.

— Mais quel homme êtes-vous donc, monsieur de Borsenne?

— Un homme qui vous aime, mademoiselle, et qui ne reculera devant rien pour vous posséder.

XX

— Ainsi, reprit la jeune fille, que les derniers mots de M. de Borsenne avaient comme étourdie, vous avez la prétention de vouloir m'épouser malgré moi?

— Avec votre consentement, mademoiselle, répondit-il en s'inclinant gracieusement.

M. de Précourt, écrasé par la douleur, était comme un homme que vient de frapper la foudre. (Page 97).

— C'est de la folie, fit-elle avec un brusque mouvement de tête en arrière.

— Folie de ne pas me croire, répondit-il en souriant. Vous oubliez les lettres, qui sont là, sous clef, dans ce tiroir.

— Non, je ne les oublie pas, et j'espère bien que vous me les remettrez...

— Oui, mademoiselle, à vous ou à madame votre mère, le jour de notre mariage.

La jeune fille s'approcha de lui très-digne et pleine de fierté.

— Monsieur de Borsenne, dit-elle, donnez-moi ces lettres et restons bons amis.

Elle lui tendit sa petite main gantée, qui tremblait légèrement.

Il ne la prit point, cette main qui cherchait la sienne, et il répondit :

— Non.

— Mais, monsieur, je ne veux pas vous épouser! s'écria la jeune fille.

— Alors, mademoiselle; à mon tour de dire : C'est un grand malheur! Écoutez-moi bien : ces lettres renferment une révélation épouvantable; elles peuvent perdre votre mère et, du même coup, briser son bonheur, le vôtre et celui de M. de Précourt.

— C'est horrible! murmura la jeune fille frissonnante.

— Je joue ma plus belle partie, pensait M. de Borsenne; si je la perds, je ne suis qu'un sot.

Il reprit tout haut :

— Si vous devenez ma femme, le secret de ces lettres ne sera jamais révélé; mais si vous sortez de cette maison, où vous êtes venue volontairement, sans m'avoir dit que vous consentez à m'épouser, je vous jure que dans trois jours elles seront entre les mains de M. de Précourt.

— Ce serait odieux, vous ne feriez pas cela!

— Je le ferais, mademoiselle.

Un nuage passa sur les yeux de la jeune fille, qui se fermèrent. Elle chancela et chercha instinctivement un point d'appui.

M. de Borsenne se précipita pour la soutenir et il l'aida à s'asseoir.

— Ma pauvre mère! ma pauvre mère! soupira la jeune fille.

En un instant, elle revit tout le passé de douleurs et d'angoisses de la malheureuse femme.

— Sa tranquillité et son bonheur dépendent de vous, lui dit M. de Borsenne penché vers elle.

— Et le mien, le mien! fit-elle d'une voix désespérée.

— Elle est à moi! se dit M. de Borsenne.

Il se redressa et un double éclair jaillit de ses yeux.

— Votre bonheur, reprit-il, puisque je n'ai pas encore le droit de parler de moi, sera déjà d'avoir rendu le calme à votre mère.

Il avait deviné ce qui se passait dans la pensée de la jeune fille et il y répondait de manière à encourager l'idée du sacrifice.

Si Jeanne avait su ce que contenaient les lettres, elle se serait peut-être arrêtée ; mais elle en savait trop et trop peu : elle se trouvait en quelque sorte en présence de l'inconnu qui la glaçait d'épouvante. Ne sachant rien de précis, trop innocente, d'ailleurs, pour avoir pu rien deviner, elle se laissait aller à toutes les exagérations de son esprit et de son cœur.

Après quelques minutes de réflexions, elle se leva et dit simplement à M. de Borsenne :

— Je vous autorise, monsieur, à demander ma main à mon père.

Elle le salua froidement et se dirigea vers la porte du cabinet.

M. de Borsenne s'élança vers la porte, l'ouvrit et s'écarta plein de respect pour la laisser passer.

Il l'accompagna jusqu'à la porte de sortie.

Elle descendit rapidement les marches du perron. Au milieu de la cour de l'hôtel, elle s'aperçut qu'elle n'avait pas baissé son voile ; elle le ramena sur son visage par un mouvement brusque, puis elle courut se jeter dans le coupé de remise qui l'avait amenée et qui l'attendait devant l'hôtel.

Mais si vite que la jeune fille eût fait retomber son voile, quatre ou cinq jeunes gens, dont les têtes s'étaient penchées curieusement à une fenêtre du premier étage, avaient eu le temps de voir son visage et de la reconnaître.

Ils reculèrent aussitôt, saisis d'étonnement et presque effrayés.

— Est-ce possible ! s'écria Gaston de Sairmaise, mademoiselle Jeanne de Précourt !

— Je l'ai parfaitement reconnue, dit le jeune Henri de Frazeray.

— Parbleu ! et moi aussi, affirma le vicomte d'Achen.

Et les amis de M. de Borsenne se regardèrent comme des gens consternés.

M. de Borsenne entra. Il avait entendu.

— Je ne comprends pas votre étonnement, leur dit-il en souriant, et encore moins vos figures à l'envers. On dirait que vous revenez d'un enterrement. Est-il donc si surprenant que je reçoive ici ma fiancée?

— Ta fiancée?

— Ne vous ai-je pas dit que j'allais me marier?

— Et cette dame, que nous venons de voir sortir...

— Cette dame, messieurs, mademoiselle Jeanne de Précourt, est ma future femme.

— Et Georges Lambert? ne put s'empêcher de dire Gaston encore incrédule.

— Georges Lambert ? murmura M. de Borsenne, c'est de l'histoire ancienne. Il ne s'agit plus de Georges Lambert, mais de moi.

— Oh ! nous te croyons, dit le vicomte.

— Il le faut bien, murmura Gaston de Sairmaise rêveur.

Mais la gaieté de ces jeunes gens s'en était allée comme la rosée que balaie le vent du matin. M. de Borsenne fit de vains efforts pour la ranimer.

On ne parla plus et au bout d'une demi-heure on se sépara presque tristement.

Le soir même, dans vingt salons, on ne parlait que de la grande nouvelle, du mariage de M. de Borsenne avec mademoiselle Jeanne de Précourt.

Et les méchantes langues et les amateurs de scandales ajoutaient tout bas d'un air confidentiel : Jeanne de Précourt, sa maîtresse !

Ce dernier mot faisait hausser les épaules à bien des gens et trouvait de nombreux incrédules.

Mais les méchants ne se tenaient pas pour battus ; pour eux, médire et calomnier est une si bonne chose ! Avec cela, à Paris comme partout, on passe des heures bien agréables.

— Ah ! vous ne voulez pas croire, disaient-ils ; eh bien, sachez que mademoiselle de Précourt se rend seule et secrètement chez M. de Borsenne.

— Allons donc !

— On l'a vue !

— C'est impossible !

— Demandez à M. de Praslier, à M. de Frazeray, au vicomte d'Achen, à tous les amis de M. de Borsenne et vous serez édifié suffisamment sur la vertu de mademoiselle de Précourt.

En rentrant chez son père, Jeanne courut s'enfermer dans sa chambre. La pauvre enfant était à bout de forces. Il lui avait fallu de grands efforts de volonté pour résister jusque-là à la violence de son émotion.

Elle tomba épuisée sur un siége et, libre enfin d'épancher sa douleur, elle pleura à chaudes larmes.

Ce sont des larmes semblables, recueillies dans des coupes d'or pur, qui devaient autrefois composer l'ambroisie dont se nourrissaient les dieux.

Quand elle eut laissé longtemps parler sa douleur, elle alla se mettre à genoux devant son prie-Dieu.

Sa pensée s'élança à travers l'espace et s'en alla bien loin, bien loin, au milieu de l'Océan, chercher un vaisseau se balançant sur les flots. Et quand elle l'eut trouvé, ce vaisseau, et reconnu sur le pont un de ses officiers :

— Oh ! Georges, Georges, dit-elle, pardonne-moi ! En ne recevant aucune lettre de moi, tu te souviendras que je t'ai dit : « Si je ne vous écrivais plus, c'est que je serais bien malheureuse. » L'heure du malheur a sonné, Georges ; elle ne s'est pas fait attendre et je suis bien malheureuse ! Mon Dieu, mon Dieu, est-ce donc pour faire souffrir ceux qui vous aiment que vous les mettez au monde ? Je voudrais mourir, mourir à l'instant même ! s'écria-t-elle avec désespoir.

« Mourir ! reprit-elle avec égarement, mourir ! Et ma mère, ma mère bien-aimée, je la laisserais sous l'odieuse domination de cet homme... Non, non, j'ai besoin de vivre encore ; plus tard, après... mon mariage... fit-elle avec une intonation étrange.

« Oh ! cet homme qui tient entre ses mains, dit-il, notre bonheur à tous, par quelle fatalité s'est-il trouvé sur mon chemin. Quel rôle mystérieux et terrible a-t-il donc joué dans l'existence de ma pauvre mère ? Tous ces pleurs répandus, c'était donc lui qui les faisait couler ! Toutes ces souffrances cachées, toutes ces douleurs comprimées, c'était donc son ouvrage !... Oh ! le bel œuvre pour un homme !... Chère et bonne mère, non, tu n'es pas coupable, tu es une victime et après toi... ta fille !

« Je comprends maintenant ta répulsion pour cet homme ; tantôt, je l'ai bien regardé... en face, je n'avais pas peur ! Il a le regard dur, par instants cruel, froid et acéré comme un glaive. Oh ! tu as raison, ma mère, c'est un méchant homme ! Et je vais devenir... sa femme... »

Elle se sentit frissonner des pieds à la tête.

— Sa femme, répéta-t-elle en cachant sa figure dans ses mains ; je l'ai promis, et personne ne peut me secourir ! Ah ! Georges, Georges ! pourquoi n'es-tu pas là, pourquoi es-tu parti ? Tu me défendrais, toi, tu nous sauverais tous.

« Je lui ai dit que je t'aimais, à cet homme, il ne m'a pas comprise. Sais-tu pourquoi, Georges ? c'est que rien ne bat dans sa poitrine, c'est qu'il n'a pas de cœur !

« Pourquoi donc veut-il m'épouser ? Il a osé me dire qu'il m'aimait, mais ce n'est pas vrai ! J'ai vu dans ses yeux qu'il mentait. C'est infâme, cela !... C'est donc seulement pour me séparer de toi, Georges, et me rendre malheureuse après avoir fait le malheur de ma mère ? Oh ! quoi qu'il arrive, je n'aime que toi, Georges, et je n'aimerai jamais que toi... »

De gros sanglots étouffèrent sa voix.

Elle resta ainsi, abîmée dans sa poignante douleur, jusqu'à l'heure du dîner.

Quand on vint l'avertir qu'on allait se mettre à table, elle baigna ses yeux dans de l'eau fraîche pour faire disparaître la trace de ses larmes. Elle se fit un visage épanoui et c'est le sourire sur les lèvres qu'elle parut devant son père et sa mère.

XXI

Deux jours s'écoulèrent sans qu'on entendît parler de M. de Borsenne. Mais le troisième jour, il se présenta rue Le Peletier vers deux heures de l'après-midi, et fit prier M. de Précourt de vouloir bien lui accorder un moment d'entretien.

Le baron le reçut dans sa chambre.

— Enfin, vous voilà, lui dit-il en lui serrant la main. Savez-vous que nous commencions à être sérieusement inquiets de votre absence? Ainsi, vous devenez un homme rangé...

— Il le faut bien. Il n'est pas trop tôt, du reste.

— Je ne vous blâme pas, mon ami, au contraire. Voyons, asseyez-vous là, près du feu. Si vous voulez fumer, prenez un cigare. Vous avez désiré m'entretenir en particulier; c'est donc une confidence?

— Une grosse confidence.

— Oh! oh! Voyons, de quoi s'agit-il? Vous ne fumez pas?

— Non, merci!

— Eh bien, je vous écoute.

— Monsieur le baron, j'ai été extrêmement sensible à l'honneur que vous m'avez fait le jour où vous m'avez appelé votre ami. Je devrais être satisfait. Eh bien, non, à ce titre d'ami, je désire en ajouter un autre plus précieux encore.

M. de Précourt ouvrit de grands yeux.

— Monsieur le baron, reprit M. de Borsenne d'un ton solennel, j'ai l'honneur de vous demander la main de mademoiselle Jeanne de Précourt, votre fille.

Le baron laissa tomber sur le marbre du foyer les pincettes qu'il avait prises pour tisonner le feu. Il était réellement fort troublé.

— Certainement... balbutia-t-il sans trop savoir ce qu'il disait, ma fille sera sensible, je suis très-sensible, nous sommes honorés... Mais dans quel embarras vous me mettez... Jeanne est promise à M. Georges Lambert, j'ai donné ma parole; vous savez tout cela aussi bien que moi.

— Quelques mots seulement suffiront pour vous mettre à votre aise, monsieur le baron : c'est avec l'assentiment de mademoiselle de Précourt que j'ai l'honneur de vous demander sa main.

— Ah! fit le baron qui passait d'une surprise à une autre, Jeanne vous a autorisé...

M. de Borsenne s'inclina.

— Alors je n'ai plus rien à dire, moi, continua le baron; du moment que ma fille et vous êtes d'accord... Mais sacrebleu! je ne comprends pas grand'chose à tout cela... Enfin il faut bien devant l'évidence... reconnaître les faits.

— Je puis donc compter sur une réponse favorable?

— Une réponse?... Ah! c'est juste... Où donc ai-je la tête? Je n'y suis plus... Eh bien, monsieur de Borsenne, je ne m'oppose nullement. Jeanne a le droit de disposer d'elle. Elle vous a choisi, vous êtes notre ami... Cependant, vous me donnerez bien trois ou quatre jours, non pas pour réfléchir, c'est fait; mais il faut que je parle à ma fille; il faut surtout que je fasse part de votre demande à madame de Précourt, elle a bien aussi quelque droit sur sa fille, et je prévois, de ce côté, je ne vous le cache pas, une vive opposition.

— Avec votre consentement et celui de mademoiselle Jeanne, madame de Précourt ne pourra refuser le sien.

— Sans doute, mais il y aura lutte, bataille... Ma femme raffole de M. Georges Lambert et j'avoue que moi-même... Mais ne parlons plus de celui-là, puisque femme varie, comme dit la chanson du roi François.

Il fut convenu, que dès qu'il aurait parlé à madame de Précourt, qu'elle eût ou non donné son consentement, le baron écrirait à M. de Borsenne, et que d'ici là il s'abstiendrait de venir rue Le Peletier.

M. de Borsenne se retira enchanté de M. de Précourt et très-content de sa visite.

Après son départ, le baron éprouva le besoin de prendre l'air. Il mit son chapeau, prit sa canne et sortit pour faire un tour sur le boulevard.

— Je ne suis pas si pressé que ça de me quereller avec ma femme, pensait-il. J'aurai tout le temps, demain ou après-demain, de lui parler de M. de Borsenne. Est-ce assez singulier? Je n'en reviens pas... J'en suis tout ahuri.

A la hauteur de la rue du Helder, il rencontra un de ses vieux amis de jeunesse, le comte de Sairmaise, père de Gaston de Sairmaise, un des amis de M. de Borsenne.

Les deux amis se serrèrent la main; puis le baron passa son bras sous celui du comte et ils marchèrent du côté de la Madeleine.

M. de Sairmaise paraissait contraint, embarrassé. Il avait quelque chose à dire à son vieux camarade et il ne savait comment entrer en matière.

Après avoir longuement cherché sa première phrase, il lui dit :

— Tu ne sors guère, mon cher Précourt; on ne te voit plus nulle part.

— Ma femme adore la solitude.

— Et tu restes près d'elle.

— Naturellement.

— C'est très-bien. Seulement, tu ne sais rien de ce qui se dit dans le monde.

— Il m'en arrive quelquefois un faible écho. Et que dit-on dans le monde?

— On dit d'abord que ta fille va se marier et qu'elle épouse M. de Borsenne.

— Oh! oh! fit M. de Précourt, le monde est mieux renseigné que moi.

— Serait-ce un faux bruit?

— Je ne dis pas cela : mais j'ai le droit d'être surpris, puisque ce matin, je ne savais rien encore et que c'est tout à l'heure, que M. de Borsenne est venu me demander la main de Jeanne. Mais ce n'est pas encore un mariage fait.

— Ah! fit M. de Sairmaise, toujours préoccupé.

— Que dit-on encore dans le monde? demanda le baron.

— Mon cher camarade, répondit le comte, ceci est beaucoup plus grave, et il me faut le souvenir de notre vieille amitié pour me donner le courage de tout te dire. Je suis sûr que dans une circonstance semblable tu agirais comme moi. On dit encore que si mademoiselle de Précourt épouse M. de Borsenne, c'est que ce mariage est devenu nécessaire.

— Hein! nécessaire... je ne comprends pas, fit le baron, qui s'arrêta court.

— On affirme que ta fille se rend secrètement chez M. de Borsenne.

— Infamie! s'écria le baron.

— On l'a vue.

— Mensonge!... Sairmaise, tu es mon ami... Oh! il faut que tu le sois pour me porter ce coup cruel! Dis-moi le nom du lâche... Morbleu! ma main peut encore tenir une épée.

— De Précourt, mon ami, calme-toi et écoute.

« Ta fille a été vue chez M. de Borsenne par plusieurs de ses amis.

— Ils mentent comme des misérables qu'ils sont.

— Me croiras-tu quand je t'aurai dit que Gaston, mon fils aîné, était du nombre de ces jeunes gens?

— Ton fils! ton fils! s'exclama M. de Précourt.

— Tu le connais, tu sais qu'il est l'honneur même et qu'il mourrait plutôt

Et je ne faillirai pas! s'écria-t-elle en se redressant avec orgueil. (Page 100.)

que de commettre une action indigne. Il a pour ta fille une affection de frère et il est le meilleur ami de Georges Lambert. Eh bien, oui, il a vu Jeanne chez M. de Borsenne. Il me l'a dit en pleurant de rage et en jurant qu'il ne reverrait cet homme de sa vie.

M. de Précourt, écrasé sous sa douleur, était comme un homme que vient de frapper la foudre.

Il saisit les deux mains du comte.

— Merci, lui dit-il, merci... Si j'avais appris cela d'un étranger, j'aurais été tué sur place.

— Veux-tu que je te reconduise jusque chez toi!

— Non, non, je préfère être seul, j'ai besoin de respirer.

Et il revint rapidement sur ses pas.

— Mon Dieu, j'ai peut-être eu tort de lui dire cela! se disait le comte de Sairmaise en descendant la rue Royale.

M. de Précourt rentra chez lui haletant, la tête en feu. Pendant un quart d'heure il se promena dans sa chambre avec agitation. Enfin il parvint à se rendre maître de lui. Alors il agita le cordon d'une sonnette.

Un domestique parut.

— Priez mademoiselle de Précourt de venir me parler à l'instant même, lui dit-il.

Le domestique se retira et, une minute après, Jeanne entrait chez son père.

— Tu as besoin de moi, père? lui dit-elle. Me voici.

Et elle lui sauta au cou.

Il se laissa embrasser. Puis, lui indiquant un siége :

— Tiens, lui dit-il, assieds-toi là, nous allons causer.

La jeune fille obéit.

Il avança un fauteuil et s'assit en face d'elle.

Jeanne le regardait; en le voyant si sérieux, presque sévère, elle sentit son cœur se serrer.

— Mon enfant, dit le baron, j'ai à t'entretenir d'une affaire importante; il m'arrive la plus étrange aventure.

— Quoi donc, mon père?

— J'ai eu, tantôt, la visite de M. de Borsenne. Il te demande en mariage.

La jeune fille resta silencieuse.

— Il te demande en mariage, continua le baron, et il prétend que tu l'as autorisé à faire cette démarche.

— C'est vrai, mon père.

— Jeanne, tu as bien vite oublié Georges Lambert.

— Je ne l'ai pas oublié, mon père.

— Soit. Mais tu l'aimais, et il me semble que, pour une fille raisonnable, ta fidélité à un sentiment que nous avons approuvé, ta mère et moi, est au moins fort extraordinaire.

— J'aime toujours M. Georges, mon père, dit-elle; je l'aime comme un frère.

— Ce n'est pas ce qu'il croit et ce que nous avons cru tous. Mais à ce compte-là, Jeanne, tu peux aimer M. de Borsenne comme un père, car il a plus du double de ton âge.

Elle ne répondit pas.

— Je doute fort, poursuivit le baron, que M. de Borsenne ait plus de chance que Georges de te rendre heureuse.

— Quand vous avez épousé ma mère, dit-elle, vous étiez aussi beaucoup plus âgé qu'elle, et pourtant vous l'avez rendue heureuse.

— J'ai fait, du moins, tout ce que je pouvais pour cela.

— Et vous avez réussi, mon père, car ma mère vous aime de toutes les forces de son âme.

— C'est vrai, fit le baron très-ému. Enfin, reprit-il, tu veux M. de Borsenne pour époux, c'est ton affaire. Moi, j'aurais préféré M. Lambert; ce n'est pas ton opinion, n'en parlons plus. Mais il y a dans ta conduite, Jeanne, un point qui reste pour moi absolument obscur.

— Que voulez-vous dire, mon père? demanda vivement la jeune fille.

— Je veux parler de tes visites chez M. de Borsenne.

Jeanne devint pâle comme une morte.

XXII

— C'est donc vrai! se dit M. de Précourt, en voyant sa fille changer de couleur.

« Ainsi, reprit-il tout haut, tu es allée chez M. de Borsenne?

— Oui, mon père, mais une fois, une seule fois.

— Malheureuse enfant, tu n'as donc pas compris que cette démarche imprudente devait te compromettre et perdre ta réputation?

— Ma réputation! fit Jeanne effrayée.

— Sans doute. Sache donc que tu as été vue chez M. de Borsenne par plusieurs jeunes gens, parmi lesquels se trouvait Gaston de Sairmaise. C'est par le comte de Sairmaise que j'ai appris cela il y a un instant.

— O mon Dieu, mon Dieu! murmura Jeanne terrifiée.

Et pourtant elle ne savait pas tout.

Pour lui éviter une douleur trop cruelle le baron avait résolu de ne lui point dire que déjà, dans le monde, elle passait pour être la maîtresse de M. de Borsenne.

— Jeanne, reprit M. de Précourt, tu as été inconséquente, tu as fait un acte de légèreté blâmable... mais tu es ma fille et, crois-le bien, je ne te fais pas l'injure de te soupçonner coupable !

— Ah ! mon père, merci ! s'écria la jeune fille en bondissant à son cou. Oui, j'ai été légère, imprudente... mais je puis vous regarder sans rougir, vous aimer, vous embrasser, votre fille est toujours digne de vous !

— Je te connais, dit le baron attendri, tu as la noblesse et la fierté des femmes de ta race, tu es une Précourt.

— Et je ne faillirai pas ! s'écria-t-elle en se redressant avec orgueil.

La poitrine gonflée, la tête en arrière, les narines frémissantes et l'œil fulminant, elle était si parfaitement belle dans son exaltation enthousiaste, que son père ébloui ferma les yeux.

— Quelle grandeur ! murmura-t-il. Une telle fille me console de ne pas avoir un fils.

« Jeanne, reprit-il d'une voix dans laquelle passait toute sa tendresse, assieds-toi, mon enfant, assieds-toi.

— Mon père, dit la jeune fille au bout d'un instant, j'ai une grâce à vous demander.

— Laquelle ?

— C'est de ne point parler à ma mère de ce qui vient de se passer entre nous.

— Il faut pourtant bien que je l'instruise de la demande de M. de Borsenne.

— Certainement. Je veux seulement parler de ma... légèreté. Vous savez combien elle est impressionnable ; si elle savait que je suis allée chez M. de Borsenne cela lui ferait un mal horrible.

— Je te promets de garder là-dessus le silence le plus complet.

— Ce sera notre secret à nous deux.

— A nous deux, reprit M. de Précourt.

Et il se disait :

— Pourvu qu'une autre personne ne vienne pas le lui dire. Car, pensait-il, ce que ma pauvre fille croit être un secret est peut-être déjà connu de la moitié de Paris.

Le lendemain, après le déjeuner, Jeanne s'étant retirée dans sa chambre, M. et madame de Précourt se trouvèrent seuls dans le petit salon.

— Ma chère amie, lui dit le baron, je vais vous apprendre une nouvelle qui, certainement, vous surprendra beaucoup.

— Ainsi avertie, je serai moins surprise.

— M. de Borsenne demande Jeanne en mariage.

Madame de Précourt bondit sur son fauteuil.

— Quelle incroyable audace! se dit-elle.

« J'espère bien, mon ami, que vous lui avez ri au nez.

— Je n'en ai eu que l'intention, répondit le baron.

— Oh! je devine la réponse que vous lui avez faite.

— Non. Vous ne pouvez pas la deviner.

— Vous lui avez répondu qu'il perdait la raison.

— Il ne m'en a vraiment pas donné le temps, car il s'est empressé de me dire que Jeanne était instruite de sa démarche et qu'elle l'approuvait.

— Jeanne! Jeanne! Mais c'est un mensonge odieux, monsieur.

— Erreur, ma chère amie, Jeanne, à qui j'ai parlé m'a confirmé les paroles de M. de Borsenne.

Madame de Précourt se leva en proie à la plus vive agitation.

— Mais que se passe-t-il donc autour de moi! s'écria-t-elle. Quelle est cette intrigue? De quels fils suis-je entourée? Dans quel piége infâme veut-on me faire tomber?

Le baron essaya de protester.

— Je ne vous accuse pas, lui dit-elle; vous êtes incapable de mentir, vous!

— Voyons, calmez-vous et causons.

— Non, ne me dites plus rien; tenez, vous me rendriez folle.

Elle tenait un livre à la main, elle le jeta avec fureur au milieu du salon.

Puis, sans écouter la voix de son mari qui la suppliait de se calmer, elle s'élança du salon et se précipita comme une bombe dans la chambre de sa fille.

— Maman, qu'as-tu donc? s'écria Jeanne effrayée.

— Ce que j'ai? Je n'en sais rien. Que vient de m'apprendre ton père, Jeanne? Que M. de Borsenne t'a demandée en mariage et que tu veux l'épouser! Est-ce vrai, cela? Réponds!

Jeanne, tremblante, baissa les yeux sous le regard irrité de sa mère.

— Mais réponds-moi donc! réponds-moi donc! ordonna de nouveau la baronne.

— Oui, ma mère, répondit la jeune fille.

La baronne s'approcha d'elle, lui mit la main sur l'épaule et lui dit :

— Regarde-moi, tes yeux dans mes yeux. Maintenant avoue. Cet homme t'a parlé, que t'a-t-il dit? Je veux le savoir !

— Il ne m'a rien dit, ma mère.

— Je te dis, moi, qu'il t'a dit quelque chose.

— Rien, ma mère, rien, je vous l'assure.

— Et tu veux l'épouser?

— Oui.

— Mais quelle fille es-tu donc? s'écria la baronne avec emportement. Voyons, voyons, fit-elle en passant la main sur son front, j'ai encore ma raison, je ne suis pas folle; tout cela est impossible. Tu n'aimes pas cet homme, Jeanne?

— Mais si, maman, je l'aime !

— Tu mens, malheureuse! tu mens !

« Pourquoi l'aimerais-tu? Il est vieux, joueur, débauché...

— Je l'aime, répéta encore la jeune fille.

— Et Georges, Georges Lambert?

Jeanne tressaillit et, ne pouvant supporter le regard qui pesait sur elle, elle baissa les yeux.

— Ah! s'exclama la baronne, tu as tressailli, tu t'es troublée... Méchante enfant, je le savais bien, que tu mentais à ta mère! Ce n'est pas M. de Borsenne que tu aimes, c'est Georges !...

La jeune fille releva sur sa mère un regard plein d'assurance.

— Ma mère, dit-elle, j'aime toujours Georges comme un frère.

Et le regard de Jeanne était si franc, si énergique et si plein de volonté, que les bras de la baronne tombèrent lourdement à ses côtés.

Et sa colère s'apaisa, soudainement, comme un grand vent de tempête.

— C'est bien, ma fille, c'est bien, dit-elle prête à sangloter; que ta volonté soit faite.

En parlant, elle avait reculé jusqu'à la porte.

— Ma mère! s'écria la jeune fille en ouvrant ses bras.

— Non, laisse-moi, Jeanne, laisse-moi; j'ai besoin de pleurer à mon aise.

Et elle sortit.

— Oh! malgré elle, malgré tout, je la sauverai! s'écria Jeanne.

Elle s'assit et fondit en larmes.

Madame de Précourt retrouva son mari marchant à grands pas au milieu du salon.

— Mon ami, lui dit-elle, j'ai vu Jeanne.

— Eh bien?

— Je suis convaincue.

— Ce mariage ne me plaît pas plus qu'à vous, je vous le jure, dit le baron. Pouvons-nous l'empêcher?

— Hélas! elle le veut.

— Maudit soit le jour où cet homme est entré dans notre maison! s'écria le baron.

— Je n'ai pas attendu aujourd'hui pour penser que M. de Borsenne nous serait funeste.

— C'est vrai. Je me souviens de ce que vous m'avez dit à cette époque. Vous aviez le pressentiment de ce qui nous arrive. Cependant, si Jeanne l'aime...

— Elle le dit.

— Quelle étrange chose que le cœur d'une femme! murmura M. de Précourt.

La baronne s'empressa de rentrer dans sa chambre où elle s'enferma.

— Ordinairement, se disait M. de Précourt, quand on marie sa fille, tout le monde est joyeux dans la maison : ici, c'est le contraire. C'est comme un vent de malheur qui a passé sur nous.

Le soir, au dîner, le baron et sa fille se trouvèrent à table tête à tête et fort tristes tous les deux. La baronne leur avait fait répondre qu'elle était souffrante et qu'elle ne dînerait pas.

Son appartement était resté fermé pour tout le monde, même pour sa femme de chambre.

Le lendemain matin, aussitôt levée, Jeanne alla frapper à sa porte.

— Maman, lui dit-elle du dehors, veux-tu me recevoir?

— Oui, oui, répondit-elle en lui ouvrant.

Elles tombèrent dans les bras l'une de l'autre.

La mère s'assit sur sa causeuse, tenant toujours sa fille embrassée.

— Ah! dit Jeanne, j'ai beaucoup souffert toute la nuit de ne pas avoir pu t'embrasser hier soir.

— Et moi aussi, j'ai beaucoup souffert en pensant à toi et à ton mariage. Ah! Jeanne, Jeanne, si tu me trompais, ce serait indigne.

— Et pourquoi te tromperais-je, petite mère chérie, pourquoi?... Regarde-moi, toi qui sais lire dans mes yeux, est-ce que je n'ai pas l'air heureux!

— Si heureux... que cela me fait peur! murmura la baronne.

Et elle pressait fiévreusement sa fille sur sa poitrine.

Dans la journée, le baron de Précourt écrivit les lignes suivantes à M. de Borsenne :

« Monsieur,

« Après un assez long entretien que j'ai eu avec ma fille, j'ai fait part à madame de Précourt de la demande que vous m'avez faite de la main de mademoiselle de Précourt.

« Madame de Précourt a été très-sensible à l'honneur que vous voulez bien nous faire et, comme le mien, son consentement vous est acquis.

« Baron DE PRÉCOURT. »

— Allons donc! je le savais bien, fit M. de Borsenne après avoir lu.

Et il ajouta en se frottant les mains :

— L'affaire est dans le sac.

Il vint remercier lui-même M. de Précourt.

Quelques jours après, on commença à s'occuper des préparatifs du mariage.

Déjà, rue de Ponthieu, les maçons, les menuisiers, les peintres et les tapissiers s'étaient emparés de l'hôtel de M. de Borsenne. Il s'agissait de le transformer pour sa nouvelle destination.

XXIII

M. de Borsenne n'abusa point de la permission qui lui fut donnée de venir rue Le Peletier aussi souvent qu'il le voudrait. Il n'était pas homme à se méprendre sur l'accueil qui lui était fait. Aussi eut-il soin de rendre ses visites peu fréquentes.

Il avait pour cela, du reste, un excellent prétexte : ses ouvriers à surveiller et leur travail qu'il tenait à diriger lui-même.

Elle bondit vers sa mère, lui arracha les lettres et les jeta dans les flammes. (Page 112.)

Chaque fois qu'il se trouvait en présence de Jeanne, madame de Précourt les observait tous les deux avec la plus grande attention, espérant toujours qu'elle surprendrait un mouvement ou un signe d'intelligence qui la mettrait sur la trace du mot de l'énigme qu'elle cherchait.

Mais c'était en vain. Jeanne, qui s'observait elle-même avec beaucoup de soin, restait toujours la même, et M. de Borsenne était parfaitement naturel.

Voyant cela, madame de Précourt se disait :

— Je ne saurai rien.

M. de Précourt, qui n'avait pas les mêmes sujets de défiance, était convaincu que sa fille aimait réellement M. de Borsenne.

Parfois, la baronne se laissait aussi aller à cette pensée. Mais presque aussitôt, elle la repoussait violemment comme une chose absolument impossible.

Alors elle retombait dans ses doutes affreux, et les plus sombres terreurs s'emparaient d'elle. Souvent, les meilleures caresses de sa fille ne parvenaient pas à les éloigner.

A force de se creuser la tête, elle en vint à penser que M. de Borsenne, introduit la nuit dans la maison par un domestique, son complice, avait pu pénétrer dans la chambre de sa fille et y renouveler la scène terrible qu'elle avait toujours présente à l'esprit.

Cette idée lui était venue pendant la nuit.

La malheureuse femme ne put fermer l'œil. Cette affreuse pensée la tourmenta comme le plus abominable cauchemar!

Le lendemain, quand sa fille parut devant elle, après l'avoir regardée :

— Allons donc, se dit-elle, je suis folle.

Et elle se mit à l'embrasser avec fureur en lui demandant tout bas pardon de son horrible soupçon.

Elle était complétement déroutée.

Et comment aurait-il pu en être autrement?

Pas un de ces mots qui se font des révélateurs, ne sortait de la bouche de sa fille. Jeanne n'eut pas une minute de défaillance. C'était toujours le même sourire, s'épanouissant en pleine liberté, la même voix douce et harmonieuse, la même animation et surtout le même regard clair, baigné dans des rayons de lumière, et plein de tendresse pour sa mère.

Un jour, Jacques Lambert se trouvant chez un de ses amis, celui-ci lui dit à brûle-pourpoint :

— Qu'est-ce que cela signifie? Il n'y a pas deux mois ton fils devait épouser mademoiselle de Précourt et elle va devenir la femme de M. de Borsenne?

— M. de Borsenne! fit Jacques en dressant la tête.

— Comment, tu ne sais pas cela?

— C'est impossible.

— Mon cher ami, c'est absolument vrai. Je suis on ne peut mieux informé. Je connais le notaire de M. de Précourt et c'est ce soir même qu'a lieu la signature du contrat.

— Je suis bien forcé de te croire, dit Jacques Lambert très-ému, mais c'est bien extraordinaire.

Il n'avait pas vu M. de Précourt depuis au moins quinze jours, et madame Lambert, toujours souffrante depuis le départ de son fils, n'était pas allée rue Le Peletier depuis trois semaines.

D'un autre côté, par un sentiment qu'il est facile de s'expliquer, M. et madame de Précourt n'avaient point cru devoir les prévenir de ce qui se passait.

En rentrant chez lui, Jacques Lambert était encore sous le coup de son émotion, madame Lambert s'en aperçut et le questionna.

Il n'eut pas la force de garder le silence et il lui fit part de ce qu'il venait d'apprendre.

— C'est monstrueux ! s'écria madame Lambert.

Elle passa dans sa chambre, s'habilla elle-même à la hâte, puis, en sortant, elle dit à son mari :

— Je vais chez M. de Précourt.

Elle fit le trajet en quelques secondes.

Sans laisser le temps aux domestiques de l'annoncer, elle traversa l'antichambre, les deux salons, et entra brusquement dans la chambre de la baronne.

En la voyant, madame de Précourt ne put retenir un cri d'effroi.

— Adèle, que vient-on de m'apprendre? demanda madame Lambert d'un ton bref. On dit que Jeanne épouse M. de Borsenne?

— C'est la vérité, répondit la baronne.

— Et tu oses l'avouer, à moi, la mère de Georges !

— Hélas ! soupira madame de Précourt.

— Mais quelles gens êtes-vous donc? s'écria madame Lambert affreusement surexcitée.

— Joséphine, Joséphine! je t'en supplie, implorait la voix de madame de Précourt.

— Je suis mère aussi, moi! continua madame Lambert. Savez-vous ce que vous faites? Vous tuez mon fils! vous le tuez!...

— Mon Dieu, mon Dieu! gémit madame de Précourt, ses reproches manquaient à ma douleur.

— Mon pauvre Georges, mon pauvre enfant! disait madame Lambert. Il l'aime tant!... Mais Jeanne aussi l'aime!... Voyons, c'est donc toi, c'est donc ton mari, qui la forcez à épouser ce M. de Borsenne?

— Moi! ce mariage me fait horreur, et M. de Précourt ne le voit pas non plus avec plaisir. Ma pauvre Joséphine, tu penses à ton fils et tu souffres, je le comprends ; mais je suis bien à plaindre aussi, moi. Pour empêcher cet odieux mariage, j'ai fait tout ce que j'ai pu. Prières, supplications, caresses, j'ai tout employé, même les reproches, même la colère... et je me suis heurtée contre une volonté de fer. Elle le veut, cet homme, elle le veut !

« Je lui ai parlé de Georges. « Tu l'aimes, tu l'aimes ! » lui disais-je. Elle m'a répondu : « Comme un frère, ma mère. » Et elle aime l'autre. Elle le dit.

— Elle le dit, répéta madame Lambert.

— Tiens, veux-tu la voir, l'interroger toi-même ? Je vais la faire appeler.

— Non, non, dit madame Lambert d'une voix sèche et avec un sourire plein d'ironie, laissons mademoiselle de Précourt à ses douces pensées et à ses graves occupations. A la veille de son mariage, le jour du contrat, on n'aime pas à être dérangée... J'ai eu tort de venir ici, comme un trouble-fête. Excuse-moi.

Et elle se dirigea vers la porte.

— Joséphine ! lui cria madame de Précourt, quoi ! tu me quittes ainsi !...

— Je n'ai plus rien à te dire.

— Ah ! s'écria douloureusement la baronne, je n'avais plus que mon amie pour me consoler, et je la perds !

Madame Lambert se retourna, regarda son amie et, revenant vivement près d'elle, elle lui prit la tête entre ses mains et l'embrassa en lui disant :

— Va, je t'aime toujours !

Puis elle s'éloigna précipitamment.

Cinq minutes après son départ, Jeanne entra dans la chambre de sa mère.

— On vient de me dire que madame Lambert était venue te voir, chère mère, est-ce vrai ?

— Il n'y a pas encore bien longtemps qu'elle m'a quittée.

— Et tu ne m'as pas appelée, j'aurais été si heureuse de la voir et de l'embrasser.

— Madame Lambert n'a pas voulu qu'on te dérangeât.

— Oh ! madame Lambert me déranger. Quelle idée ! T'a-t-elle promis de revenir bientôt ?

— Madame Lambert est venue ici aujourd'hui pour la dernière fois, ma fille.

Jeanne sentit le reproche amer contenu dans ces paroles. Il pénétra dans son cœur comme une pointe d'acier, et deux grosses larmes roulèrent dans ses yeux.

Madame de Précourt les vit, ces deux belles larmes, et elle s'écria :

— Jeanne, mon enfant, il en est temps encore, dis un mot, un seul, et je te le jure, ton mariage sera rompu !

Mais déjà les deux larmes avaient disparu et la jeune fille était redevenue souriante.

Elle ne répondit pas aux paroles de sa mère, mais elle parla de ses toilettes et longuement de la corbeille qu'elle avait reçue le matin même.

— Mon Dieu ! se disait madame de Précourt en l'écoutant distraitement, quelle frivolité ! Que se passe-t-il dans ce cœur qui m'est fermé maintenant et dans lequel, pendant si longtemps, j'ai pu lire comme dans un livre?

Ce jour-là, il y eut réception et petite fête chez M. de Précourt. Les deux salons, magnifiquement éclairés, furent remplis de bonne heure par les amis du baron et ceux de M. de Borsenne. Tous étaient là : Praslier, Frazeray, d'Achen et les autres, excepté, pourtant, Gaston de Sairmaise.

— Jamais, avait-il dit à quelqu'un, jamais je ne serai témoin de cette infamie ! Et j'aime mieux me faire un ennemi de M. de Borsenne que de cesser d'être l'ami de Georges Lambert.

Son absence fut d'ailleurs peu remarquée et n'empêcha point la signature du contrat, qui se fit avec beaucoup de solennité.

Le lendemain, dans la matinée, Jeanne reçut une lettre. Le timbre de Fréjus sur l'enveloppe désignait son auteur. En effet, elle était de madame Fontange.

La jeune fille eut le pressentiment que cette lettre contenait des choses qu'elle seule devait savoir. Elle s'enferma dans sa chambre pour la lire.

Voici ce qu'écrivait l'ex-mondaine :

« Ma chère filleule,

« Je suis vivement contrariée, car je vois bien maintenant que je ne pourrai pas assister à ton mariage. Je suis condamnée à vivre emprisonnée dans mon trou à perpétuité. Ah ! je suis bien à plaindre ! Une femme ne devrait jamais vieillir ou bien s'en aller tout de suite dès le premier cheveu blanc ou la première ride.

« Je suis éclopée comme un invalide et j'ai des rhumatismes ni plus ni moins qu'un maréchal de France. Mon médecin, qui est rempli de délicatesse, ne veut pas que ce soit la goutte... Le brave homme ! je lui en suis fort reconnaissante.

« Reste toujours jeune, ma mignonne, et surtout toujours belle. C'est ce que je n'ai pas su faire. Tâche d'être moins stupide que moi.

« J'ai pensé à te faire un cadeau de noce ; je me suis demandé ce que je pourrais bien t'offrir. J'ai beaucoup cherché dans ma vieille cervelle. Eh bien ! pas une idée ! Comme on devient bête quand on vit en province !

« Tu trouveras dans ma lettre un chiffon de papier, que tu pourras échanger contre de l'argent, et tu t'achèteras ce qui te fera plaisir.

« A propos de ton mariage, mignonne, je trouve que, charmante comme tu l'es, tu aurais pu mieux choisir que ton M. de Borsenne. S'il n'était que vieux, je ne dirais trop rien ; mais c'est un véritable viveur, joueur et le reste... L'aimable vaurien était, autrefois, un des plus ardents à me faire la cour. Mais tu sauras, je l'espère, mettre bon ordre à tout cela.

« Ah! le scélérat, il sait bien ce qu'il fait. Il n'a pas oublié certaine confidence que je lui ai faite à Fréjus. Il s'est bien rappelé, le monstre, que M. Fontange t'a laissé après ma mort, par son testament, plus de deux millions de fortune.

« Heureusement qu'avec cela, lorsqu'il sera comme moi, perclus et pourri de douleurs, tu pourras t'offrir des compensations.

« Je t'embrasse de tout mon cœur,

« Ta marraine,

« Amélie Fontange. »

Le chiffon de papier dont parlait madame de Fontange était un mandat de quarante mille francs sur la Banque de France. Mais ce qui, dans la lettre, avait surtout intéressé Jeanne, c'était la fin.

Elle n'avait pas cru un seul instant à l'amour que M. de Borsenne prétendait qu'elle lui avait inspiré, et elle se demandait constamment :

— Pourquoi m'épouse-t-il, pourquoi?

Et elle ne trouvait rien. Cela arrive toujours quand on cherche dans l'obscurité.

La lettre de madame de Fontange venait de déchirer le voile. Maintenant la conduite de M. de Borsenne était expliquée ; elle n'avait plus rien d'ambigu, elle était d'une logique parfaite.

Jeanne voyait son jeu en pleine lumière.

— Eh bien! j'aime mieux cela, se dit-elle ; je serai moins embarrassée, plus forte et plus sûre de moi.

« Ah ! fit-elle en poussant un gros soupir, comme cette lettre m'a fait du bien ! C'est comme un poids énorme dont on aurait débarrassé ma poitrine ! Chère et bonne marraine, si tu étais là, comme je t'embrasserais de bon cœur, pour te remercier de ton excellente lettre ! Ah ! tu ne te doutes pas que tu viens de faire entrer un rayon de joie et d'espoir dans le cœur de ta pauvre filleule si malheureuse et si désolée.

« Ah ! M. de Borsenne, continua-t-elle d'un ton railleur, vous avez voulu tuer ma mère, et vous me faites souffrir indignement pour deux millions que vous convoitez, mais vous ne les tenez pas encore. Grâce à Dieu, ma marraine vit toujours et j'espère bien mourir avant elle ! Il est capable, cet homme, de s'imaginer qu'après avoir brisé ma vie et m'avoir séparée de Georges, je voudrais vivre... Ces sortes de gens ne doutent de rien... Vivre ! pour faire le bonheur de M. de Borsenne, pour rester la femme de ce misérable! Allons donc, j'aimerais mieux me tuer moi-même!...

Et debout au milieu de sa chambre, dédaigneuse et hautaine, elle eut un petit rire sec et nerveux.

Elle porta à ses lèvres la lettre de madame Fontange.

— Toi, dit-elle, tu n'es que pour moi. D'autres yeux que les miens ne te liront point.

Et elle l'enferma dans un petit coffret d'argent, cadeau de M. Fontange, dans lequel elle serrait ses plus précieux souvenirs et où se trouvaient les lettres de Georges Lambert.

— Jeanne, lui dit sa mère dans la journée, tu as reçu une lettre de ta marraine et tu ne nous l'as pas donnée à lire.

— Ma marraine ne pourra pas assister à mon mariage, répondit-elle; ses vilaines douleurs l'ont reprise et je suis bien contrariée de cela. A sa lettre était joint un mandat sur la Banque, une grosse somme pour m'acheter quelque chose.

— Soit, mais je désirerais lire la lettre.

— Chère mère, j'étais si fâchée d'apprendre que ma marraine ne viendrait pas, que de dépit, par un mouvement irréfléchi, j'ai jeté sa lettre dans le feu.

Comme elle mentait avec courage et bravement! Hélas! depuis un mois la pauvre petite n'avait fait que cela!... Elle avait appris de force le grand art de la dissimulation.

Enfin le grand jour arriva. Le lundi, à quatre heures, eut lieu le mariage civil et, le lendemain, la cérémonie religieuse se fit avec une certaine pompe, à l'église Notre-Dame-de-Lorette.

Ni M. ni madame Lambert n'y assistèrent.

Le vieux comte de Sairmaise était un des témoins de Jeanne. Son fils Gaston n'avait point accepté l'invitation que M. de Précourt lui avait faite lui-même. Pendant la cérémonie, il était allé faire une visite à madame Lambert et lui parler de Georges.

Le soir, à cinq heures, il y eut au Grand-Hôtel un dîner splendide de soixante couverts; dîner froid, cérémonieux, guindé, comme le sont en général ces sortes d'agapes officielles. Aucun des convives n'était à son aise. Il leur semblait qu'ils se trouvaient au milieu d'une atmosphère malsaine. Et d'instinct, en regardant cette jeune femme, vêtue de blanc et éblouissante de beauté, ils se disaient:

— C'est une victime.

A dix heures, tout était fini. Les plus proches amis accompagnèrent les nouveaux époux rue Le Peletier, chez M. de Précourt, où devait s'achever la soirée.

On causait dans le petit salon. Dans le grand, on avait ouvert les tables de jeu. Les domestiques allaient et venaient, portant de grands plateaux d'argent chargés de rafraîchissements, de pâtisseries et de sucreries.

La baronne étant entrée dans sa chambre, Jeanne l'y suivit. Un instant après, M. de Borsenne demanda à être admis dans ce tête-à-tête.

Avant que sa mère ait pu répondre : « Non, » Jeanne lui dit vivement :

— Oui, oui, entrez.

Elle alla se placer devant la glace de la cheminée et fit semblant d'examiner les pierres de son bracelet; mais elle se tenait de façon à bien voir tout ce qui allait se passer.

M. de Borsenne tira de sa poche un pli cacheté et, s'approchant de madame de Précourt :

— Madame, lui dit-il avec un sourire gracieux en lui remettant le paquet, je tiens la promesse que je vous ai faite, ceci vous appartient.

Et, sans attendre un mot ni un regard, il sortit de la chambre.

— Mes lettres ! murmura la baronne en les serrant fiévreusement dans sa main, oh ! je ne les détruirai pas ! Qui sait si un jour je ne serai pas forcée de confesser ma faute et de prouver que j'ai été coupable ?

Si bas qu'eussent été dites ces paroles, Jeanne les entendit. Elle bondit vers sa mère, lui arracha les lettres et les jeta dans les flammes. Puis se tournant vers la baronne, grande et belle comme l'ange de Rédemption :

— Le passé est mort, ma mère ! lui cria-t-elle.

— Ah ! elle s'est sacrifiée ! s'écria la malheureuse mère.

Elle courba la tête, joignit les mains, et tombant à genoux devant sa fille :

— Jeanne, pardon ! lui dit-elle, pardon !

La jeune femme l'obligea à se relever. Puis elle l'entoura de ses bras et l'embrassa en disant :

— Je t'aime, je t'aime !

Quelques minutes après, Jeanne appela son père.

— Je désire, lui dit-elle, rester quelques jours encore près de ma mère. Veuillez, cher père, l'annoncer à M. de Borsenne.

M. de Précourt s'empressa de remplir la mission dont on l'avait chargé.

M. de Borsenne éprouva une vive contrariété qu'il eut le bon esprit de faire disparaître dans un sourire.

— C'est un caprice de jeune femme, vous en verrez bien d'autres, lui dit M. de Précourt.

Vers une heure du matin, M. de Borsenne rentra seul dans son hôtel où ses gens, en grande livrée, attendaient la jeune mariée.

M. de Borsenne, violet de colère, marcha vers sa femme, la main levée. (Page 117.)

DEUXIÈME PARTIE

L'OFFICIER DE MARINE

I

En vertu de cet article du Code : « La femme doit suivre son mari, » le jour où madame de Borsenne consentit à aller habiter avec son mari — c'était le onzième de leur mariage, — celui-ci voulut donner, au nom de sa femme, une de ces fêtes merveilleuses, dont on parle à Paris pendant toute une saison.

Des invitations avaient été adressées aux célébrités de l'époque. Des sénateurs, des ministres, des ambassadeurs, des amiraux, des généraux, des magistrats devaient se rencontrer avec l'élite de l'Institut : lettrés, compositeurs, peintres et sculpteurs. Les journalistes influents n'avaient pas été oubliés.

Roger, le brillant ténor; Faure, l'admirable baryton; l'adorable Patti, comme on disait en ce temps-là, et enfin madame Carvalho, la grande artiste française, une vraie gloire à nous, devaient se faire entendre.

La curiosité était excitée au plus haut point. On savait que depuis son mariage, madame de Borsenne n'avait pas encore quitté sa mère, et l'étrangeté de la situation promettait des observations à faire très-piquantes.

Ceux qui n'avaient pas connu mademoiselle de Précourt se demandaient quelle pouvait être cette jeune femme qui se plaçait ainsi, dès le premier jour de sa véritable entrée dans le monde, au-dessus de tous les usages reçus, la question des convenances conjugales écartée.

Ceux qui, avant le mariage, avaient entendu parler de certaines visites chez M. de Borsenne, étaient encore plus étonnés que les autres.

Quand les personnes qui avaient défendu la réputation de la jeune fille demandaient à celles qui l'avaient attaquée :

— Eh bien! que pensez-vous de cela?

Elles ne répondaient rien, ou bien elles disaient :

— Heu! heu!... Nous verrons.

— Enfin, expliquez-vous.

— Nous n'y comprenons rien.

Et, en effet, elles ne pouvaient rien y comprendre.

On dit le Parisien versatile. Pourquoi ne pas dire la même chose de tous les Français? Nous changeons comme le vent, comme le temps. Aujourd'hui pluie, demain soleil. Ce matin, c'était noir; à midi, c'est blanc; ce soir, ce sera rose.

On s'était voilé la face en parlant de mademoiselle de Précourt; maintenant on exaltait la touchante affection de madame de Borsenne pour ses parents. Un revirement complet s'était fait en sa faveur.

Quelques-uns de ses ennemis des jours passés commençaient à proclamer hautement ses vertus, et de petites rumeurs sourdes, qui s'étendaient peu à peu, comme certaines herbes parasites des champs, annonçaient qu'un orage se formait sur la tête de M. de Borsenne, et que le monde, le moment venu, serait prêt à lui faire expier son triomphe.

Ce jour donc, où la jeune femme devait définitivement quitter la maison de son père, elle vint dans la journée rue de Ponthieu, accompagnée de M. de Précourt, pour visiter sa nouvelle demeure.

M. de Borsenne, empressé, lui fit voir l'hôtel de la cave au grenier.

En général, elle trouva tout très-bien, parfaitement compris et de fort bon goût. Elle se montra seulement difficile sur certaines parties de l'aménagement des appartements réservés à son usage.

— Monsieur, dit-elle à son mari en entrant dans un délicieux boudoir à côté de sa chambre à coucher, là, dans le fond de cette pièce, derrière cette tapisserie, il y a une porte, où communique-t-elle?

— Dans une petite pièce mal éclairée, une garde-robes, et de là dans ma chambre.

— Merci. Veuillez, je vous prie, donner des ordres pour qu'on place aujourd'hui même un lit dans cette pièce.

— Permettez...

— Monsieur, l'interrompit-elle d'un ton absolu, c'est là que couchera ma femme de chambre.

Il essaya de parler une seconde fois.

— Monsieur, reprit-elle, je veux toujours, la nuit comme le jour, avoir ma femme de chambre près de moi, à ma disposition.

M. de Borsenne se mordit les lèvres jusqu'au sang.

— Faites donc ce qu'elle vous demande, lui glissa M. de Précourt à l'oreille; une idée de jeune femme.

— Vous serez satisfaite, madame, dit M. de Borsenne.

— Merci, monsieur. Ce petit changement fait, je n'ai que des félicitations à vous adresser. Pour quelques autres petits détails, j'en ferai personnellement mon affaire.

La fête à l'hôtel de Borsenne tint et au delà tout ce qu'elle avait promis, comme coup d'œil, comme éclat, comme plaisir et principalement par le nombre et le choix des invités. La satisfaction paraissait générale et complète.

Cependant, beaucoup de personnes s'étonnèrent que madame de Précourt n'eût pas cru devoir assister à la fête donnée par sa fille. Il y eut bien à ce sujet quelques légers commentaires, mais la soirée était si animée, on s'amusait si franchement, qu'on oublia bien vite la mère pour ne rien perdre des heures de plaisir offertes par la fille.

Par exemple, où les invités furent complétement déçus, c'est dans l'espoir qu'ils avaient eu de surprendre quelques-uns des secrets du jeune ménage.

Madame de Borsenne était le point de mire de tous les yeux qui avaient compté sur quelque surprise : mais madame de Borsenne ne laissa voir que sa grâce, son amabilité, la douceur de son regard et son charmant sourire.

Divinement vêtue, ce qui rehaussait encore sa merveilleuse beauté en lui donnant quelque chose de majestueux, elle fit les honneurs de sa soirée avec l'aisance, la dignité et la grâce d'une véritable souveraine.

Il n'y avait qu'une voix pour dire :

— Elle est adorable !

Les hommes l'admiraient sans réserve.

Les femmes, qui la jalousaient un peu, avouaient cependant qu'elle était charmante.

Le ministre disait à son ami le sénateur :

— C'est une véritable perle parisienne qu'a trouvée là M. de Borsenne.

— Pas bien grosse, mais d'une grande finesse, répondit en souriant le sénateur.

Le succès obtenu par sa femme enchantait M. de Borsenne. Il était presque gai.

— Elle est femme, se disait-il, elle ne sera pas insensible aux compliments des femmes, à l'admiration des hommes et son triomphe de ce soir lui fera oublier bien des choses.

La fête se prolongea jusqu'à une heure très-avancée de la nuit. Il était quatre heures et demie, lorsqu'après avoir embrassé sa fille, M. de Précourt sortit le dernier de l'hôtel.

M. et madame de Borsenne se trouvèrent seuls.

— Avez-vous été satisfaite de votre soirée, madame ? demanda le mari en souriant.

— Il m'a semblé, monsieur, que vos invités ne s'étaient pas ennuyés, répondit-elle.

— Mes invités ! Les vôtres, madame.

— Oh ! si vous y tenez, je le veux bien.

— Savez-vous que vous avez été ravissante, délicieuse ? Tout le monde a subi votre charme et moi plus que tous les autres.

— Merci, monsieur, répondit-elle froidement, vous êtes mille fois trop bon. Mais il est tard, j'ai besoin de repos, je me retire.

— Encore un instant, je vous prie. Voulez-vous que je vous accompagne dans votre appartement ? Vous pourrez vous mettre au lit et, si vous ne vous endormez pas, nous causerons.

— Non, monsieur, je tiens à être seule.

— Ce que vous me refusez, ma chère, est un droit que j'ai.

— Un droit?

— Vous savez, fit-il en souriant, la femme doit soumission, obéissance...

— Monsieur, la femme doit tout à son mari quand elle l'a librement choisi : mais, moi, je ne dois rien à M. de Borsenne.

— Devant le maire, madame, devant nos témoins et nos amis vous m'avez accepté librement et volontairement.

— Ah! répliqua-t-elle d'une voix sourde, ils ne voyaient pas le couteau que vous teniez sur ma gorge. Qu'espérez-vous donc obtenir de moi, monsieur? Mais vous savez bien que je vous méprise et que je vous hais!... En vérité, poursuivit-elle d'une voix sifflante et qui frappait comme des coups de lanière, votre audace est peu commune ou bien vous êtes singulièrement naïf.

« Oui, je vous méprise et je vous hais... Je vous méprise parce que vous êtes faux comme le mensonge, perfide comme l'hypocrisie, lâche comme l'esclave et rampant comme le reptile; je vous méprise parce que vous êtes un composé de toutes les horreurs; cœur bas et vil, vous vous êtes traîné dans toutes les boues.

« En vous, il n'y a de vrai que vos vices! Maintenant, je vous hais parce que ma mère, votre victime, a été torturée par vous, faisant l'office de bourreau, parce que pendant vingt ans vous l'avez tenue écrasée, le talon sur la poitrine. Enfin, je vous méprise et je vous hais, parce que vous êtes un misérable!... »

M. de Borsenne était devenu blême.

— Prenez garde, madame, cria-t-il, prenez garde!

— Je crois que vous osez me menacer!... Ah! ah! ah! cela me fait rire, vraiment. Vous ne comprenez donc pas que je suis forte... ah! plus forte que vous!... Vous me menacez, quelle sottise! Je vous disais tout à l'heure que vous êtes lâche comme l'esclave, je vous le prouverai en vous courbant sous ma volonté.

II

M. de Borsenne, violet de colère, les lèvres frangées d'écume, marcha vers sa femme, la main levée.

Elle croisa ses bras et l'attendit en le défiant du regard. Elle le força à s'arrêter.

— Montrez donc ce que vous pouvez, lui dit-elle ironiquement; vous auriez bien la volonté de me frapper, mais vous ne l'osez pas, par lâcheté!... Vous ne l'osez pas, parce que demain je vous intenterais un procès en séparation et cela dérangerait vos combinaisons.

« Vous avez peur du scandale, lorsqu'il ne peut perdre que vous; votre fortune actuelle est bâtie je ne sais sur quelles bases d'argile, le moindre choc ferait tomber l'édifice en poussière et vous êtes trop prudent pour faire naître le danger. Les abîmes n'ont d'attrait pour vous que lorsque vous pouvez y précipiter les autres.

— Vous vous trompez, madame, je n'ai en ce moment que pitié de votre faiblesse.

— Comme vous avez eu pitié de ma mère

— Vous me parlez sans cesse de votre mère.

— De qui voulez-vous que je vous parle? N'est-ce pas d'elle que vous vous êtes servi pour faire de moi votre femme?

— Vous pouviez refuser.

— Et la perdre. Cela aurait pu vous satisfaire. Vous n'aimez que le malheur des autres. Moi, monsieur, j'ai préféré la sauver! Vous ne comprenez pas ce sentiment-là, vous!

— Ce que je comprendrais mieux, c'est qu'ayant accepté un sacrifice, vous le remplissiez jusqu'au bout.

— Je suis votre femme...

— Je le crois.

— Vos vœux sont comblés. Vous avez touché ma dot...

— Ce n'est pas pour votre dot que je vous ai épousée.

— Oh! je le sais, mais pour les deux millions de M. Fontange dont je dois hériter à la mort de ma marraine.

M. de Borsenne surpris fit un pas en arrière.

— Vous ne me saviez pas si bien instruite, n'est-ce pas? Eh bien! monsieur, c'est cette fortune à venir que vous convoitez, qui fait ma force et qui vous livre à moi. Vous voyez que je suis franche, je ne cache pas mon jeu, je vous fais savoir tout de suite ce que je pense.

— Écoutez, madame, je veux imiter votre franchise et vous parler aussi à cœur ouvert.

Elle haussa les épaules en faisant un mouvement de tête dédaigneux.

— Oui, reprit-il d'une voix légèrement émue et d'un ton pénétré, je l'avoue, ma première idée a été d'épouser mademoiselle de Précourt pour posséder un jour son immense fortune. Mais bientôt les millions des époux Fontange n'ont plus été qu'une question secondaire. La jeune fille si charmante et si dévouée a fait remuer en moi un cœur que je croyais mort, et, je vous le jure, à partir de ce moment, c'est pour vous et non plus pour votre fortune que j'ai voulu vous épouser.

— Il parle avec conviction, pensa la jeune femme; il ne m'aime certainement pas, mais il pourra m'aimer... Quelle vengeance!

— Monsieur, reprit-elle à haute voix et toujours railleuse, ne cherchez pas à faire du sentiment, cela vous va fort mal; restons chacun à notre place. Vous nous avez créé une situation impossible, c'est un malheur que vous ne pouvez plus réparer. Je l'accepte puisqu'il le faut, faites comme moi. Vous voyez que je sais être raisonnable à certains moments.

« Oui, continua la jeune femme, je suis votre femme, et jamais, aux yeux du monde, je ne paraîtrai sciemment au-dessous de la tâche que je me suis imposée. Vous pouvez user de ma dot comme il vous plaira : plus tard, quand les millions viendront, vous en jouirez dans les termes qu'indique la loi. Mais ne me demandez jamais autre chose, vous entendez, jamais!... Ce serait renouveler niaisement une scène pénible et qui nous rendrait ridicules l'un et l'autre.

Elle fit un pas pour sortir; il se plaça entre elle et la porte.

— Encore un mot, je vous prie, dit-il; quels sont vos projets?

— Il me semble que je vous les ai fait connaître assez clairement, répondit-elle.

— Je n'ai pas compris.

— Oh! fit-elle froidement, je vous croyais l'esprit plus subtil. Eh bien! monsieur, j'ai voulu vous dire qu'en dehors des relations du monde, nous vivrions ici, dans votre maison, absolument comme des étrangers.

« Je suis accablée de fatigue, continua-t-elle, permettez que je rentre chez moi. »

Il resta devant la porte.

— Monsieur, reprit-elle d'une voix impérieuse, laissez-moi passer ou j'appelle ma femme de chambre.

Il s'effaça et elle sortit du salon.

Sa femme de chambre l'attendait debout près de la porte de son appartement.

— C'est bien, Suzanne, lui dit-elle, merci. C'est toujours ainsi que vous devez m'attendre. Lorsque je sortirai, sous aucun prétexte vous ne devrez quitter cette chambre, et vous ne vous coucherez que lorsque je serai rentrée.

— Madame sera contente de moi.

— Pour le reste, je ne serai pas trop exigeante, Suzanne. N'oubliez pas que c'est une amie que je désire avoir en vous.

Après ces paroles, elle verrouilla et ferma à clef toutes les portes de son appartement; puis, aidée de Suzanne, elle fit sa toilette de nuit.

Ce fut, pendant les premiers mois, une singulière existence que celle de cette jeune femme, qui vivait au milieu du luxe et de toutes les jouissances que peut procurer la fortune, pour ainsi dire comme une recluse, et tout à fait étrangère à son mari.

Elle ne se plaignait jamais et il ne semblait pas qu'elle souffrît. Elle était résignée.

Mais la force et la volonté qui l'avaient si énergiquement soutenue avant son mariage s'étaient brisées. Ses nerfs s'étaient détendus et amollis comme les cordes d'une harpe dans un lieu humide. N'ayant plus à lutter, elle s'était affaissée dans le découragement.

— Je veux mourir! s'était-elle dit.

Et, bien sûre que la mort viendrait la délivrer de la vie, elle se laissait consumer lentement.

Semblable à la fleur qui se penche sur sa tige flétrie, parce qu'il lui manque un peu d'air et de soleil, elle s'étiolait et périssait de consomption.

Et comme elle se sentait encore forte et pleine de vie, elle se disait avec amertume :

— Ce sera long!

Elle sortait très-rarement; elle n'allait chez sa mère que deux fois par semaine, le jeudi et le samedi. Elle y passait la journée. C'étaient ses bonnes heures.

Madame de Précourt n'osait pas l'interroger. Mais en la regardant elle se disait :

— Comme elle souffre, ma pauvre enfant!

Il ne lui était pas difficile de deviner que sa fille pensait constamment à la mort.

En dehors de ses visites à sa mère, Jeanne n'accompagnait M. de Borsenne dans le monde que lorsqu'il lui était impossible de faire autrement.

Elle sentait que ce sacrifice fait à son mari et à ses relations était un moyen d'assurer sa tranquillité.

Il fallait au moins qu'elle sauvât les apparences.

Un jour, elle rencontra madame Lambert dans une soirée. Elle ne l'avait pas

Il entra dans la chambre de sa femme, dont il referma la porte. (Page 130.)

revue depuis son mariage. Dans toute autre circonstance, elle se serait élancée à son cou. Elle s'avança vers la mère de Georges pour lui serrer la main.

Mais madame Lambert lui tourna le dos brusquement et alla s'asseoir près d'une vieille dame avec qui elle entama immédiatement une longue conversation.

Madame de Borsenne sentit que quelque chose se déchirait dans son cœur; elle se retira dans un coin pour essuyer les grosses larmes qui roulaient dans ses yeux.

Il lui sembla qu'elle n'avait pas encore éprouvé une douleur aussi vive.

Une demi-heure après, elle dit à son mari qu'elle se trouvait indisposée et le pria de la ramener chez elle.

Le lendemain elle alla voir sa mère. Elle lui raconta en pleurant ce qui lui était arrivé, et elle termina en disant :

— Madame Lambert m'a fait bien du mal.

— Elle pense à son fils, répondit la baronne

Et tout bas :

— Je ne fais rien pour ma fille, moi, c'est odieux! Il y a longtemps que Joséphine devrait tout savoir.

Madame de Borsenne l'ayant quittée, elle s'habilla et se rendit à pied rue de La Rochefoucauld. Il y avait bien deux mois que les deux amies ne s'étaient vues. Madame Lambert et les parents de Georges n'avaient plus reparu chez M. de Précourt. Toutefois, madame Lambert reçut très-affectueusement son amie.

— Joséphine, dit madame de Précourt, hier tu as vu ma fille?

— Ah! madame de Borsenne t'a fait une visite aujourd'hui et c'est elle...

— Oui, c'est elle.

— En effet, je l'ai vue, elle m'a paru un peu changée.

— Oh! tu peux dire beaucoup. Joséphine, tu as été bien cruelle pour ma pauvre Jeanne.

— Moi! je ne lui ai pas parlé.

— Mais c'est là ta cruauté! s'écria la baronne.

— Suis-je donc obligée de faire des compliments à madame de Borsenne? répliqua froidement madame Lambert.

— Joséphine, tu ne connais pas ma fille; tu as douté d'elle; je le comprends, j'en ai bien douté, moi; mais je ne veux plus que tu accuses mon enfant, je vais te la faire connaître.

Et pâle, tremblante, avec des larmes dans les yeux et dans la voix, madame de Précourt raconta rapidement le mariage de Jeanne et son dévouement sublime.

— Jeanne a fait cela! s'écria madame Lambert en s'exaltant dans son admiration; mais elle est plus qu'une femme, il y a en elle de la divinité. Adèle, c'est à genoux, entends-tu bien, à genoux que je veux lui demander pardon de mon injustice et de mon injure. Quel jour viendra-t-elle chez toi?

— Jeudi.

— C'est aujourd'hui mardi; après-demain?

— Oui.

— J'irai.

III

Ce jour-là, madame de Précourt, le baron étant absent, avait reçu sa fille dans sa chambre.

Les deux femmes, assises l'une près de l'autre, travaillaient à la même tapisserie. Elles échangeaient une parole par instants, et le reste du temps elles restaient silencieuses.

Quand la demie de deux heures sonna, la baronne jeta un regard sur la pendule et parut légèrement agitée. Jeanne s'en aperçut.

— Chère mère, est-ce que tu attends quelqu'un? demanda-t-elle.

— Oui, répondit madame de Précourt.

— Il ne faut pas que je te gêne; tu peux me laisser.

— Non, je recevrai ici ma visite.

— Alors, je me retirerai.

En ce moment la porte s'ouvrit et on annonça madame Lambert.

Jeanne pâlit et regarda sa mère.

— Faites entrer madame Lambert, dit la baronne.

Madame de Borsenne s'était levée, attendant un signe de sa mère pour sortir.

— Reste, lui dit-elle.

Madame Lambert entra. Elle s'avança lente et grave vers Jeanne qui baissait la tête. Quand elle fut tout près d'elle :

— Jeanne! cria-t-elle, dans mes bras, mon enfant!

— Ah! ma mère! s'écria la jeune femme en tombant dans les bras de madame Lambert.

— Ah! dit la mère de Georges, je t'ai soupçonnée, je t'ai méconnue; je t'en demande pardon!...

— Mère, mère, dit la jeune femme en se tournant vers la baronne, tu as parlé!

— Est-ce que je pouvais supporter plus longtemps qu'elle t'accusât?

— Ta mère m'a tout dit, mon enfant, et tu le vois, pour elle, pour toi, je reviens ici.

— Et vous me rendrez votre amitié?

— Mon cœur tout entier, Jeanne.

— Ah! merci. Mais que Georges ne sache rien, je vous en supplie, qu'il ignore tout.

— Tu l'aimes donc encore un peu, mon pauvre Georges?

Madame de Borsenne mit la main sur son cœur.

— Son image est là, dit-elle; je mourrai en l'aimant.

— Ah! tu as raison! s'écria madame Lambert, Georges doit tout ignorer, car s'il apprenait jamais... il le tuerait!...

— Georges doit m'oublier, reprit Jeanne, et pour qu'il m'oublie, il faut qu'il me croie parjure, qu'il croie que j'ai cessé de l'aimer.

— C'est vrai. S'il savait le trésor qu'il perd en toi, le malheureux ne voudrait plus vivre.

— J'espère bien, reprit tristement la jeune femme, que lorsqu'il reviendra je ne serai plus de ce monde.

— Tu l'entends, Joséphine, tu l'entends! s'écria la baronne, elle veut mourir.

— Jeanne, dit madame Lambert, pourquoi ces sinistres pensées? Est-ce qu'on meurt à ton âge! Tu vivras, mon enfant.

— Et pourquoi donc vivrais-je? s'écria-t-elle.

Ce cri, arraché de son âme, révélait toutes ses souffrances. C'était le poëme du désenchantement de la vie, des illusions détruites, du bonheur perdu.

La mère de Georges se sentit frissonner.

Madame de Précourt cacha son visage dans ses mains.

Jeanne sentait bien le travail de dépérissement qui se faisait en elle et elle en constatait les progrès avec une sorte de joie cruelle.

— Encore un an, deux ans peut-être, pensait-elle et tout sera fini. La vie s'éteindra en moi comme meurt la lumière d'une lampe dans la dernière goutte d'huile.

Et croyant voir déjà l'heure de la délivrance, elle souriait à la mort.

Depuis quelque temps M. de Borsenne s'inquiétait sérieusement. Il ne voyait pas sans effroi les ravages qu'une maladie inconnue, mais dont il devinait la cause, faisait dans l'organisme de la jeune femme.

La pensée qu'elle pouvait mourir subitement l'épouvantait. Car, pour lui, c'était perdre le merveilleux résultat de sa dernière intrigue.

Les trois cent mille francs que lui avait donnés M. de Précourt n'étaient qu'un os à ronger, en attendant le morceau friand, c'est-à-dire les millions des époux Fontange.

Pour qu'il y pût toucher, à ces superbes millions, il fallait que sa femme vécût au moins quelques jours de plus que madame Fontange, laquelle ne s'en allait pas assez vite à son gré, ou bien qu'elle lui laissât un héritier.

Or, jusqu'à ce jour, M. de Borsenne savait que de ce côté-là il n'avait rien à espérer.

Un médecin de ses amis étant venu le voir, il jugea l'occasion excellente pour lui parler de sa femme.

— Mon cher ami, lui dit-il, la santé de madame de Borsenne me cause de vives inquiétudes. Tu la vois assez souvent, donne-moi ton opinion sur son état, mais là, bien sincèrement.

— Madame de Borsenne est évidemment atteinte d'une maladie de langueur que je crois compliquée d'une anémie. Il faut absolument lui faire suivre un régime sévère approprié à son état, et ne lui permettre que certains aliments : les amers et les ferrugineux.

— Crois-tu qu'elle ait la même maladie que sa mère?

— Absolument.

— Il y a vingt ans que madame de Précourt est malade ainsi.

— Cela prouve qu'on peut vivre fort longtemps avec certaines maladies.

— De sorte qu'à ton avis la vie de ma femme n'est nullement menacée?

— Je crois certainement qu'on peut lui rendre la santé; mais il faut des soins, des ménagements. La médecine, mon cher, n'a pas encore découvert le secret de guérir les maladies de langueur. Les affections de l'âme sont les plus terribles. Rien ne me fait préjuger que la vie de madame de Borsenne soit plus ou moins en danger. Elle peut vivre bien des années encore avec le mal inconnu qui la tourmente : mais elle peut aussi bien s'éteindre, après avoir passé successivement par tous les degrés de l'affaiblissement moral et physique.

— Tu n'es pas rassurant.

— Je te dis la vérité. Soigne ta femme. C'est le moyen de prévenir un accident qui pourrait t'arriver, comme un coup de tonnerre, au moment où tu t'y attendrais le moins.

— Je te remercie du conseil; je le suivrai.

A partir de ce jour, M. de Borsenne fut poursuivi par cette idée fixe : Je veux avoir un enfant. Il avait, mais en vain, essayé de tous les moyens pour se rapprocher de sa femme. Il s'était fait humble, soumis, caressant; il avait imploré, prié, supplié; il avait voulu procéder par l'intimidation, la menace et la violence; il s'était constamment brisé contre la même impassibilité, la même froideur glaciale, le même dédain, le même mépris. C'était se heurter contre un roc impossible à ébranler.

Et cependant, cet enfant, il le voulait, il en avait besoin. Or, quand M. de Borsenne avait dit : « Je veux » cela signifiait quelque chose. Nous l'avons déjà vu à l'œuvre et nous savons qu'il n'est pas homme à reculer devant une lâcheté, une infamie ou même un crime.

Il imagina une de ces monstruosités qui naissaient dans sa pensée, comme les champignons dans le fumier, et il décida que l'exécution serait immédiate.

Le jeudi suivant, Jeanne étant chez sa mère, M. de Borsenne fit venir près de lui, dans son cabinet, mademoiselle Suzanne, la femme de chambre.

— Madame de Borsenne, lui dit-il, vous aime beaucoup et fait grand cas de vos services. De quel pays êtes-vous?

— Je suis née près de Verdun, au bord de la Meuse.

— Un beau pays, je le connais. Je suis sûr que vous ne l'avez pas quitté avec plaisir.

— C'est vrai, monsieur.

— Pourquoi êtes-vous venue à Paris?

— Pour y gagner un peu d'argent. Mon père est bûcheron et nous sommes huit enfants. Je suis l'aînée. J'étais en condition à Verdun, mais je ne gagnais pas assez. La sœur de ma mère, qui est cuisinière depuis quinze ans chez M. le comte de Sairmaise, m'a fait venir à Paris, il y aura bientôt deux ans de cela. J'ai appris le service chez madame de Praslier, et c'est cette dame qui m'a donnée à madame de Borsenne.

— Quel âge avez-vous, mademoiselle Suzanne?

— J'ai vingt-deux ans, monsieur.

— Et vous aimez beaucoup Paris?

— Oh! je le connais si peu!...

— Est-ce que vous songeriez à retourner au pays?

— Non, monsieur, parce que là-bas, au lieu de pouvoir venir en aide à mes parents, je serais peut-être une charge de plus pour eux.

— Voilà qui prouve votre bon cœur, Suzanne; mais si vous étiez riche?

— Oh! monsieur, si j'étais riche!... s'écria Suzanne, dont les yeux étincelèrent.

— Je comprends, fit M. de Borsenne en souriant; vous retourneriez bien vite au bord de la Meuse

— Oui, monsieur.

— Je parierais que vous avez là-bas un amoureux qui vous attend.

La femme de chambre devint écarlate.

M. de Borsenne souriait toujours.

— Je parierais encore, continua-t-il, que parmi les lettres que vous recevez, la moitié au moins sont de votre amoureux.

Mademoiselle Suzanne passa au cramoisi.

— Il ne faut pas rougir pour cela, reprit-il, on s'aime, on est séparé, on s'écrit, quoi de plus naturel? Que fait-il votre amoureux?

— Il est domestique chez M. Mangin, un riche tanneur de Verdun.

— Mais il pourrait s'établir, prendre un petit commerce.

— Un petit café, dit vivement Suzanne; c'est son intention, plus tard, si nous pouvons nous marier.

— Et combien coûte un petit café à Verdun?

— Bien cher, monsieur : au moins cinq mille, six mille francs.

— Eh bien, Suzanne, vos amours m'intéressent, et il m'est venu la bonne idée de vous rendre heureuse.

— Oh! monsieur!

— Oui, je veux réaliser votre rêve, Suzanne : vous marier, d'abord, et ensuite vous donner l'argent nécessaire pour acheter le petit café en question.

— Monsieur veut se moquer de moi.

— Je vous jure que je parle très-sérieusement.

Suzanne ouvrait de grands yeux et, émerveillée, ne savait plus que dire.

IV

M. de Borsenne connaissait trop bien les femmes pour ne pas être sûr déjà d'avoir attaqué la femme de chambre de sa femme par son côté le plus faible, et il n'hésita pas à accomplir séance tenante son œuvre de séduction.

— Suzanne, reprit-il après un moment de silence, le jour où vous voudrez quitter Paris pour retourner à Verdun, je vous donnerai dix mille francs.

— Dix mille francs! répéta-t-elle; c'est donc bien vrai?

— Très-vrai. Et, pour cela, je ne vous demande qu'un tout petit service.

— Vous êtes mon maître, monsieur : que dois-je faire?

Il ouvrit le tiroir d'un petit meuble près duquel il était assis et y prit un flacon haut de deux centimètres.

— Le soir, avant de se coucher, demanda-t-il, madame de Borsenne n'a-t-elle pas l'habitude de prendre un verre d'eau?

— Un demi-verre d'eau, avec quelques gouttes d'eau de fleurs d'oranger.

— Et c'est vous qui le préparez?

— Toujours, oui monsieur.

— Eh bien! Suzanne, au lieu d'eau de fleurs d'oranger, vous mettrez ce soir dans le verre d'eau de madame de Borsenne le contenu de ce petit flacon.

La jeune fille ne put réprimer un mouvement d'effroi.

— Rassurez-vous, reprit M. de Borsenne, la liqueur que contient ce flacon n'est nullement nuisible et ne peut faire aucun mal à votre maîtresse. Sa seule vertu est de faire dormir profondément pendant quelques heures.

— Mais, monsieur...

— J'ajouterai, interrompit-il, qu'il ne peut résulter de ceci qu'un grand bien pour madame de Borsenne, pour moi et aussi pour vous.

— Et si madame vient à savoir?...

— Madame de Borsenne dormira; elle ne pourra rien savoir.

— Vous êtes bien sûr que ce n'est pas du poison?

— Voyons, Suzanne, comment pouvez-vous être assez enfant pour supposer que je voudrais empoisonner ma femme?

— C'est juste, je suis bête.

— Allons, prenez ce flacon et mettez-le dans votre poche.

Elle obéit.

— Donc ce soir dans le verre d'eau.

— Je n'oserai peut-être pas.

— Il faut oser. N'oubliez pas que dans un mois, oui, dans un mois, je vous donnerai dix mille francs et que vous pourrez retourner dans votre pays.

— Je ferai ce que vous désirez, monsieur, dit-elle.

— A la bonne heure! Dès que madame de Borsenne sera endormie, vous ouvrirez la porte de sa chambre.

— Oui, monsieur. Et après?

— Ce sera tout. Maintenant, ma chère enfant, vous pouvez vous retirer et aller écrire à votre amoureux qu'il peut se préparer à faire la noce dans un mois.

Je sens que j'aime et que j'aimerai beaucoup cet enfant, dit madame de Borsenne. (Page 138.)

Le soir, quand madame de Borsenne rentra, vers onze heures, son verre d'eau, préparé à l'avance, était à sa place habituelle sur un guéridon.

Suzanne, un peu pâle et légèrement émue, l'attendait comme toujours.

— Je me sens très-fatiguée ce soir, dit la jeune femme en se débarrassant de son châle et de son chapeau.

— Madame va sans doute se coucher immédiatement? demanda la femme de chambre.

— Oui, tout de suite.

Suzanne l'aida à se déshabiller, puis passa dans sa chambre.

Avant de se mettre au lit, madame de Borsenne prit le verre d'eau et le but d'un trait.

— Pas assez sucré, fit-elle.

Elle ne s'aperçut pas que l'eau eût un goût différent.

Elle se coucha. Au bout de dix minutes ses yeux se fermèrent et un lourd sommeil s'empara d'elle.

Peu après, Suzanne entr'ouvrit timidement la porte et regarda. A la lueur terne de la veilleuse, elle vit sa maîtresse endormie. Alors elle entra dans la chambre, elle s'approcha du lit sur la pointe des pieds.

— Comme elle dort! murmura-t-elle.

Il lui sembla que le seul bruit de ses lèvres l'effrayait. C'était sa conscience, qui déjà lui reprochait sa trahison. Pour se donner du cœur, elle pensa aux dix mille francs de M. de Borsenne et à un joli café de Verdun, au bord de la rivière, où viennent boire les officiers de la garnison.

Toujours d'un pas léger, elle alla ouvrir la porte de la chambre de sa maîtresse. M. de Borsenne était là, une bougie à la main.

— Elle dort, lui dit-elle.

— C'est bien, fit-il; vous allez m'attendre là, sur ce canapé, vous pouvez dormir une heure.

Et il entra dans la chambre de sa femme dont il referma la porte.

Il pouvait être deux heures et demie lorsque M. de Borsenne toucha l'épaule de la femme de chambre, qui s'était endormie sur le canapé.

— Vous pouvez rentrer, lui dit-il, vous fermerez la porte avec soin et vous vous coucherez. Demain, quoi que dise ou fasse votre maîtresse, vous serez muette.

— J'ai compris, répondit-elle.

M. de Borsenne regagna son appartement.

Il était près de midi lorsque madame de Borsenne ouvrit les yeux. Suzanne était debout près de son lit épiant l'instant de son réveil.

— Suzanne, quelle heure est-il? demanda la jeune femme.

— Madame a dormi longtemps. Il est bientôt midi.

— Comment! s'écria Jeanne; j'ai dormi plus de douze heures!

— Oui, madame.

— Oh! ce n'est pas naturel... Qu'ai-je donc? J'ai la tête pesante, la poitrine oppressée ; il me semble que mes membres sont brisés... Ce n'est pas naturel, répéta-t-elle encore.

Elle s'assit sur son lit.

— J'ai donc été bien agitée cette nuit? reprit-elle en voyant le désordre de ses couvertures, les dentelles de son oreiller et les draps du lit froissés et ses cheveux dénoués.

— En effet, madame.

— Ce que j'éprouve est étrange, murmura la jeune femme.

Elle se leva et fit sa toilette du matin.

Elle voulut marcher un peu dans sa chambre ; elle se sentit épuisée, et s'étendit sur sa chaise longue.

Elle passa toute la journée chez elle. Cependant, le soir, elle se trouva mieux ; elle était moins faible. Enfin le lendemain, qui était le samedi, elle se sentit assez bien pour aller chez sa mère.

A quelque temps de là, elle commença à éprouver des malaises singuliers, inexplicables et tout à fait nouveaux. Elle n'y fit d'abord pas grande attention ; mais ces malaises devenant plus accentués et plus fréquents, elle se demanda avec une sorte de joie si ce n'était pas la première atteinte du mal qui devait l'enlever de la vie.

M. de Borsenne savait tout cela par la femme de chambre, devenue son espionne, conséquence forcée de sa première mauvaise action.

— Encore un peu de patience, lui disait-il gaiement ; d'après ce que vous me dites, vous pourrez, je crois, partir bientôt pour Verdun.

Un jour que madame de Borsenne passait rue Caumartin, elle se souvint que le célèbre docteur H..., un ami de son père, demeurait dans cette rue. L'idée lui vint de le consulter. Elle fit arrêter sa voiture devant la porte du grand médecin et monta chez lui. Le docteur travaillait dans son cabinet. Il reçut la jeune femme avec affabilité et beaucoup d'empressement.

— Voyons, lui dit-il affectueusement après l'avoir fait asseoir, est-ce l'ami ou le médecin que vous venez voir?

— C'est tous les deux, docteur.

— Eh bien! tous les deux sont à votre disposition.

— Docteur, je suis un peu souffrante.

— Je le sais, je le vois. Le mariage produit souvent de ces effets-là. Je vous écoute, qu'est-ce que vous éprouvez?

La jeune femme le lui dit.

En l'écoutant, le docteur souriait.

— Y a-t-il longtemps que vous éprouvez ces malaises? demanda-t-il.

— Depuis plus d'un mois, docteur.

Le docteur souriait malicieusement.

— Ma chère enfant, lui dit-il, votre état n'a rien qui doive vous inquiéter. Vous avez une maladie commune à beaucoup de jeunes femmes. Vous êtes enceinte.

— Enceinte ! s'écria-t-elle.

— Mais il n'y a en cela rien de très-surprenant.

— Vous avez raison, docteur. Merci, ajouta-t-elle en se levant et en essayant de sourire.

Le docteur la reconduisit jusque sur le carré de l'appartement.

— Ces diables de femmes, murmura-t-il en revenant à ses gros livres, elles sont toutes les mêmes : on ne sait jamais ce qu'elles pensent.

Madame de Borsenne était remontée dans sa voiture en proie à une agitation extraordinaire, son cœur battait violemment dans sa poitrine serrée. Il lui semblait qu'elle faisait un mauvais rêve.

Elle était sortie pour faire quelques visites, elle n'y pensa plus et donna l'ordre à son cocher de la ramener chez elle.

La jeune femme resta plongée dans ses réflexions.

— Ah! le misérable ! s'écria-t-elle tout à coup.

Et sa tête se renversa sur le coussin du coupé.

V

Madame de Borsenne avait tout compris.

En rentrant, elle demanda son mari. On lui répondit que M. de Borsenne était monté à cheval pour faire une promenade au Bois.

— C'est bien, dit-elle.

Et elle passa dans sa chambre.

— Madame rentre déjà, fit Suzanne.

— Vous le voyez bien. Poussez les targettes des portes, je vous prie, nous avons à causer et je ne veux pas qu'on nous dérange.

La femme de chambre eut un mouvement de surprise et d'inquiétude, mais elle exécuta l'ordre de sa maîtresse.

— Suzanne, reprit madame de Borsenne, je vous ai prise à mon service sur les bonnes recommandations de madame de Praslier ; je vous ai bien payée, je vous ai fait autant de petits cadeaux que vous pouviez le désirer. Malgré cela, avez-vous eu à vous plaindre de moi ?

— Oh ! madame.

— Je ne vous demande pas si vous m'avez fidèlement servie ; nous verrons cela tout à l'heure. Vous souvenez-vous de ce long sommeil que j'ai fait et dont j'ai été si surprise à mon réveil ? Il y a de cela près de deux mois.

— Oui, madame.

— Eh bien, je n'ai pas besoin de vous en dire davantage. A partir de ce moment, Suzanne, vous n'êtes plus à mon service. Dorénavant, je me passerai de femme de chambre. Voilà le mois courant de vos gages ; vous allez immédiatement rassembler vos effets ; je désire que dans une heure vous ayez quitté l'hôtel.

La femme de chambre ne répondit pas.

Madame de Borsenne alla s'enfermer dans son cabinet de toilette dont elle avait fait aussi un petit salon de lecture.

M. de Borsenne rentra au moment où un commissionnaire enlevait la malle de mademoiselle Suzanne.

— Madame m'a renvoyée, lui dit-elle, elle sait tout.

— Vraiment ! fit-il d'un ton joyeux. Alors, c'est parfait. Demain, venez à huit heures, je vous remettrai la somme que je vous ai promise.

Le commissionnaire était déjà dans la rue. Suzanne le rejoignit précipitamment.

Après le dîner qui fut, comme toujours, silencieux et fort triste, madame de Borsenne dit à son mari :

— Avant que vous ne sortiez, je vous prie de m'accorder un moment d'entretien.

— Mais je ne tiens nullement à sortir, et je serais trop heureux que vous voulussiez bien me permettre de vous consacrer une soirée.

Ils passèrent au salon. Les domestiques s'étant retirés, la jeune femme dit brusquement à son mari :

— J'ai chassé Suzanne.

— Et pourquoi ?

— Vous savez pourquoi, monsieur ; elle est la complice d'une de vos infamies. Allez, monsieur, vous êtes si méprisable et si vil que je ne veux même pas vous reprocher votre lâcheté.

— Si je suis coupable, c'est de trop vous aimer.

— Taisez-vous! s'écria-t-elle; je vous défends de m'insulter!

— Jeanne, dit-il, Jeanne, j'ai mérité votre colère, et depuis ce moment je ne sais ce qui s'est passé en moi... mais je ne fus plus le même. J'examinai ma vie; je vis qu'elle n'avait rien été, rien valu; que j'avais fait beaucoup de mal, jamais de bien. Et je me suis dit : Si elle m'aimait, si elle voulait m'aimer, elle ferait de moi un autre homme, grâce à son heureuse influence, je pourrais encore réparer toutes les erreurs de mon passé. Vivre près de vous, respirer l'air de votre innocence et de votre honnêteté, c'est déjà être honnête. Les fleurs parfument le jardin où elles fleurissent. C'est un parfum de pureté qui se répand autour de vous. Vous apprenez à détester le mal et vous faites aimer le bien.

« Jeanne, continua-t-il, depuis cette nuit funeste dont vous n'osez même pas me parler, je suis comme privé de ma raison. Je vous aime, Jeanne, je vous aime!

— Vous m'aimez, répliqua-t-elle froidement; qu'est-ce que cela me fait à moi, puisque je vous hais?...

— Par pitié, ne me livrez pas au désespoir, s'écria-t-il.

Et il tomba aux genoux de la jeune femme.

Elle se recula vivement comme à la vue d'une vipère. Il se releva.

— Monsieur, dit-elle avec une ironie mordante, je sais que vous parlez fort bien; mais qu'est-ce que tout cela? Des mots!... Vous avez été méchant, je souhaite que vous deveniez meilleur; mais, encore une fois, qu'est-ce que cela me fait, à moi? Vous avez causé des malheurs qui sont aujourd'hui irréparables, et pour n'en citer qu'un, le mien, monsieur, ne vous semble-t-il pas complet? Si vous avez espéré qu'avec le temps je pourrais oublier, vous vous êtes étrangement trompé. Il y a des blessures qui ne se cicatrisent jamais. Ma vie restera ce que vous l'avez faite : misérable. J'ai eu l'espoir que la mort me délivrerait et c'est encore à vous que je dois de ne plus pouvoir compter sur elle; car après avoir voulu mourir, et je serais morte à force de volonté, j'entends une voix impérieuse qui me crie : « Il faut que tu vives!... » D'où vient-elle, cette voix mystérieuse qui ne m'avait pas encore parlé avant aujourd'hui? et au nom de qui me parle-t-elle? Est-ce un devoir nouveau qui s'impose à moi? ou bien est-ce déjà le sentiment de la maternité qui se rend maître de ma volonté? Qu'importe! je subis et ne cherche pas à expliquer...

« Je vivrai donc, monsieur, poursuivit-elle, parce que je n'ai pas le droit de mourir; je vivrai, parce que je dois ma vie maintenant au petit être qui va naître de moi.

« Mais, monsieur, rien ne sera changé dans notre existence; nous vivrons séparés comme par le passé...

— Jeanne, laissez-moi espérer...

— Rien, répondit-elle d'un ton sec; nous vivrons séparés, je le veux! Je vous méprise, vous m'êtes odieux, vous ne changerez pas cela.

Il essaya de parler encore.

— Ne vous donnez donc pas la peine de mentir, l'interrompit-elle impérieusement; je vous tiens quitte de vos discours. Vous êtes satisfait, vous n'avez même pas la pudeur de me cacher votre contentement. Vous croyez donc qu'il est si facile de me tromper? Est-ce parce que je suis jeune que je dois manquer d'expérience? On vieillit vite à l'école du malheur. Je lis dans votre âme, toute noire qu'elle est, et tout ce que vous avez pensé, je le devine.

— Que voulez-vous dire?

VI

Elle fit quelques pas en avant, le bras tendu vers lui.

— Ce que je veux dire? reprit-elle; que vous êtes toujours le même, toujours l'homme des calculs honteux! Vous avez eu peur de ma mort, parce que, moi morte, les joyeux millions de M. Fontange vous échappaient. Vous vous êtes dit : Si j'avais un enfant, il hériterait de sa mère, et vous avez agi en conséquence. Vous voyez que je vous connais bien. Oh! ces millions, continua-t-elle avec douleur, pourquoi mon parrain a-t-il eu la fatale pensée de me les donner? Il avait rêvé pour moi une vie éblouissante de splendeurs, et, sans le vouloir, il m'a perdue!

« Je n'ai plus qu'un mot à vous dire, monsieur, et j'espère bien ne plus être obligée de vous parler si longuement. S'il vous prenait fantaisie de ne plus accepter les conditions que j'ai mises à notre vie commune, et de vouloir y changer quoi que ce soit, je quitterais à l'instant même votre maison. J'irais demander assistance à mon père et protection aux lois de notre pays. Je ne craindrais pas, dussé-je en mourir de honte et de dégoût, de tout révéler à un juge d'instruction. Je livrerais, je le sais, le nom honoré et respecté de ma famille aux sarcasmes du monde; mais je vous aurais démasqué, et j'applaudirais au scandale qui vous frapperait et montrerait à tous ce qu'est et ce que vaut le magnifique M. de Borsenne. »

Après ces paroles, elle redressa sa belle tête si noble et, lentement, elle sortit du salon.

M. de Borsenne n'essaya même pas de la retenir. Il était atterré.

Cette fois, pourtant, il n'avait pas menti. Ce qu'il avait dit à sa femme était bien l'expression de sa pensée. Il l'aimait. Un amour insensé s'était emparé de lui; il avait grandi en quelques jours, et depuis un mois il le tourmentait comme la plus violente passion.

Ce qui faisait son désespoir à cet homme qui, pendant toute sa vie, n'avait rien admiré, rien respecté, rien aimé, c'est que sa femme, si digne de son admiration et de son respect, le méprisait et ne lui ferait jamais la moindre concession.

Nous ne disons pas qu'il était à plaindre, il faut savoir garder sa pitié pour les infortunes imméritées, mais il souffrait véritablement.

Au bout de quelques jours, il comprit qu'il était temps de réagir énergiquement contre ses impressions nouvelles et il se lança avec plus de rage que jamais au milieu du tumulte et des agitations malsaines de la vie parisienne.

Il fréquenta plus assidûment les cercles dont il faisait partie et où l'on jouait gros jeu. On le revit à l'Opéra, au foyer de la danse, et on ne tarda pas à désigner une certaine demoiselle Clara, dite Brin-d'Azur, comme étant devenue la sultane favorite de M. de Borsenne.

Au moins, pendant qu'il cherchait à s'étourdir en menant une vie déréglée, madame de Borsenne, débarrassée de sa présence, retrouvait peu à peu la tranquillité qui lui était nécessaire. Elle s'était dit :

— Je veux vivre!

Et, en effet, la pauvre désolée, naguère encore si faible et si languissante, se reprenait à la vie. Avec le courage, les forces lui revenaient et avec elles la fraîcheur de sa jeunesse, le carmin de ses joues et une certaine vivacité pleine de charme.

Madame de Précourt voyait sa fille renaître, pour ainsi dire jour par jour; elle s'étonnait de ce changement si brusquement opéré : madame de Borsenne lui avoua la vérité.

Quant au baron, qui avait vieilli de dix ans depuis le mariage de Jeanne, il rajeunissait au fur et à mesure que la santé de la jeune femme s'améliorait.

Plusieurs mois s'écoulèrent. Le moment de la délivrance de madame de Borsenne approchait. Elle avait confectionné de ses propres mains la layette du nouveau-né. Elle avait ressenti, en fabriquant ces petits vêtements d'enfant, une joie qu'elle n'avait pas éprouvée depuis bien longtemps.

— Monsieur, dit-elle un soir à son mari, le jour de mon accouchement va arriver; mon intention est d'aller dès demain m'installer chez mon père.

— Chez votre père! N'êtes-vous donc pas bien ici? Avez-vous peur d'y manquer de quelque chose?

Georges tomba, comme une masse, sans connaissance sur le parquet. (Page 148.)

— Non, monsieur, mais je veux avoir ma mère près de moi.

— Pour une semblable circonstance madame de Précourt daignera bien venir chez vous.

— Ma mère ne viendrait pas, monsieur.

— Toujours à cause de moi. Eh bien! je m'en irai ; je ferai un voyage, et je ne reviendrai que lorsque vous m'aurez écrit ou fait écrire : « Venez. »

— Non, monsieur, non; je ne veux pas déranger vos habitudes. D'ailleurs, toutes mes dispositions sont prises et je ne changerai rien à ce que j'ai décidé.

Il savait de quelle force était la volonté de la jeune femme. Il n'insista plus.

Madame de Borsenne alla donc s'installer chez son père, et c'est là que quelques jours plus tard elle mit au monde un fils.

L'enfant fut immédiatement confié à une nourrice sur lieu, qui avait été choisie par les soins du docteur H...

M. de Borsenne vint presque chaque jour rue Le Pelletier prendre des nouvelles de sa femme; il demanda plusieurs fois à la voir, mais la jeune mère refusa absolument de le recevoir.

On ne put, cependant, ne pas lui montrer l'enfant. Il l'embrassa et parut très-satisfait de le voir bien constitué et plein de santé.

Il avait un mois lorsqu'on le baptisa.

Il reçut les prénoms de Jean-Eugène-Edmond. M. de Précourt fut son parrain et madame la comtesse Eugénie de Langrelle, sœur de M. de Borsenne, sa marraine.

— Je sens que j'aime et que j'aimerai beaucoup cet enfant, dit un jour madame de Borsenne à sa mère; que serait-ce donc s'il était né de l'union intime de deux âmes?...

Nous ne voudrions pas affirmer qu'en parlant ainsi elle ne pensait point à Georges Lambert.

Elle revint à l'hôtel de Borsenne au bout de six semaines. La chambre qui avait été celle de Suzanne fut donnée à la nourrice, mais à part les quelques distractions qu'elle trouvait à s'occuper de son fils, elle allait reprendre sa vie monotone et désespérée.

Il y aurait ici tout un volume à faire pour analyser seulement les pensées, les sentiments divers et la situation d'esprit de madame de Borsenne à cette époque; mais c'est tout autre chose qu'un livre de psychologie et de physiologie que nous avons l'intention d'écrire.

Des semaines et des mois s'écoulèrent lentement, sans plaisir pour Jeanne, mais aussi sans accident et sans secousse.

Elle vivait de plus en plus retirée et M. de Borsenne de plus en plus hors de sa maison. Pendant ce temps le petit Edmond grandissait. A douze mois, il avait commencé à marcher, à quinze, il courait comme un petit homme, disait déjà des mots très-drôles et promettait d'être bientôt espiègle et malicieux comme un démon.

Un matin M. de Précourt vint faire une visite à sa fille. Il y avait près de quatre ans que Jeanne était mariée.

Après avoir parlé de ceci, de cela, de la pluie, du beau temps, de la lune et du soleil :

— A propos, fit-il tout à coup, sans aucune intention, mais seulement pour dire encore quelque chose, Georges Lambert est de retour à Paris.

VII

En apprenant que Georges Lambert était à Paris, Jeanne devint blanche comme la neige. Elle eut cependant la force de répondre :

— Sa mère doit être bien heureuse.

— J'ai dit une bêtise, pensa M. de Précourt.

Et il se mit à reparler de la pluie et du beau temps.

Le lendemain, madame de Borsenne se trouva indisposée et garda la chambre. Huit jours plus tard, on apprit dans Paris qu'elle était dangereusement malade.

La première pensée de Georges Lambert en arrivant à Paris, nous devons le dire, ne fut pas pour ses parents, dont pendant quatre ans chaque navire en venant de France, lui avait apporté une lettre, mais pour Jeanne de Précourt. Elle lui avait écrit une seule fois à Brest. N'avait-elle donc pensé à lui que pendant huit jours, c'est-à-dire tant qu'il avait été en France? Il ne le croyait pas. Mais alors, que s'était-il passé? Il ne savait absolument rien. Chacune de ses lettres à sa mère l'avait accablée de questions au sujet de mademoiselle de Précourt, mais madame Lambert ne s'était point laissé surprendre; elle avait gardé sur tout ce qui s'était accompli un silence complet. Une fois ou deux seulement, elle avait glissé dans sa lettre une phrase dans le genre de celles-ci :

« J'ai vu hier madame de Précourt; on va bien chez elle. » Ou encore « : Je vois très-rarement la famille de Précourt, mais je sais qu'ils vont bien tous. »

On devine quelles pensées avaient torturé l'esprit de l'officier de marine et ce qu'il avait souffert au delà des mers.

Madame Lambert avait beaucoup pleuré le jour de son départ; ce fut encore avec des pleurs qu'elle accueillit son retour; mais cette fois ses larmes étaient de joie. Elle ne pouvait se lasser d'embrasser son cher Georges. Elle avait été privée de ce bonheur si longtemps! Ne fallait-il pas qu'elle se dédommageât.

Jacques Lambert n'embrassait pas son fils à chaque instant, lui; mais il n'était ni moins heureux ni moins ému.

— Une grosse affaire d'intérêt m'appelle à Reims, lui dit-il; il faut que je parte dans trois jours; si tu le veux, nous ferons ce voyage ensemble.

Le premier mouvement de la mère fut de se récrier contre une semblable proposition, mais elle comprit l'intention de son mari et elle ajouta vivement :

— Voilà une bonne idée, Jacques, oui, tu emmèneras Georges avec toi.

— Chère mère, il ne me sera pas possible d'accompagner mon père, dit Georges; il me faut au moins huit jours pour m'organiser et arranger mes affaires les plus pressées. Mais si tu dois rester plus de huit jours à Reims, cher père, j'irai t'y rejoindre.

— Mes affaires me prendront au moins quinze jours.

— Alors, c'est entendu; dès que j'aurai été au ministère de la marine et que j'aurai vu mes meilleurs amis...

— Et donné ta démission, dit madame Lambert.

— Ma démission... pas encore.

— J'espère bien que tu ne vas plus rester dans la marine.

— Ma mère... je ne sais pas.

— Nous parlerons de cela dans quelques jours, dit Jacques Lambert, à notre retour de Reims, puisqu'il est convenu que Georges viendra m'y retrouver.

Dès qu'il se trouva seul avec sa mère, le jeune homme s'approcha d'elle et lui dit tout bas.

— Maintenant, chère mère, parle-moi de Jeanne.

Madame Lambert tressaillit. Pourtant, elle s'attendait aux questions de son fils.

— Oh! tu peux tout me dire, reprit-il, la vérité ne sera pas plus cruelle que le doute qui me désole.

— Georges, mon ami, il ne faut plus penser à Jeanne.

Il secoua la tête en souriant tristement.

— C'est comme si l'on t'avait dit, pendant que j'étais à Saïgon : « Madame Lambert, ne pensez plus à votre fils ! » L'aurais-tu pu?

— Mais je suis ta mère, moi !

— Oui. Mais Jeanne occupe dans mon cœur, à côté de toi, une large place; elle est nécessaire à ma vie et indispensable à mon bonheur. A qui veux-tu que je m'adresse pour savoir? Si tu ne me dis rien, les autres se tairont. Faudra-t-il que je fasse parler Jeanne elle-même? Gaston de Sairmaise, un ami sur qui je croyais pouvoir compter, à qui j'ai écrit plusieurs lettres pour avoir des explications, n'a pas plus que toi répondu à mes questions. J'ai écrit à Jeanne, à sa mère.... Pas de réponse. J'ai compris que c'était un mot donné. Je ne sais pas comment j'ai pu vivre. Mais me voici à Paris, je veux savoir, je saurai! Ma mère, encore une fois, je t'en supplie, que s'est-il passé?

— Eh bien! Georges, Jeanne est mariée.

— Mariée! mariée! s'écria-t-il en portant la main à son cœur. Oh! la misérable femme! Et qui a-t-elle épousé?

— M. de Borsenne.

— M. de Borsenne!... C'est le seul homme que je n'aurais pas nommé. Ah! Jeanne est encore plus infâme que je ne le supposais!

— Ne l'accuse pas, Georges, ne l'accuse pas.

— Après ses promesses, après ses serments, faut-il que je l'admire?

— Peut-être, Georges.

— De grâce, ma mère, expliquez-vous.

— Je ne puis te dire qu'une chose, mon ami, Jeanne n'est pas coupable.

— Elle n'est pas coupable et elle s'est mariée...

— Oui, deux mois à peine après ton départ.

— Ma mère, vous me rendez fou!

— Georges, tu es un homme et tu peux lutter contre la douleur. Je pouvais ne te rien dire et te laisser douter de Jeanne. C'était peut-être le meilleur moyen de te guérir. Mais moi qui la connais, moi qui sais ce qui s'est passé il y a quatre ans, je ne puis souffrir qu'elle soit accusée et traitée d'indigne devant moi. Il y a certains silences qui sont des malhonnêtetés. Ta mère ne transige pas avec sa conscience, Georges; tu ne l'en puniras pas. Quand nous avons appris ce mariage, ton père et moi, nous avons cessé d'aller chez M. de Précourt. Je me suis brouillée avec ma meilleure, mon unique amie. Comme toi j'accusais Jeanne. Quelque temps après, madame de Précourt vint me voir; elle croyait me devoir des explications, elle me les donna. Ta mère, Georges, ta mère, si sévère sur les questions d'honneur s'écria : « Jeanne a bien agi, c'est une noble femme! »

— Ces explications, ma mère, je les demande.

— C'est le secret d'une famille; je ne peux te rien dire de plus.

— Si Jeanne n'est pas coupable, ma mère, elle n'a pas cessé de m'aimer. Alors elle est opprimée, malheureuse, et c'est sur son mari, sur M. de Borsenne que doit retomber toute ma colère.

— Quelle est ta pensée? Que voudrais-tu faire?

— Ma mère, je tuerai M. de Borsenne!

— Malheureux enfant! Et après? Ta vie sera-t-elle plus heureuse?

— Je me serai vengé!

— La vengeance appartient aux méchants et tu es bon, toi.

— Ma mère, M. de Borsenne m'a volé Jeanne, vous ne m'avez pas dit comment, mais vous me l'avez dit; eh bien! je veux la lui arracher.

— En le tuant. Toujours ta folle idée. Et tu crois que Jeanne tendrait la main à l'assassin de son mari? Tu ne connais pas encore cette âme forte et vaillante, mon fils. Tu commettrais un crime inutile, et en te rendant plus malheureux encore, tu n'aurais réussi qu'à faire une veuve et un orphelin de plus.

— Jeanne a donc un enfant, ma mère?

— Oui, un fils.

Il laissa tomber sa tête sur sa poitrine.

— Ma mère, reprit-il au bout d'un instant, vous avez raison : je n'ai même pas le droit de me venger. Ma vie est brisée, continua-t-il avec accablement, et mon bonheur à jamais détruit. Que vais-je faire maintenant? Je l'ignore.

— Rester près de moi, près de nous.

— Je ne sais pas.

— Nous voyagerons; nous irons en Italie, en Allemagne, où tu voudras. Tu as une grande fortune, nous te trouverons une femme digne de toi.

— Une autre que Jeanne, jamais!

— Comme il l'aime! pensa madame Lambert.

Après un moment de silence, Georges reprit :

— Non, je ne sais pas encore ce que je ferai; il me faut quelques jours pour me remettre. Je réfléchirai, je verrai...

« Il y aurait bien un moyen, » fit-il en jetant autour de lui un regard sombre.

Madame Lambert devina sa pensée.

— Ah! malheureux, tu ne ferais pas cela! s'écria-t-elle en pâlissant.

— Non, tant que Jeanne existe, je puis vivre... Et puis, pour toi aussi, chère mère, je ne le ferai pas.

— Oh! merci, mon Georges, merci!

Elle se jeta à son cou et l'embrassa avec passion.

— Va, lui dit-elle, je te consolerai; tu verras comme je serai bonne pour toi, comme je t'aimerai... Tous les jours, rien que nous deux, nous parlerons d'elle.

Il se mit à pleurer.

A mesure qu'elles coulaient, la mère, avec son mouchoir, essuyait ses larmes.

Le lendemain, Georges fit chez M. de Précourt sa première visite.

Le baron était absent. Il fut reçu par madame de Précourt.

— Mon fils, mon cher Georges! s'écria-t-elle en lui ouvrant ses bras.

Après un échange de quelques paroles, le jeune homme demanda des nouvelles de Jeanne.

Le visage de la baronne changea aussitôt d'expression.

— Je l'ai vue avant-hier, répondit-elle, elle va assez bien.

— Madame, reprit-il, la veille de mon départ vous m'avez dit : « Quoi qu'il arrive, Georges, ne doutez jamais de ma fille. » Je n'ai jamais oublié ces paroles, madame, et cependant, j'ai douté de Jeanne.

— Hélas! tout semble l'accuser.

— Et elle n'est pas coupable envers moi?

— Non, Georges.

— Est-elle heureuse?

— Non.

— M'aime-t-elle encore?

— Je ne sais...

— Madame, je vous en prie, dites-moi ce qui s'est passé!

— Vous avez causé avec votre mère, Georges?

— Ma mère n'a rien voulu me dire.

— Permettez-moi donc de l'imiter et de me taire aussi.

VIII

— Ainsi, pensait l'officier de marine, on ne veut rien me dire, je ne puis rien savoir... Mais je verrai Jeanne, elle me dira tout, elle; il faudra bien qu'elle parle!

Il allait prendre congé de madame de Précourt lorsque le baron rentra. Le vieux gentilhomme lui témoigna tout le plaisir qu'il avait de le revoir.

Georges resta encore vingt minutes, mais le nom de Jeanne ne fut plus prononcé une seule fois.

En sortant de chez M. de Précourt le jeune homme se rendit au ministère de la marine. Il revit là plusieurs de ses anciens camarades et eut à donner de chaudes poignées de main. L'un d'eux lui dit :

— Tes notes sont excellentes et, si tu le veux, dans trois mois tu seras capitaine de frégate.

— Je n'ai plus d'ambition, répondit Georges.

— C'est moi qui ai été étonné, il y a quatre ans, en apprenant que tu partais pour la Cochinchine.

— Comment cela?

— Tu venais d'être nommé, sur ta demande, à un emploi sédentaire en France.

— Ah! fit Georges.

— L'expédition de ta commission était déjà à la signature du ministre.

— Alors?...

— Alors un personnage important — il ne m'a pas été possible de savoir son nom — est venu trouver le ministre et ta commission n'a pas été signée. Une note a été transmise à la direction du personnel, qui te désignait pour Saïgon avec le grade de lieutenant.

— Je suis bien aise de savoir cela, dit Georges avec assez d'indifférence, je te remercie. Mais comme je ne veux pas qu'un fait semblable se renouvelle pour moi, donne-moi une feuille de papier.

— Que veux-tu faire?

— Donner ma démission!

— Renoncer à ton brillant avenir? Tu es fou.

— Je ne veux pas d'avenir brillant.

— Si j'avais pu supposer... je ne t'aurais rien dit.

— Rassure-toi, fit Georges en souriant, j'aurais également donné ma démission.

Et sur une feuille de papier blanc, avec une plume et l'encre de l'administration, Georges Lambert écrivit l'acte par lequel il rendait son grade au ministre qui le lui avait donné.

— Maintenant, se dit-il en sortant du ministère, je suis libre!

Quel était donc cet homme important qui s'était ainsi occupé de sa destinée? Quel homme avait intérêt à l'éloigner de Paris et à l'envoyer à Saïgon?

Le nom de M. de Borsenne se plaçait de lui-même à la suite de ce point d'interrogation.

— Ainsi, se dit Georges, déjà avant d'être le mari de Jeanne cet homme était mon ennemi. Eh bien! je ne suis pas fâché de savoir cela. Il est vrai qu'il n'avait pas besoin de cet appoint pour mériter toute ma haine. Oh! nous nous trouverons un jour face à face, monsieur de Borsenne; avec quel plaisir je vous cracherai mon dégoût à la figure.

Non, s'écria-t-elle, je t'appartiens, emporte-moi au bout du monde! (Page 156.)

En rentrant, il dit seulement à ses parents :

— Je suis allé à la marine ; j'y ai laissé ma démission.

— Tu as bien fait, répondit Jacques.

— Enfin! s'écria madame Lambert, à présent tu vas m'appartenir tout entier.

Deux jours après, Jacques Lambert partit pour Reims.

Georges avait encore un certain nombre de visites à faire. Il n'oublia pas Gaston de Sermaise.

Un matin, comme Gaston venait de se lever, le marin entra dans sa chambre.

— Enfin, te voilà! s'écria-t-il. Je m'étonnais déjà de ne pas t'avoir vu. Est-ce que Georges ne serait plus mon ami? me disais-je. J'étais contrarié. Heureusement, ce n'est qu'hier que j'ai appris ton retour à Paris ; sans cela, je n'aurais pu y tenir et je serais allé chez tes parents te demander des explications. Mon père sera bien aise de te voir aussi ; nous avons parlé de toi souvent, surtout à une époque... J'espère que nous te garderons à déjeuner, en attendant, nous causerons.

« Encore une poignée de main, mon cher Georges ; comme je me sens heureux de te revoir! Allons, assieds-toi là, dans ce fauteuil... Mon Dieu, suis-je bavard ; je ne t'ai pas encore laissé le temps de placer un mot, monsieur le lieutenant de vaisseau.

— Mon cher Gaston, je ne suis plus rien.

— Que veux-tu dire?

— J'ai donné ma démission.

— C'était l'idée fixe de madame Lambert. Après tout, je ne te blâme pas. Avec la fortune que tu auras un jour, tu pourras toujours rendre de grands services à la France.

— Il ne faut pas compter sur l'avenir.

— C'est vrai. Jouissons donc du présent. Tu vas rester à Paris, nous nous verrons souvent.

— Je ne sais pas encore ce que je ferai.

— Pour cela, je m'en rapporte à madame Lambert. Comme elle t'aime, mon cher Georges, ta bonne et excellente mère!

— Gaston, j'ai plusieurs choses à te demander.

— Tant mieux.

— Tu es un ami de M. de Borsenne?

— Georges, répondit gravement Gaston, si j'étais resté l'ami de cet homme, je ne serais plus le tien.

— Voilà une bonne parole. Merci. Qu'as-tu pensé de son mariage avec mademoiselle Jeanne de Précourt?

— Ce que j'ai pensé et ce que tout le monde a pu supposer, n'est pas la vérité. Seules, ta mère et madame de Précourt savent tout.

— C'est vrai. Mais ton opinion, à toi?

— Mon opinion est que madame de Borsenne est une victime et la plus malheureuse des femmes.

— Pourquoi l'a-t-elle épousée?

— Le mystère est là. Tu étais à peine en mer, lorsque ce mariage, qui a surpris tout le monde, a été annoncé. Je me suis dit, d'abord : « Mademoiselle de Précourt est une femme comme tant d'autres, fausse, coquette et sans cœur. » Mais je me suis vite aperçu que je l'avais mal jugée.

— Pourquoi ne m'as-tu pas écrit tout cela?

— Défense absolue de madame Lambert.

— Continue.

— Que te dirai-je? Je suis convaincu qu'il y a là quelque drame épouvantable. Madame de Borsenne déteste son mari, tout le monde le sait; on l'a compris. M. de Précourt, le plus honnête homme du monde, est le seul qui ne voie rien. Après son mariage, elle est restée dix jours avec sa mère; elle ne voulait pas aller habiter chez son mari. Pendant les six premiers mois, elle s'est montrée dans quelques salons; depuis plus de deux ans, on ne l'a vue nulle part. C'est chez sa mère qu'elle a voulu faire ses couches. M. de Borsenne s'est présenté souvent rue Le Peletier; mais il n'a pas été admis une seule fois dans la chambre de la malade. Madame de Précourt n'a jamais mis le pied chez son gendre, et elle a refusé net d'être la marraine de son petit-fils. La vie de M. de Borsenne est absolument la même qu'avant son mariage. Il dépense un argent fou, et je crois qu'il ne reste pas grand'chose de la dot de sa femme. Il commence à emprunter. En ce moment, il entretient très-richement, dit-on, une danseuse de l'Opéra de sixième ordre. Voilà, mon cher Georges, tout ce que je puis te dire sur le ménage de Borsenne.

— Ce sont des renseignements précieux.

— Malheureusement fort incomplets; mais je te le répète, madame Lambert et la mère de Jeanne exceptées, personne n'en sait davantage.

— Gaston, tu es très-répandu dans le monde parisien et tu as acquis une expérience que je n'aurai jamais. Veux-tu me rendre un grand service?

— Lequel?

— C'est de m'aider à découvrir ce mystère dont tu parlais tout à l'heure.

— Je ferai tout ce que tu voudras, mon cher Georges, mais je ne crois pas au résultat. M. de Borsenne est une énigme vivante.

— Nous en aurons le mot, je te le jure, devrais-je pour cela fouiller dans son cœur avec mes mains.

— S'il lui en reste.

— Il faut que je sache par suite de quelle ténébreuse infamie Jeanne a été forcée de se jeter dans les bras de cet homme.

— Eh bien! nous essaierons. Surtout, Georges, pas d'imprudences, pas de folies!

— Sois tranquille; j'ai la patience du marin; je saurai attendre.

Quelques jours après cette conversation, Georges apprit que madame de Borsenne, atteinte subitement d'une maladie inconnue, était à la dernière extrémité.

Ce fut pour lui un coup terrible. Il fallut toute l'autorité de sa mère pour l'empêcher de courir à l'hôtel de Borsenne.

Bien qu'on fût au mois de décembre, il passait des heures entières à se promener dans le jardin, se frappant la poitrine, parlant haut et gesticulant comme un insensé.

Ou bien, assis sur ce même banc, où quatre ans auparavant il avait longuement causé avec Jeanne, il répétait de mémoire tout ce qu'ils s'étaient dit.

Sa douleur était navrante. Madame Lambert, impuissante à le consoler, en était épouvantée.

— Si Jeanne meurt, se disait-elle, il est capable d'en mourir aussi.

Il lui venait encore une autre pensée qui la faisait frissonner. Elle se rappelait ce regard de Georges qui l'avait tant effrayée. Et elle voyait se dresser devant elle le suicide escorté de toutes ses horreurs.

Trois jours s'écoulèrent pour la mère et le fils dans des angoisses mortelles. Le quatrième, on annonça la mort de madame de Borsenne.

Madame Lambert, qui gardait son fils à vue, voulait lui cacher la fatale nouvelle; mais un mot imprudent d'un domestique lui apprit la vérité.

Il tomba comme une masse sans connaissance sur le parquet. On le porta dans sa chambre et on lui prodigua toutes sortes de soins. Madame Lambert envoya chercher Gaston de Sairmaise. Celui-ci passa le reste de la journée et toute la nuit au chevet de son ami. Le lendemain, Georges était mieux et paraissait tout à fait calme. Il remercia vivement Gaston. A neuf heures il se leva et s'habilla.

— Nous allons au convoi, dit-il à son ami.

— Je le veux bien.

Il embrassa sa mère. Elle essaya de le retenir.

— Laissez-le, lui dit Gaston à voix basse, je ne le quitterai pas.

Ils partirent.

Vers deux heures de l'après-midi, M. de Sarmaise revint chez madame Lambert. Il était seul.

IX

— Et Georges, où donc est Georges? demanda madame Lambert.

Le jeune homme pâlit.

— Je pensais le retrouver ici, répondit-il.

— Où l'avez-vous quitté?

— C'est Georges, au contraire, madame, qui m'a abandonné à l'entrée du cimetière. Il a profité d'un instant où je m'approchais de la voiture de madame de Frazeray, qui désirait me parler, pour s'éloigner de moi. Après l'avoir vainement cherché dans la foule, j'ai pensé que, ne pouvant plus contenir sa douleur, il s'était décidé à revenir près de vous.

— Vous m'aviez promis de veiller sur lui! s'écria madame Lambert les yeux égarés. Ah! mon fils est mort!

— De grâce, madame, éloignez cette horrible pensée!

— Vous ne connaissez pas mon fils comme moi, monsieur de Sairmaise; il est sorti d'ici avec l'idée du suicide.

Gaston se sentit frissonner.

— Je cours à sa recherche, et je vous jure que je vous le ramènerai! s'écria-t-il.

Et il s'élança hors de la maison.

Madame Lambert tomba à genoux et pria pour son malheureux enfant.

C'est avec intention que Georges avait quitté son ami à l'entrée du cimetière. Seul, il voulait pleurer un instant sur la tombe de Jeanne et lui adresser son dernier adieu. Caché dans le cimetière et suivant de loin les détails de la cérémonie, il avait attendu que tout le monde se fût éloigné.

Nous avons dit comment des maçons, qui travaillaient tout près du caveau de la famille de Borsenne, l'avaient empêché de s'en approcher.

Il sortit de la nécropole en cherchant dans sa tête le moyen d'y revenir la nuit suivante. Il s'arrêta à l'idée d'escalader le mur d'enceinte.

Il suivit le boulevard extérieur jusqu'à la place où a été élevée depuis la statue du maréchal Moncey. Il descendit l'avenue de Clichy, s'engagea sur celle de Saint-Ouen et prit à droite une rue presque déserte, qui traverse le cimetière et joint les Batignolles à Montmartre.

En marchant, il examinait le mur et en mesurait la hauteur. Rue de Maistre, il s'arrêta. Un sourire de satisfaction plissa ses lèvres.

— C'est là ! murmura-t-il.

Il arracha une pierre du talus et la plaça contre le mur. Il fit encore plusieurs autres remarques qui devaient lui permettre de reconnaître au milieu de la nuit l'endroit qu'il avait choisi. Il gagna rapidement la rue Lepic, revint sur le boulevard extérieur et entra chez un serrurier. Sous ses yeux et sur ses indications, il fit forger quatre longues broches de fer ayant la forme de clous à pointe plate.

Il était près de six heures lorsqu'il revint rue de La Rochefoucauld par la rue Pigalle.

Au même instant, après avoir parcouru tout Paris et être allé en dernier lieu au cimetière du Nord, Gaston de Sairmaise revenait chez madame Lambert découragé, désolé, en proie aux plus sombres appréhensions.

Arrêté sur le trottoir devant la maison, il n'osait pas entrer. Tout à coup il poussa un cri de joie. Georges était devant lui.

— D'où viens-tu donc, Georges ? lui dit-il. Depuis deux heures je te cherche partout. Comment oublies-tu si facilement que ta mère s'inquiète de tout ?

— Oui, je me suis un peu trop attardé.

— Comme te voilà arrangé, tes bottines et ton pantalon sont couverts de boue. Tu es donc allé dans les champs ?

— Dans la plaine de Saint-Ouen.

— Je ne pouvais pas songer à t'y chercher.

— J'avais besoin de respirer au grand air, de m'isoler.

— Étrange fantaisie, murmura Gaston. Mais entrons vite, reprit-il, viens rassurer ta mère.

Madame Lambert les accueillit avec un visage souriant. D'une fenêtre, que dans son impatience fébrile elle avait peut-être ouverte deux cents fois, elle venait de les voir causant dans la rue.

Elle dit seulement à son fils :

— J'ai été vivement inquiétée ; une autre fois, Georges, je t'en prie, ne reste pas si longtemps absent, ou bien dis-moi où tu dois aller.

— Chère mère, tu m'aimes trop.

— Vous l'entendez, Gaston ? Ingrat, est-ce qu'une mère a jamais trop aimé son enfant ?

— Je ne veux pourtant pas que ta tendresse pour moi te rende malheureuse.

— Tu ne changeras pas mon cœur, Georges; autant vaudrait me dire de cesser de t'aimer.

Madame Lambert retint Gaston à dîner. Georges avait faim, il mangea un peu. Dans la soirée, il fut calme et causa volontiers. Sa mère l'observait attentivement.

— Il cherche à se distraire, pensait-elle, à éloigner sa pensée de la pauvre Jeanne. Il est moins préoccupé, la résignation viendra.

L'excellente mère devenait radieuse.

M. de Sairmaise se retira à dix heures et Georges, après avoir embrassé sa mère, rentra dans sa chambre. Il changea de vêtement et se jeta tout habillé sur son lit.

A onze heures, avant de se coucher, madame Lambert adressa à Dieu une fervente prière.

— Mon Dieu, disait-elle, ayez pitié de mon fils, donnez-lui le courage de supporter la douleur et la force de résister aux coups terribles qui l'ont frappé. Qu'un de vos regards descende sur lui, éclaire sa pensée, apaise le trouble de son âme et le console.

Georges ne dormait pas. A minuit, il était debout. Il prit un poignard, qu'il glissa dans sa poitrine, mit son revolver dans sa poche, puis, sans bruit, sortit de sa chambre.

Un instant après, il frappait à la porte vitrée du concierge, qui tira le cordon, à moitié endormi; Georges s'élança dans la rue.

Au même moment, la femme de chambre de madame Lambert entrait chez sa maîtresse tout effarée.

— Madame, M. Georges vient de sortir! s'écria-t-elle.

Madame Lambert se dressa d'un bond, blanche comme une statue.

— Peut-être est-il encore dans la rue, ajouta la domestique.

Madame Lambert courut à la fenêtre, l'ouvrit, et son regard plongea à droite et à gauche dans la demi-obscurité. Georges avait disparu.

Elle poussa un soupir étouffé, recula en chancelant et vint tomber sans connaissance dans les bras de sa femme de chambre.

La reprise de ses sens fut suivie de plaintes, de gémissements et de sanglots.

— Je n'aurais pas dû le quitter! s'écria-t-elle, je devais veiller près de lui, dans sa chambre. Toute la soirée il affecta d'être tranquille, résigné; c'était pour endormir ma prudence, pour mieux me tromper. Pourquoi ne l'ai-je pas compris?

Et elle s'abîmait dans une nouvelle crise de sanglots.

Tous les domestiques sur pied attendaient les ordres de leur maîtresse. Ils étaient consternés; ils pressentaient l'épouvantable catastrophe dont madame Lambert n'osait point parler devant eux.

La malheureuse femme courait comme une ombre éplorée à travers les pièces de l'appartement. Elle s'écriait à chaque instant :

— Que faut-il faire? Que faut-il faire?

Vers quatre heures, elle envoya le maître d'hôtel prévenir Gaston de Sairmaise. Il accourut immédiatement. Madame Lambert l'entraîna dans la chambre de son fils où ils s'enfermèrent. Elle lui montra l'étui vide du revolver et la place qu'occupait le poignard dans une panoplie composée d'armes rares et précieuses.

— Comprenez-vous, Gaston, comprenez-vous? s'écria-t-elle en se tordant les mains de désespoir.

Le jeune homme était atterré.

Il voulut cependant faire entrer dans le cœur de cette mère désolée un espoir qu'il ne partageait pas lui-même.

— Si Georges était sorti avec la volonté de mettre fin à ses jours, lui dit-il, il vous aurait laissé une lettre d'adieux; le temps ne lui a pas manqué pour l'écrire.

— Mais, monsieur de Sairmaise, ces armes qu'il a emportées!

— Paris n'est point si sûr la nuit, madame, qu'il ne soit pas prudent de prendre certaines précautions.

— Oh! Georges n'a pas songé à cela.

— Pourquoi, madame? Il sait, comme tout le monde, que les attaques nocturnes deviennent de plus en plus fréquentes.

— Gaston, vous cherchez à me tranquilliser; mais vous n'êtes pas convaincu, avouez-le.

— Je suis inquiet, madame, et non désespéré. Georges est une nature ardente, passionnée, exaltée même. Permettez-moi de le défendre contre vous; il a l'âme vaillante et le cœur haut placé. Un homme comme lui, madame, ne se tue pas lâchement, ainsi qu'un déclassé vulgaire. Il aime trop ses parents pour quitter la vie sans avoir embrassé une dernière fois son père, et sachant qu'il laisse après lui un désespoir éternel.

Dès que le jour parut, Gaston sortit pour se mettre à la recherche de son ami. Le maître d'hôtel, le cocher et le valet de pied se mirent également en campagne, devançant ainsi l'expression d'un désir de leur maîtresse. Mais ils rentrèrent l'un après l'autre sans avoir rien appris, rien découvert.

La journée s'était presque écoulée, madame Lambert attendait M. de Sairmaise qui n'avait pas reparu. Gaston était son dernier espoir.

La dame était enveloppée dans un ample manteau de drap noir. (Page 164.)

X

Nos lecteurs savent comment l'officier de marine avait employé sa nuit.

Pendant qu'on le cherchait à Boulogne, sur les bords de la Seine, dans le bois de Vincennes, à Saint-Maur, à Joinville, sur les bords de la Marne, assis devant une petite table dans la chambre de Jean Frugère, le gardien du cimetière, il racontait à madame de Borsenne comment il l'avait miraculeusement tirée de son cercueil.

Sur la table on voyait encore les restes d'un succulent déjeuner. Dans un coin, sur une chaise, Jean Frugère s'était endormi.

Les mains de la jeune femme reposaient dans celles de Georges et sa tête charmante, sur laquelle elle avait à la hâte rassemblé ses longs cheveux, s'appuyait languissante et émerveillée sur l'épaule du jeune homme.

— Oui, dit-elle quand il eut achevé son récit, c'est bien un miracle que Dieu a fait pour nous. En sortant de cet étrange et long sommeil léthargique qui ressemble si bien à la mort, continua-t-elle, je compris immédiatement que j'avais été ensevelie vivante. Je frissonnai d'horreur et d'épouvante; je sentis mes cheveux se hérisser sur ma tête et je poussai des cris effroyables. Ce n'était pas pour sortir du cercueil, mais seulement pour avoir de l'air que je voulais en briser les planches. J'étouffais.

« En ce moment, Georges, c'est à toi que je pensais. Il est là, sur ma tombe, me disais-je, il va me secourir, me sauver ! Et je ne me trompais pas, tu étais là, tu m'entendais, au milieu de la nuit et de la tempête. Georges, voilà l'œuvre de Dieu !

— C'est vrai, répondit-il, et Dieu t'a rendue à mon amour afin de te restituer le bonheur qu'il t'avait enlevé.

— Georges, Georges, tu me rappelles à la réalité.

— La réalité, ma Jeanne adorée, c'est notre amour vainqueur de la mort, c'est ton cœur qui bat près du mien, ce sont mes baisers qui t'ont réchauffée, c'est notre avenir, c'est la joie et le bonheur infini.

— Malheureux ! s'écria-t-elle, tu oublies que je suis mariée !...

— Jeanne, la mort a brisé tes liens maudits. Entre toi et M. de Borsenne il y a le marbre d'un tombeau. Moi, te rendre à ton mari, jamais ! Je t'ai prise dans le cercueil où il t'a mise, je te garde.

Elle secoua tristement la tête.

— Les lois humaines sont contre nous, mon ami, dit-elle, et M. de Borsenne a le droit de réclamer sa femme.

— Madame de Borsenne est morte ! Cet homme qui dort là tranquillement, et moi, savons seuls qu'elle existe. J'achèterai son silence et même son dévouement, et il se taira.

— Georges, quelle est donc ta pensée ?

— Ma pensée est de quitter Paris et la France avec toi, dès que tu seras assez forte pour supporter les fatigues d'un long voyage. Nous changerons de noms.

— Oh ! tout cela est insensé. Partir avec toi...

— Sois tranquille, Jeanne, nous trouverons facilement un petit coin de terre où nous pourrons vivre heureux.

— Tu veux que je sois ta maîtresse?

— Puisque tu ne peux pas être ma femme.

Elle cacha son visage dans ses mains et se mit à pleurer.

Georges couvrait de baisers ses mains et à travers ses doigts buvait ses larmes.

— Non, non! s'écria-t-elle au bout d'un instant, je ne peux pas faire cela. Je sais bien que je me trouve dans une situation étrange, tout à fait exceptionnelle; mais elle ne m'affranchit pas du devoir. Georges, je t'en supplie, ne me demande point de me rendre méprisable à tes yeux et aux miens.

— Tu oublies tes paroles de tout à l'heure, Jeanne: « C'est l'œuvre de Dieu! »

— Mais nous avons chacun une famille.

— Nous vivrons sans elles.

— J'ai un enfant, Georges, je ne quitterai pas mon enfant.

— Je le prendrai à son père et nous l'emmènerons.

— Ah! tu es sans pitié!

— Dis donc que je t'aime et que je ne veux pas vivre sans toi. Voyons, continua-t-il d'un ton farouche, souhaites-tu d'être libre? Demain j'irai tuer M. de Borsenne.

— Oh! tais-toi, tu m'épouvantes! s'écria-t-elle en lui mettant la main sur la bouche.

— Écoute, reprit-il, toi dans la tombe, je voulais me donner la mort. Si tu veux rejoindre ton mari, il n'y aura rien de changé pour moi. Vois ce poignard et ce pistolet; tu n'as qu'un mot à dire, et je me perce le cœur ou me brûle la cervelle sous tes yeux.

— Ah! tu me tuerais d'abord! exclama-t-elle en lui jetant ses bras autour du cou.

— Non, je ne t'ai pas sauvée pour te tuer ni te perdre, mais pour que tu sois heureuse. Tu ne doutes pas de mon amour, n'est-ce pas? Tu sais qu'il durera autant que ma vie. Qu'as-tu à redouter? Ce n'est pas M. de Borsenne, quand je suis là pour te protéger. Est-ce le monde? Nous le fuirons et nous vivrons à l'abri de ses méchancetés. D'ailleurs, ce sont les demi-vertus qui tiennent compte de ses préjugés.

« Que ton cœur se brise en pensant à ta mère, à ton père et même au fils de M. de Borsenne dont tu vas t'éloigner peut-être pour bien longtemps, je le comprends, j'éprouve les mêmes regrets. Les tiens, toutefois, doivent être adoucis par notre silence, qui laissera à tes parents la croyance de ta mort. Plus tard, quand nous jugerons le moment venu, je te ramènerai à Paris et nous rendrons à ta mère sa fille ressuscitée. Voilà, Jeanne, le plan que j'ai conçu tout à l'heure pendant ton sommeil. Si tu as mieux que cela à me proposer, parle, je t'écoute. »

Elle garda le silence. Toujours suspendue au cou de Georges, son regard noyé dans celui du jeune homme, elle s'absorbait dans une délicieuse extase.

— Mais, poursuivit-il, si ce que tu appelles le devoir était plus fort que notre amour, si tu préférais ton mari devant la loi à celui qui te fait sa femme devant Dieu, je te le répète, Jeanne, pour dédommager la mort à qui je t'ai arrachée, je lui jetterais mon cadavre !

— Non, s'écria-t-elle non, je t'appartiens, emporte-moi au bout du monde !

Il la serra sur son cœur avec transport.

— Oh ! murmura-t-il, on ne meurt pas quand la vie est si belle !

La jeune femme voulut se lever, mais ses jambes plièrent sous elle et elle retomba dans les bras de Georges. Il l'enleva doucement et la porta sur le lit. Un quart d'heure après, elle ferma les yeux et s'endormit.

Georges réveilla Jean Frugère.

— Je suis obligé d'aller à Paris, lui dit-il; je reviendrai peut-être un peu tard. En mon absence, veillez sur elle et surtout que personne n'entre dans cette chambre.

— Vous pouvez compter sur moi.

Georges sortit. Il se jeta dans la première voiture de place qu'il rencontra et se fit conduire chez une grande couturière de la rue Neuve-des-Petits-Champs.

— Madame, lui dit-il, je viens vous commander trois robes; il me les faut immédiatement.

— Le temps de les faire, monsieur.

— Sans doute. J'ai voulu dire dans quatre ou cinq jours.

— Elles seront prêtes. Comment les voulez-vous?

— Pour la façon, je m'en rapporte à votre bon goût. Je veux deux robes de soie dont une noire et une robe de cachemire.

— Vous avez les mesures?

— Non, je n'ai aucune mesure.

— Le travail que vous me demandez devient impossible à exécuter, dit la couturière en souriant.

Georges, vivement contrarié, se mordait les lèvres.

— Si la personne à qui vous destinez ces robes habite loin de Paris, vous pourriez lui écrire, reprit la couturière.

— Mais c'est du retard, madame, et le temps presse.

— Je suis désolée, monsieur; vous devez comprendre que je ne puis rien faire sans des indications précises.

Georges se frappa le front.

— N'avez-vous pas ici des ouvrières? demanda-t-il.

— Une trentaine.

— Oh! j'en trouverai bien une qui aura la taille de la personne.

La couturière le fit entrer dans l'atelier et pria les ouvrières de se tenir debout un instant.

Une belle jeune fille très-brune attira tout de suite l'attention du jeune homme.

— Madame, dit-il à la maîtresse en lui désignant la jeune fille, c'est sur mademoiselle que vous pourrez prendre toutes les mesures dont vous avez besoin. Elle a la taille de la personne pour qui je vous commande les robes et les cheveux noirs comme elle. Vous m'obligerez aussi beaucoup en achetant deux chapeaux allant avec les robes.

Il mit dans la main de la couturière un billet de mille francs.

— Où devrai-je faire porter votre commande, monsieur? demanda-t-elle.

— Je viendrai la prendre moi-même dans cinq jours.

De chez la couturière, il se rendit chez une lingère de la rue Richelieu, où il commanda tout ce qui est nécessaire à une femme pour un voyage de plusieurs mois. Il acheta aussi dans la même rue trois paires de bottines.

Il remonta dans son fiacre, très-satisfait de l'emploi de son temps, et se fit conduire rue de La Rochefoucauld.

XI

A la vue de son fils, madame Lambert poussa un cri de joie. Elle se jeta à son cou et, pendant deux minutes, le tint fortement serré sur sa poitrine.

— Ah! tu ne me quitteras plus, dit-elle en sanglotant, je veux toujours te tenir dans mes bras...

Il l'embrassait et en même temps il souriait.

Madame Lambert recula un peu et le regarda attentivement.

— Ah! s'écria-t-elle avec force, tu veux me tromper encore! Au nom de ton père, au nom de mon amour pour toi, parle, que médites-tu?

Il s'approcha d'elle; ses yeux étincelaient de joie.

— Regarde-moi donc bien, lui dit-il, est-ce que tu ne vois pas le bonheur sur mon visage?

— C'est vrai, ce n'est point là le regard d'un malheureux qui songe au suicide.

Puis, tout à coup, cachant son visage dans ses mains :

— Fou! gémit-elle, mon pauvre enfant a perdu la raison!

Il passa un bras autour de sa taille et l'obligea à s'asseoir près de lui sur un canapé.

— Chère mère, reprit-il, j'ai toute ma raison, et rassure-toi, je ne veux pas la perdre. Je comprends tes craintes, tes doutes, ton étonnement, ils n'ont d'égale que la joie qui inonde mon cœur. Ne me demande pas quel événement a pu produire en moi ce changement étrange et imprévu, il me serait impossible de te répondre. Qu'il te suffise de savoir que je suis aussi heureux aujourd'hui que j'étais hier désespéré.

— Oh! oui, mon Georges, te savoir heureux, cela me suffit.

— Maintenant, ma bonne mère, il faut que je fasse appel à tout ton courage, ton fils est forcé de s'éloigner de toi une fois encore.

— Tu t'en irais... Non, non, je ne veux pas.

— Il le faut, ma mère, il le faut.

— Eh bien! soit, je te suivrai. C'est décidé, nous partirons ensemble, ton père viendra nous rejoindre.

— Ma mère, un voyage avec toi serait charmant, mais c'est impossible.

— Impossible! pourquoi?

— C'est toujours ce que je ne peux pas te dire.

— Ton secret?

— Oui, mon cher secret, que tu connaîtras plus tard.

— Georges, où veux-tu aller?

— Je ne sais pas encore, mais le moins loin possible, pour être plus près de toi. En Espagne, en Angleterre, en Allemagne ou en Italie. Je t'écrirai toutes les semaines et te demanderai beaucoup de nouvelles de Paris.

— Seras-tu longtemps absent?

— Probablement plusieurs années.

Madame Lambert fit un brusque mouvement.

— Ne t'effraie pas, continua-t-il, j'aurai souvent le désir de t'embrasser et je viendrai. Toi-même, tu n'auras qu'à m'écrire : « Viens. » Et j'accourrai.

— Est-ce que tu ne me permettras pas d'aller te voir?

— Cela dépendra de certains événements. D'ailleurs, la Providence fera bien encore quelque chose pour nous.

— Et ton temps, Georges, comment l'emploieras-tu ?

— Comment j'emploierai mon temps? A être heureux, ma mère!

— Il te faudra de l'argent.

— Oui, beaucoup d'argent. Si tu le veux, chère mère, nous nous occuperons tout de suite de cette importante question.

— Tu ne pars pas demain ?

— Non, mais dans quatre ou cinq jours.

— Tu attendras le retour de ton père.

— Il ne doit revenir que dans dix ou douze jours, je ne le pourrai pas. Avant de quitter Paris, je lui écrirai.

— De quelle somme penses-tu avoir besoin? Je puis disposer de vingt mille francs.

— Vingt mille francs! fit Georges en souriant, j'en aurai dépensé trente mille avant de sortir de Paris.

Sa mère le regarda avec surprise.

— Toujours le secret, reprit-il. Le moins que tu puisses me donner, d'abord, chère mère, c'est cent mille francs.

— Nous n'avons jamais eu ici cette somme en espèces, Georges.

— Il y a des valeurs.

— Elles appartiennent à ton père et je n'oserais prendre sur moi d'en disposer.

— C'est vrai. Cependant, chère mère, il faut que tu me remettes demain la somme que je te demande.

— Cent mille francs, Georges, c'est énorme ; où veux-tu que je trouve tant d'argent?

— Tu l'emprunteras.

— A qui, Georges, à qui?

— Au banquier de mon père.

— Et tu crois qu'il me prêtera cette somme?

— A toi, la femme de Jacques Lambert. un million si tu le lui demandais !

— J'essaierai, Georges, mais ton père ne sera pas content.

— Tiens! s'il veut gronder, tu l'embrasseras, comme cela, et tu lui diras: « C'est ce méchant Georges qui l'a voulu. »

— Méchant lorsqu'il fait pleurer sa mère, qui oublie tout dès qu'il l'embrasse. Georges, tu auras ton argent.

— Merci, chère mère. Voici la nuit, je te quitte, à demain.

— Comment, tu vas encore passer cette nuit dehors?

— Celle-ci et les autres, ma mère; je ne te verrai que dans la journée.

— Encore ton secret?

— Oui. Mais ne cherche point à le deviner, tu ne le pourrais jamais!

Il l'embrassa et sortit précipitamment.

Dix minutes plus tard, Gaston de Sairmaise entrait chez madame Lambert.

Après lui avoir raconté la conversation qu'elle venait d'avoir avec son fils, elle lui demanda quel était son avis.

— Madame, répondit Gaston, Georges a eu raison de vous dire que vous ne pourriez jamais deviner son secret. Ce que vous venez de me confier dépasse tout ce que la raison humaine peut concevoir. Évidemment il y a un mystère, quelque chose d'étrange et d'incompréhensible. Ce mystère, madame, ce secret de votre fils, respectons-le et ne cherchons pas à le pénétrer. Pour qu'il le cache à sa mère, il faut qu'il y soit contraint par des raisons d'un ordre supérieur. Il se dit heureux, vous avez vu qu'il ne mentait pas... Contentons-nous de cela. Qui sait? une imprudente curiosité ferait crouler peut-être en un instant l'édifice, fiction ou réalité, dans lequel il a retrouvé son bonheur.

Georges passa la nuit sur une chaise et dormit la tête appuyée contre le lit où reposait madame de Borsenne.

Le matin, Jean Frugère rentra chargé de provisions.

A neuf heures, la jeune femme se leva. Elle se sentit plus forte que la veille. Elle fit deux fois le tour de la chambre sans réclamer le bras de Georges. Elle mangea aussi un peu mieux et avec plus de plaisir. Le jeune homme la couvait des yeux comme une mère son nouveau-né. Son regard la mangeait de caresses.

Ils parlèrent longuement de leurs parents, mais il fut absolument décidé qu'ils garderaient le secret du cercueil vide et qu'elle prendrait le nom de Pradines que Georges porterait à l'étranger.

Vers une heure, le jeune homme la quitta et se rendit chez sa mère.

— Je n'ai pas oublié ma promesse, dit-elle en lui montrant un paquet de billets de banque, voilà tes cent mille francs.

Il la remercia avec effusion. Elle essaya encore de le questionner; elle aurait tant voulu savoir!...

La jeune femme l'avait entourée de ses bras et l'embrassait. (Page 165.)

— Ma mère, lui répondit-il avec une vive émotion, dès hier je t'aurais tout appris si j'avais pu parler. De mon secret dépend tout mon bonheur ; s'il était découvert, ton fils retomberait dans son désespoir.

— Pardonne-moi, Georges, je ne veux rien savoir, rien.

Les robes furent prêtes ainsi que l'avait promis la couturière. Le jeune homme acheta encore au magasin du Louvre plusieurs confections dont une très-chaude pour le voyage. Il porta à Montmartre un habillement complet. Le reste de ses achats fut enfermé dans des malles que Jean Frugère conduisit au chemin de fer de Lyon.

Georges avait remis trente mille francs au gardien du cimetière en lui conseillant de les placer et de s'en faire une petite rente.

Il témoigna à Georges le désir de le suivre à l'étranger. Mais le jeune homme lui fit comprendre qu'il lui serait plus utile à Paris et lui confia la mission de surveiller M. de Borsenne et de l'instruire immédiatement de tout incident ou fait qui lui semblerait de nature à l'intéresser.

Un matin, un coupé de remise, dans lequel se trouvait madame de Borsenne, le visage caché sous un voile épais, et Jean Frugère arrivaient à la gare de Lyon, cinq minutes avant Georges Lambert qui, pour éviter une rencontre imprévue, fâcheuse, était venu par un chemin différent.

Ils ne se parlèrent point dans la salle d'attente, et quand l'employé ouvrit les portes aux voyageurs, la jeune femme suivit Georges jusqu'au coupé qu'il avait eu la précaution de louer la veille.

Le sifflet de la locomotive se fit entendre et le train se mit en marche. Alors madame de Borsenne poussa un profond soupir et mit sa main dans celle de Georges dont le visage était radieux.

XII

Un grand feu flambait dans la cheminée du salon de madame Fontange. La vieille dame, pelotonnée dans un moelleux fauteuil, causait avec son médecin.

— Mon cher docteur, vous avez beau dire, je suis exténuée, brisée, presque morte.

— C'est la fatigue du voyage ; dans trois ou quatre jours il n'y paraîtra plus.

— Oh ! je me sens bien, moi, je vais traîner comme cela pendant quelques semaines, et ce sera fini.

— Laissons venir le printemps. D'ailleurs vous avez bonne figure, l'œil clair et brillant.

— C'est la fièvre, fit-elle en branlant la tête.

— Vous avez un peu d'agitation, mais pas apparence de fièvre, répondit le docteur en souriant.

— Ah! docteur, quel voyage et quel triste séjour j'ai fait à Paris! Un père désolé, une mère folle de douleur. En un jour j'ai versé plus de larmes que dans toute ma vie. Je n'ai pu supporter tout cela et je suis vite revenue.

— Vous aimiez beaucoup votre filleule?

— Je l'adorais, cette petite, docteur. Si vous saviez comme elle était charmante, vive, enjouée, aimante, spirituelle.,. et avec cela une beauté de reine et un cœur... Un ange, docteur, un ange!

— Au ciel, ajouta gravement le médecin.

— Oui, docteur, au ciel; aussi je vais me réconcilier avec Dieu pour l'y rejoindre.

— C'est une bonne pensée, madame, bien que vous ne soyez pas une grande pécheresse.

— Vous ne me maltraitez pas trop, c'est bien. Que voulez-vous? j'ai vécu follement, comme la plupart des femmes aujourd'hui, pour le monde et les plaisirs. J'aimais qu'on parlât de moi; souvent, j'ai peut-être trop bien réussi. Si j'étais une évaporée, j'avais l'âme fière. D'ailleurs j'aimais beaucoup mon mari; ce digne et excellent ami, qui ne sut jamais rien me refuser, a été ma sauvegarde. Je me suis laissé faire la cour par amour de la louange, et j'excitais l'admiration par coquetterie. Pendant vingt ans, j'ai trouvé la moitié de mon bonheur dans des chiffons. Un bijou me ravissait, une jolie parure me tournait la tête. Et c'était tout, docteur, vous pouvez me croire.

« J'ai été un peu médisante comme toutes les femmes. Je me suis moquée souvent du manque d'esprit de celle-ci, de la laideur de celle-là et des ridicules de beaucoup d'autres; pourtant, je n'avais pas un mauvais cœur; c'est le monde qui est fait comme cela.

« Mon mari gagnait des sommes énormes; j'ai fait beaucoup de bien, quelquefois pour le bien lui-même, mais le plus souvent, je l'avoue, par ostentation, par vanité.

— Chère madame, dit le docteur en souriant, mais c'est votre confession que vous me faites.

— Docteur, c'est mon examen de conscience à haute voix. Dans le monde, continua-t-elle, j'ai eu quelquefois du dépit, lorsque je rencontrais une femme qui me paraissait mieux que moi, mais je n'ai jamais été jalouse, ni envieuse, probablement parce que je n'avais rien à désirer. Voilà toute ma vie, docteur, avec ses faiblesses; je ne sais pas si on y trouvera de grands crimes. Mais, bien sûr, le prêtre qui me donnera l'absolution, me pardonnera difficilement d'avoir mieux connu le chemin qui mène à l'Opéra que celui qui conduit à l'église.

— Allons, dit gaiement le médecin, vous en serez quitte pour une neuvaine à Notre-Dame.

— Je vais commencer par donner aux pauvres et aux hospices; je créerai des lits dans les hôpitaux. Parmi ceux à qui je ferai du bien, il se trouvera sans doute quelques cœurs reconnaissants qui prieront pour moi; ce sera un acheminement vers le bon Dieu.

« J'ai plus de trois millions de fortune, docteur, indépendamment de la rente des trois millions légués par mon mari à Jeanne de Précourt. Moi aussi, je destinais mes millions à cette chère enfant...

— Ne laisse-t-elle pas un fils?

— Oui, mais M. de Borsenne est son père, et je ne veux pas que cet homme touche à un centime de ma fortune. Je ne ferai peut-être pas de testament. Quand j'aurai beaucoup donné, ce qui restera après moi ira à qui de droit. Ah! docteur, si ma filleule n'était pas morte, je serais moins embarrassée.

« En conscience, n'était-ce pas à ma porte plutôt qu'à la sienne, que la mort devait frapper? Pauvre enfant, mourir à vingt-deux ans, c'est horrible! Quand une femme est vieille, souffrante et désillusionnée comme moi, mourir n'est rien. C'est le repos auquel elle aspire. Mais Jeanne, ma petite Jeanne entrait seulement dans la vie; elle n'était pas heureuse, c'est vrai; mais elle avait l'espérance de l'avenir. Ah! docteur, si j'avais pu m'en aller à sa place!...

— La mort prend ses victimes partout et dans tous les rangs, répliqua le médecin; elle n'a malheureusement aucun égard pour la jeunesse, l'intelligence ou la beauté.

— Nous ne le voyons que trop tous les jours, reprit madame Fontange en essuyant ses yeux mouillés de larmes.

Il était déjà tard, le docteur prit congé de sa cliente et se retira. Madame Fontange ne quitta point son fauteuil et resta plongée dans ses tristes réflexions.

Environ vingt minutes après le départ du médecin, un domestique vint lui dire qu'une dame, qui semblait être une religieuse, demandait à lui parler.

— Elle est accompagnée d'un monsieur, ajouta le domestique.

Madame Fontange regarda la pendule. Il était neuf heures.

— Il est un peu tard pour une visite, se dit-elle. Cette religieuse vient probablement solliciter un don pour sa communauté. Je n'aurai certainement pas le cœur de la faire revenir. On peut accomplir une bonne œuvre n'importe à quelle heure de la nuit.

« Faites entrer, » ajouta-t-elle en se tournant vers le domestique.

Celui-ci ouvrit la porte aux deux visiteurs et se retira.

La dame était enveloppée dans un large manteau de drap noir, un long voile tombait sur sa poitrine et cachait entièrement sa figure. Elle paraissait très-émue. Elle fit timidement quelques pas dans le salon.

Son compagnon resta immobile près de la porte.

— Approchez-vous, ma bonne sœur, dit madame Fontange de sa voix la plus douce.

La dame voilée fit deux pas encore.

— Ne craignez pas d'être mal reçue, poursuivit madame Fontange ; dites-moi ce que vous désirez, je promets d'avance de vous l'accorder. Je suis riche, très-riche et je ne sais plus que faire de ma fortune. Je ne puis mieux l'employer qu'à soulager tous les malheureux qui me seront connus. Je suis malheureuse aussi, mon enfant, bien malheureuse ; ce n'est pas la richesse qui donne le bonheur ici-bas, voyez-vous ; c'est le contentement du cœur.

« J'avais une enfant que j'aimais, c'était ma filleule, tout ce que je possède était pour elle... je l'ai perdue. Maintenant je ne tiens plus à rien, je veux donner, donner beaucoup, donner tout... Venez-vous pour une communauté, une crèche ou un hospice? Quelle somme voulez-vous? »

La visiteuse pleurait sous son voile.

— Approchez-vous encore, reprit madame Fontange, asseyez-vous près de moi, venez me parler de ceux qui souffrent.

La dame voilée tomba à genoux devant madame Fontange en s'écriant entre deux sanglots :

— Ma bonne marraine!

— C'est la voix de Jeanne! exclama madame Fontange.

Et de ses mains tremblantes, elle fit tomber le voile de la jeune femme.

Alors elle reconnut ces beaux yeux qui la regardaient et ce charmant visage tout baigné de larmes.

Elle lui prit les mains, toucha son front et ses joues, puis poussa un grand cri.

— Chère marraine, c'est bien moi, rassurez-vous, dit Jeanne.

— Vivante, vivante! murmura madame Fontange avec égarement.

La jeune femme l'avait entourée de ses bras et l'embrassait.

— Jeanne, que j'ai vue morte, reprit-elle, Jeanne ressuscitée! Mon Dieu! vous ne m'avez pas fait mourir de douleur, ne me tuez pas de joie!

« Allons, continua-t-elle après un moment de silence, j'ai honte de ma faiblesse. On dirait que j'ai peur et que je doute encore. Oui, c'est toi, ma chérie c'est bien toi... Dieu a fait un miracle, qu'il soit loué à jamais. Tu es venue, consoler ta vieille marraine ; merci, mon enfant. J'allais peut-être m'en aller tout de suite ; mais ta présence me rattache à la vie et va prolonger mes jours.

« Tu dois avoir besoin de quelque chose, tu es ici la maîtresse ; sonne, appelle tous les domestiques, commande et ordonne.

— Chère tante, pour le moment je n'ai besoin de rien. Mais je vous demanderai, avant tout, de tenir secrète ma présence ici.

— Tout ce que tu voudras.

— Je voudrais aussi vous présenter mon compagnon de voyage.

— Je vous avais oublié, monsieur, dit madame Fontange en se levant.

— Ma tante, reprit Jeanne, c'est M. Georges Lambert.

— L'officier de marine, fit la vieille dame en examinant le jeune homme avec le plus vif intérêt.

Georges qui s'était approché la salua.

Elle lui tendit la main.

— Mes chers enfants, reprit-elle, madame de Précourt m'a appris beaucoup de choses que j'ignorais : mais votre arrivée mystérieuse à Fréjus me dit que j'en saurai bientôt beaucoup plus que ma nièce. Monsieur Lambert, voulez-vous satisfaire ma vive curiosité ?

— Madame, dit Georges en souriant, en sortant de Paris j'ai changé de nom ; je m'appelle maintenant de Pradines.

— Et Jeanne, a-t-elle aussi changé de nom ? demanda madame Fontange.

— Ma tante, répondit la jeune femme, je me laisserai appeler madame de Pradines.

XIII

Assis entre Jeanne et madame Fontange, Georges fit le récit qui lui était demandé. Il fut interrompu souvent par les exclamations de la vieille dame, qui ne cessait de dire :

— C'est merveilleux, c'est superbe, sublime, un véritable roman !

— Mon intention, poursuivit le jeune homme, est de m'installer en Italie, dans une campagne, au milieu des arbres et des fleurs, et d'y vivre dans la retraite, complétement inconnu. Avant de livrer définitivement sa vie à la mienne, Jeanne, dont je respecte tous les scrupules, a voulu vous consulter. Je lui ai promis d'accepter votre décision ; c'est donc votre arrêt que nous attendons.

— Monsieur Lambert... non, monsieur de Pradines, est-ce sans réserve que vous avez promis à ma filleule d'accepter ma décision?

— Non, madame, je me suis seulement engagé à laisser Jeanne libre de retourner à Paris.

— Et vous l'y suivriez, et Dieu sait ce que vous y feriez. Mes enfants, la question est bien délicate et vous avez choisi un mauvais juge. Je ne veux pas dire à Jeanne qu'elle fait bien; je ne lui conseillerai pas non plus de retourner à son mari. Ah! le misérable, si une pierre pouvait demain lui broyer la tête, comme tout s'arrangerait pour le mieux.

— M. de Borsenne, madame, n'est pour rien dans les hésitations de Jeanne; c'est son enfant.

— Son enfant! Savez-vous...

— Georges ne sait rien, ma tante; je vous en supplie, ne lui dites pas ..

— Il doit tout savoir, interrompit madame Fontange.

Et elle raconta le guet-apens de M. de Borsenne.

— Jeanne, est-ce bien la vérité? s'écria le jeune homme.

Elle resta silencieuse, le visage caché dans ses mains.

— Jeanne, reprit madame Fontange, en permettant que Georges ouvre ton cercueil, Dieu t'a enlevée à ton mari pour te donner à l'homme que tu aimes. Jeanne, jamais je ne chercherai à séparer ceux qu'une volonté supérieure a réunis. Je dirai comme Georges : Madame de Borsenne est morte, sois madame de Pradines.

— Jeanne, tu as entendu? s'écria le jeune homme; j'avais deviné la réponse de ta marraine.

Elle lui répondit par un regard humide, resplendissant d'amour.

— Ainsi, reprit madame Fontange, vous allez vivre en Italie et y attendre les événements; le plus heureux serait la mort du Borsenne. Puisse-t-il ne pas y mettre de retard. Mais pour vivre en Italie ou ailleurs, il faut de l'argent, en avez-vous?

— J'ai sur moi quatre-vingt mille francs, répondit Georges; en supposant que nous dépensions quinze mille francs pour notre installation, nous irons bien trois ou quatre ans avec le reste.

Madame Fontange fit la grimace.

— Une existence de petit chef de bureau, dit-elle.

— Comme Jeanne, j'ai des goûts modestes.

— Monsieur, les goûts doivent répondre à la fortune que l'on a.

— Sans doute, madame, mais vous ignorez que je ne possède absolument que ce que mon père veut bien me donner.

— Aussi était-ce de Jeanne et non de vous que je voulais parler.

— Mais je suis encore plus pauvre que Georges, ma tante.

— A ton tour tu oublies le testament de ton parrain, fit madame Fontange en souriant. Mes enfants, poursuivit-elle, vous avez cent mille francs de rente. Jeanne, je te remettrai cette somme avant votre départ. Si vous ne dépensez pas tout, vous ferez comme moi, des économies. Combien de jours restez-vous avec moi?

— Mon intention est de me remettre en route demain matin.

— Je comprends, vous avez hâte d'être hors de France. Eh bien, je ne vous retiendrai pas; seulement, vous ne me quitterez que demain soir. Soyez tranquilles, je ne trahirai pas votre incognito. Dès que vous serez intallés, Jeanne m'écrira; au printemps, si je suis vaillante, j'irai passer quelque temps près de vous, à moins que je ne vous gêne. Quoi qu'il arrive, je serai heureuse de vous être utile et vous pouvez compter sur moi.

Elle sonna sa femme de chambre.

— Monsieur et mademoiselle, lui dit-elle, sont les enfants d'une de mes anciennes amies qui demeure à Bordeaux. Vous préparerez la chambre de M. Fontange pour monsieur et la chambre rose, près de la mienne, pour mademoiselle.

La femme de chambre sortit.

— Il y a ici deux vieux domestiques qui connaissent Jeanne, reprit madame Fontange, je m'arrangerai pour qu'ils soient absents demain toute la journée.

Elle n'éprouvait plus la moindre fatigue, elle aurait volontiers passé la nuit à causer. Mais elle comprit que les voyageurs avaient besoin de repos. Elle montra à Georges la porte de sa chambre et accompagna sa filleule dans la sienne.

Le lendemain soir, quand Jeanne l'embrassa avant son départ, elle lui remit un petit sac de voyage dans lequel elle avait mis pour cent mille francs de valeurs faciles à négocier en Italie et jeté une poignée de bijoux du plus haut prix.

Quelques jours plus tard, elle eut avec son notaire, M. Parison, une longue conférence à la suite de laquelle elle fit son testament.

La première lettre qu'elle reçut de Jeanne lui apprenait que M. de Pradines avait acheté, à deux lieues de Florence, au bord de l'Arno, une charmante villa, appelée la villa des Figuiers.

« Si je ne me souvenais pas, disait un autre passage de la lettre, je crois qu'aucune femme n'aurait connu un bonheur comparable au mien. Il m'aime si ardemment que j'ai toujours peur de lui témoigner trop peu de tendresse, et

La jeune femme releva son voile et se pencha sur le berceau. (Page 172.)

pourtant je suis à lui tout entière; sans lui je ne pourrais plus exister; la main qui nous séparerait me tuerait.

« L'amour est bien le sentiment le plus exquis que Dieu ait donné à ses créatures. Aimer et se savoir aimée, surtout, c'est connaître toutes les félicités. »

Les habitants de la villa des Figuiers vivaient très-retirés et se montraient rarement à Florence. Ils assistaient de loin en loin à la représentation d'un opéra.

Leur complet isolement et le mystère dont ils s'entouraient excitèrent la curiosité des Florentins. Ils savaient, par les domestiques de la villa, que la jeune dame était merveilleusement belle. Alors, pourquoi ce voile toujours sur son visage, au théâtre, dans la rue ou sur les promenades publiques.

Ils étaient Français, mais à quel monde appartenaient-ils? Pourquoi ne voyaient-ils personne? Leurs dépenses annonçaient une fortune assez belle. Se cachaient-ils en Italie? Étaient-ils mariés?

Telles étaient les questions que s'adressaient entre eux les habitants de Florence. Il n'y avait pas une jolie Florentine qui n'eût été ravie de soulever le voile de la belle Française et de voir sa figure pendant une seconde.

Les quatre domestiques de la villa, tous Italiens, ne s'arrêtaient plus lorsque questionnés sur leurs maîtres, ils faisaient leur éloge.

Chaque semaine, M. de Pradines recevait une lettre de France et souvent deux. Sa mère et Jean Frugère le tenaient au courant de tout ce qui se passait à Paris. Jeanne avait ainsi constamment des nouvelles de son père, de sa mère et de son fils.

Neuf mois s'écoulèrent ainsi dans le repos de la solitude et dans une quiétude parfaite.

A Florence, devenue la capitale du nouveau royaume d'Italie, allait s'ouvrir la saison des bals et des fêtes. Plusieurs familles des plus illustres de la Toscane avaient formé le projet d'inviter les hôtes mystérieux de la villa des Figuiers et de les obliger, par tous les moyens possibles, à quitter leur retraite et à sortir de leur réserve absolue.

Mais à la fin de septembre on apprit tout à coup le départ précipité de M. et de madame de Pradines. Le jardinier était resté seul à la villa. Les trois autres domestiques avaient suivi leurs maîtres.

Où ce couple heureux et si intéressant était-il allé? Devait-il revenir bientôt? Voilà ce que personne ne put savoir.

XIV

Madame de Précourt avait témoigné le désir d'élever l'enfant de sa fille et de se consacrer à son éducation.

M. de Borsenne ne fit aucune opposition et le petit Edmond fut confié à sa grand'mère. Sous tous les rapports, il ne pouvait être mieux que chez ses grands-parents.

Mais depuis l'événement qui avait si cruellement frappé M. et madame de Précourt, leurs relations avec M. de Borsenne, froides jusqu'alors et même contraintes, cessèrent subitement. Le gendre ne fut plus reçu rue Le Peletier et M. de Précourt, subissant à son tour l'influence de sa femme, ne vit plus M. de Borsenne, qui menait, du reste, un genre de vie qui l'indignait.

Au bout de six mois, sans aucun autre prétexte que celui de causer un nouveau chagrin à madame de Précourt, M. de Borsenne réclama impérieusement son fils.

Il lui fut rendu.

Il s'en débarrassa immédiatement en le plaçant à quelques lieues de Paris, à Brunoy.

Lorsque M. de Précourt lui fit demander où était l'enfant, il répondit avec aigreur qu'il priait son beau-père et sa belle-mère de ne pas s'en inquiéter, que son fils était très-bien, qu'il tenait à l'élever à son idée et que sa volonté était qu'ils ne le vissent point.

Jeanne avait appris ce détail par une lettre de madame Lambert à son fils; d'un autre côté, Jean Frugère, fidèle à la mission qui lui avait été confiée, était parvenu, après huit jours de recherches, à découvrir la résidence de l'enfant.

Dans les derniers jours de septembre, le petit Edmond tomba dangereusement malade. Jean Frugère, qui ne laissait jamais passer une semaine sans aller à Brunoy, écrivit aussitôt à la villa des Figuiers :

« L'enfant est très-mal. Deux médecins de Brunoy le soignent, un troisième est venu de Paris. On dit qu'ils ont peu d'espoir de le sauver. »

— Georges, s'écria Jeanne après avoir lu ces lignes, je veux voir mon enfant !

Il répondit :

— Nous partirons demain.

Dans chacune de ses lettres, sa mère le suppliait de revenir près d'elle. Pendant la nuit, il conçut le projet audacieux de fixer sa résidence dans une commune de la banlieue de Paris.

— Jeanne est déjà oubliée, pensait-il, nous pourrions vivre même à Paris aussi inconnus et ignorés qu'ici, près de Florence.

Il emmena donc ses trois domestiques, dont un seul parlait un peu le français.

Ils s'arrêtèrent à Melun où Jean Frugère, prévenu par une dépêche télégraphique, était venu louer la veille un appartement à l'hôtel.

Georges, craignant d'éveiller l'attention, avait prudemment laissé à Dijon ses trois Italiens.

Le lendemain matin, après avoir vivement recommandé à Jeanne de n'agir qu'avec la plus extrême prudence, Georges la confia à Frugère, et ils partirent pour Brunoy.

En route, le brave Jean donna à la jeune femme plusieurs renseignements qu'elle lui demanda :

— M. de Borsenne est venu hier à Brunoy avec son médecin, nous sommes sûrs de ne pas l'y rencontrer aujourd'hui. D'ailleurs, ce n'est jamais que vers deux heures qu'il arrive. Je crois qu'il connaît depuis longtemps les gens chez qui il a placé l'enfant. Le mari a une trentaine d'années ; il travaille du matin au soir dans une fabrique. La femme est plus jeune et assez jolie, elle aime réellement le petit et en a le plus grand soin. Elle paraît très-dévouée à M. de Borsenne, ce qui n'a rien d'étonnant, car elle doit recevoir chaque mois une somme assez ronde pour la pension du petit Edmond.

Ils arrivèrent à Brunoy. La jeune femme cacha encore plus soigneusement son visage. Elle était très-agitée, son cœur battait violemment.

Jean Frugère entra d'abord seul dans la maison. Le logement, composé de trois pièces très-propres, était au rez-de-chaussée. Il revint presque aussitôt vers Jeanne et lui dit :

— Venez. Il n'y a près de l'enfant qu'une vieille femme que je ne connais pas, sans doute une voisine.

Ils entrèrent tous les deux.

— Vous venez voir ce cher petit, leur dit la vieille femme. Ah ! nous avons eu bien peur de le perdre. Mais hier le médecin de Paris est venu et il a déclaré que la fièvre allait le quitter et qu'il n'y avait plus de danger. La nuit a été très-bonne et ce matin... voyez comme ses beaux petits yeux brillent.

Jeanne, tremblante, s'approcha de son fils et prit une de ses petites mains amaigries.

— Je vais prévenir madame Minguet, ajouta la vieille voisine en sortant.

Alors la jeune femme releva vivement son voile, se pencha sur le berceau et embrassa l'enfant à plusieurs reprises.

La physionomie du pauvre petit s'anima et, sans reconnaître sa mère, il lui sourit.

Tout à coup, une femme qui venait d'entrer poussa un cri.

Jeanne se retourna brusquement et la reconnut.

— Suzanne, murmura-t-elle, je suis perdue !

Son voile était de lui-même retombé sur son visage.

L'ancienne femme de chambre se jeta à ses genoux, s'empara de ses mains et les couvrit de baisers.

— Oh! pardonnez-moi, pardonnez-moi, disait-elle.

Jean Frugère restait immobile, comme pétrifié.

— Si vous saviez comme j'ai pleuré ma faute, reprit Suzanne; je suis revenue à Paris tout exprès pour vous montrer mon repentir et implorer ma grâce. Je n'ai pas pu vous voir, on m'a dit que vous étiez morte; je l'ai cru. Quand on m'a proposé de prendre le petit, j'ai accepté avec joie en pensant à vous. Oh! je vous jure que j'en ai eu bien soin!

« Je me disais chaque jour : Je l'aimerai tant, ce cher petit ange, que sa mère qui est au ciel me pardonnera. Je vous croyais morte, ma bonne maîtresse, on me l'avait dit.

— Suzanne, relevez-vous, dit la jeune femme avec émotion, je vous pardonne.

— Ah! maintenant je pourrai être heureuse! s'écria Suzanne.

— Avez-vous ici un endroit où nous puissions causer sans être dérangées? demanda Jeanne.

— Là, madame, dans ma chambre.

« Elle en ouvrit la porte.

Avant de s'éloigner, la jeune femme se tourna vers Frugère.

— Je veille, dit-il.

Elle suivit Suzanne dans sa chambre.

— Écoutez, lui dit-elle, il faut que vous ne disiez à personne, pas même à votre mari, que vous m'avez vue. Un seul mot de vous amènerait un malheur épouvantable.

« Suzanne, promettez-moi de garder le silence.

— Je vous le jure, madame.

— Mon père, ma mère, M. de Borsenne, tout le monde me croit morte; si vous parliez, Suzanne, vous me tueriez réellement.

— Oh! je ne dirai rien, madame, je ne dirai rien!

— Tout à l'heure, j'ai craint un instant que mon enfant ne m'ait reconnue; c'est un danger que je veux éviter à l'avenir. Lorsque je voudrai l'embrasser, je viendrai ici la nuit et, dans une chambre sans lumière, vous le mettrez dans mes bras. Si je veux le voir, nous trouverons le moyen de nous rencontrer dans la rue ou sur un chemin. Je le regarderai à travers mon voile et je serai contente. Surtout, Suzanne, pas d'indiscrétion; je vous le répète, une parole imprudente me tuerait. Je reconnaîtrai les soins que vous prodiguez à mon fils, je vous promets une récompense dont vous et votre mari serez satisfaits.

— Ma bonne maîtresse, dit Suzanne en pleurant, je ne réclame que le bonheur de vous être dévouée.

— Suzanne, reprit la jeune femme, touchée de ce témoignage d'affection auquel elle s'attendait si peu, j'accepte votre dévouement, car je sens que vous êtes sincère. Un jour, sans le savoir, vous m'avez fait beaucoup de mal, aujourd'hui votre dévouement sera utile à mon bonheur.

Elles rentrèrent dans la chambre du petit malade. Il venait de s'endormir. Jeanne le contempla un instant, lui mit un nouveau baiser sur le front et sortit précipitamment suivie du fidèle Jean Frugère.

Suzanne était retournée à Verdun avec les dix mille francs de M. de Borsenne, prix de sa trahison. Un mois après elle avait épousé Antoine Minguet, et ils s'étaient aussitôt établis en achetant un café-estaminet de deuxième ordre. Mais ni elle ni son mari ne s'entendaient au commerce ; au lieu de prospérer, l'établissement perdit peu à peu ses meilleurs clients; le crédit compléta sa ruine.

Après trois ans de gestion, ils s'estimèrent fort heureux de pouvoir le céder pour quatorze cents francs. C'était tout ce qui restait des dix mille francs. Encore une fois ce proverbe : « Le bien mal acquis ne profite jamais, » n'avait pas menti.

Ils quittèrent Verdun et vinrent à Paris où Suzanne, repentante, voulait demander pardon à son ancienne maîtresse. C'est alors qu'elle apprit la mort de madame de Borsenne. Elle ne put voir M. de Borsenne, mais elle lui écrivit une lettre dans laquelle elle lui donnait son adresse à Brunoy, où Minguet venait de trouver une place d'homme de peine.

Quelque temps après, M. de Borsenne, ayant eu l'idée d'enlever son fils à madame de Précourt, se souvint de Suzanne, qu'il croyait lui être entièrement dévouée, et c'est ainsi qu'elle devint en quelque sorte la gouvernante d'Edmond.

XV

Pendant trois jours, Georges et Jean Frugère parcoururent les villages échelonnés sur la ligne du chemin de fer de Lyon entre Melun et Paris. Ils visitèrent Cesson, Lieusaint, Combe-la-Ville, Mongeron, Villeneuve-Saint-Georges. Toutes ces localités sont charmantes. Le voisinage de Paris en a fait de petites villes, égayées par les cours de la Seine et de la Marne, une verdure splendide de prés et de bois, une multitude de propriétés délicieuses, maisons de plaisance, villas et chalets d'été, et la foule des promeneurs parisiens

Au mois d'octobre, on trouve plus facilement à louer ou à acheter une maison de campagne qu'au printemps; mais, pour Jeanne, Georges était difficile; ce n'est que le troisième jour, à Villeneuve-Saint-Georges, qu'il rencontra à peu près ce qu'il désirait.

La villa était assise au flanc du coteau, un peu éloignée des autres maisons, et se cachait coquettement dans les arbres. Des hêtres, des ormes et des chênes séculaires ombrageaient le jardin, entouré d'un mur élevé. Sous des roches, une source avait jailli. Elle formait un joli ruisselet, qui courait à travers le jardin en murmurant doucement.

De tous les côtés, des arbustes rares et des massifs épais pour abriter les amours des pinsons et des fauvettes. Sur les plates-bandes, le long de larges allées bordées de buis et de troënes, s'épanouissaient, pendant sept ou huit mois de l'année, toutes les richesses de la flore française.

Cette habitation, d'un aspect un peu sévère à l'extérieur, mais à l'intérieur, gaie, pleine de fraîcheur et d'élégance, était à vendre avec son mobilier.

C'était particulièrement cette dernière condition de la vente qui avait séduit Georges. Ce mobilier, en effet, était une merveille de bon goût.

Le jeune homme devina facilement qu'une femme élégante, jeune, belle et distinguée n'avait pas été étrangère à la création de ce superbe ameublement.

C'est là qu'avait passé sa lune de miel un jeune prince russe, marié depuis peu à une Française du meilleur monde, et qui venait d'être subitement rappelé à Saint-Pétersbourg.

— Je ne pouvais mieux réussir, se dit Georges; il reste encore ici comme un parfum de femme aimée; il me semble que j'entends de tous côtés des bruits de baisers donnés et rendus et les battements d'ailes des amours réjouis.

Par ordre de Georges, Jean Frugère se rendit acquéreur de la propriété et la paya cinquante mille francs. Tout cela se fit en deux jours et Jeanne s'installa à la villa, dont ses domestiques italiens avaient pris possession quelques heures avant son arrivée.

Elle trouva la maison, le mobilier et le jardin tout à fait de son goût.

Georges était radieux.

— Alors, lui dit-il, tu ne regretteras pas les bords de l'Arno?

— A moins que tu n'ailles à Paris trop souvent, répondit-elle en souriant.

Ce n'était pas un reproche qu'elle lui adressait. Depuis huit jours qu'ils étaient rentrés en France, il n'avait pas encore embrassé sa mère, et c'est elle qui lui dit le lendemain matin :

— Aujourd'hui, Georges, tu peux aller à Paris, je te donne congé ; il ne faut pas que je sois trop égoïste. Reviens de bonne heure ce soir et apporte-moi des nouvelles de tous ceux que nous aimons.

Georges arriva chez son père à l'heure du déjeuner. On venait de se mettre à table. Depuis plusieurs mois M. et madame de Précourt déjeunaient une fois chaque semaine chez M. Lambert. C'était leur jour. Jeanne s'en était souvenue.

L'apparition du jeune homme qu'on croyait toujours en Italie, fut suivie d'exclamations joyeuses.

Madame Lambert remarqua tout d'abord combien son fils avait changé à son avantage. Son mâle et beau visage exprimait la joie la plus vive. Le bonheur était dans son sourire et son regard étincelant.

Madame de Précourt vit également tout cela, et en pensant à sa fille dont elle voulait porter éternellement le deuil, elle poussa un profond soupir.

— J'ai quitté l'Italie, dit Georges, je me trouvais trop loin de vous.

— Alors tu nous restes pour toujours ! s'écria madame Lambert.

— A peu près, chère mère ; je n'habiterai pas à Paris, mais à quelques lieues seulement, et une fois ou deux par semaine, je viendrai vous voir et passer quelques heures avec vous.

— C'est déjà quelque chose, répliqua M. Lambert, mais ne pourrions-nous savoir, Georges, combien de temps doit durer encore ton existence mystérieuse?

— Je l'ignore moi-même, mon père.

— Jacques, qu'importe puisqu'il est heureux, dit madame Lambert.

Vers quatre heures, quand Georges se disposa à partir, sa mère l'emmena dans sa chambre.

— Je veux t'embrasser de tout mon cœur, lui dit-elle ; je me suis contrainte devant Adèle, dans la crainte de raviver sa douleur. J'ai fait des économies pour toi, continua-t-elle, as-tu encore de l'argent.

— Oui, je suis encore riche.

— Quand tu auras besoin de quelque chose, tu me le demanderas. D'ailleurs, ton père ne te refusera pas une pension de deux ou trois mille francs par mois.

— Chère mère, je crois que je pourrai m'en passer.

— Mon ami, une bourse dans laquelle on ne met rien et où l'on prend toujours, finit par s'épuiser. Enfin, en cas de gêne, tu te souviendras de mes paroles.

— Sois tranquille, je ne les oublierai jamais.

— Veux-tu me permettre une question?

Même des fauteuils d'orchestre, il est impossible qu'on te reconnaisse. (Page 183.)

— Sans doute.

— Est-ce une femme qui t'éloigne de nous?

— Oui, ma mère, c'est au bonheur d'une femme que je consacre ma vie.

— Georges, il faut l'épouser!

Il resta silencieux.

— Pour elle, pour toi, pour nous, il le faut, c'est ton devoir, poursuivit-elle. Oh! je suis sûre qu'elle est digne de ton affection...

Il eut un sourire approbateur.

— J'ai eu à ce sujet, dernièrement, une longue conversation avec ton père, et nous sommes du même avis.

« Pour que tu te sois donné à elle si complétement, il faut que tu l'aimes beaucoup.

— Oh! oui, fit Georges.

— Eh bien, mon ami, qu'elle devienne notre fille, quelles que soient sa position et sa fortune. Riche ou pauvre, ouvrière ou bourgeoise, nous lui ouvrirons également notre cœur et nos bras.

— Non, ma mère, non, c'est impossible.

Elle le regarda avec tristesse.

— Tu ne peux pas me comprendre, reprit-il, je le sais bien. Je ne puis tout te dire, sans cela... Ah! tu viens de toucher la seule corde douloureuse qu'il y ait dans mon bonheur. Non, continua-t-il d'une voix sourde, je ne puis l'épouser maintenant; j'attends et j'attendrai aussi longtemps que ma patience le voudra.

— Tu as vu mon père et ma mère, lui demanda Jeanne à son retour.

— Oui, M. de Précourt est toujours le même, la mère m'a paru un peu vieillie.

La jeune femme essuya furtivement deux larmes.

La semaine suivante, Georges alla voir Gaston de Sairmaise

Par discrétion, ce dernier ne lui fit aucune question. Ils causèrent de l'Italie, mais Georges changea brusquement la conversation en demandant :

— Que devient M. de Borsenne?

— Tu t'occupes donc encore de lui? fit Gaston avec surprise.

— N'avons-nous pas un vieux compte à régler? répondit-il. Je n'ai pas oublié que je dois à son obligeance trop facile mon séjour à Saïgon.

— Mon cher Georges, reprit Gaston, tu sais que je ne vois plus M. de Borsenne, j'ai même complétement cessé de m'occuper de lui depuis la mort de sa femme. Je ne puis donc que te répéter ce que j'entends dire autour de moi.

« Mademoiselle Clara Brin-d'Azur, grâce à de Borsenne qui l'a lancée, est une des étoiles du demi-monde. On vante ses attelages, ses soirées, son luxe impudent, ses cheveux roux et jusqu'à l'esprit qui lui manque. Bien que de Borsenne soit encore aujourd'hui son premier chevalier, on en cite deux ou trois autres qui ont, paraît-il, des droits équivalents aux siens. Clara a un gros appétit; elle mange volontiers à tous les rateliers, et par tradition elle ne se fait aucun scrupule de dévorer à la fois cinq ou six fortunes.

« De Borsenne est ruiné à plate couture; je n'exagérerais pas en disant qu'il doit actuellement à ses créanciers deux ou trois cent mille francs. Il attend l'héritage de M. Fontange — on parle de deux millions au moins — pour payer ses dettes et offrir un regain de plaisir à ses passions.

— Et son fils?

— Son fils est jeune. Un tuteur comme M. de Borsenne se préoccupe peu de plus ou moins de régularité dans ses comptes.

« Enfin, on ajoute que si Brin-d'Azur supporte avec tant de mansuétude les assiduités de M. de Borsenne, c'est qu'il a fait miroiter sous ses yeux les deux millions futurs dans une promesse de mariage.

— Est-ce possible? s'écria Georges.

— C'est ce que j'entends dire. Ne m'en demande pas davantage.

XVI

Après les paroles de son ami, Georges était devenu rêveur.

— A quoi penses-tu? lui demanda Gaston après un assez long silence.

— Je réfléchis à tout ce que tu viens de me dire.

— Eh bien?

— Je cherche à trouver là le moyen de me venger.

— Comment, cette idée te revient?

— Plus impérative que jamais.

— Je te croyais guéri.

— Tu vois qu'il n'en est rien.

— C'est vrai, et j'avoue que je ne comprends pas.

— Sans que tu comprennes, puis-je compter sur toi?

— Toujours.

— A mon premier appel tu me répondras : Me voici.

— C'est convenu, mais que veux-tu faire?

— Me venger, je te l'ai dit.

— M. de Borsenne n'est pas facile à atteindre.

— Tu crois?

— Tu ne veux pas être le cinquième ou le sixième de Clara, je suppose?

— Non, certes; mais si elle désire réellement devenir madame de Borsenne, je peux l'aider.

— Idée bizarre!... Je ne vois pas ta vengeance.

— Oh! j'aimerais mieux le tuer! dit Georges d'une voix creuse.

— Mon pauvre ami, répliqua Gaston, tout cela est insensé. En quoi te gêne la vie de M. de Borsenne? Que la danseuse devienne ou ne devienne pas sa femme, qu'est-ce que cela te fait? Quand on porte un nom honoré comme le tien, on ne doit se venger de certains hommes que par le mépris.

— Le mépris, pas toujours.

— Ici, Georges, avoue-le, le cas n'est pas grave.

Deux éclairs jaillirent des yeux du jeune homme, en même temps qu'un sourire singulier crispait ses lèvres.

— Étrange garçon! pensa de Sairmaise.

— Pour que je vive, reprit Georges d'un ton grave, presque solennel, il faut que M. de Borsenne meure.

— Comme tu dis cela!...

— Je veux cet hiver rencontrer M. de Borsenne partout où il ira : dans le monde, au spectacle, au cercle.

— Et après?

— Je suivrai l'inspiration du moment.

— De Borsenne saura immédiatement qu'il a en toi un ennemi.

— C'est ce que je veux.

— Il comprendra que tu cherches à le frapper d'une manière ou d'une autre et il se tiendra sur ses gardes; s'il te croit dangereux, il se dérobera mieux encore.

— Je ne peux pourtant pas, lâchement, dans une ruelle sombre, lui planter un poignard dans la poitrine.

— C'est une mode italienne qui n'a pu encore s'introduire dans nos mœurs françaises, dit Gaston en souriant. De Borsenne marche sur une pente glissante, la moindre secousse peut lui faire perdre pied et le rouler dans l'abîme. A cet homme, habitué à toutes les jouissances, il faut de l'or, beaucoup d'or. Il compte sur les deux millions de son fils, qu'il a déjà fortement entamés; s'ils lui échappaient, il serait perdu.

— Tu crois qu'il se tuerait?

— Oui. De Borsenne ne supporterait pas un jour de misère.

— Malheureusement, je ne vois aucun moyen de lui enlever les deux millions.

— Il faudrait que son fils mourût.

— Oh! ce serait une trop grande douleur! s'écria Georges.

— Que veux-tu dire? fit Gaston avec étonnement.

— Je pensais à madame de Précourt, répondit Georges vivement.

— Pour conclure, mon cher ami, reprit de Sairmaise, je crois que tu feras bien de laisser de Borsenne en repos et de confier au temps et à nos petites dames le soin de ta vengeance. Sois tranquille, elle ne se fera pas attendre.

Georges sentait bien que Gaston avait raison. Dans la position où il se trouvait vis-à-vis de M. de Borsenne, la supériorité était évidemment du côté du mari. En effet, comment l'attaquer sans commettre une imprudence qui pouvait perdre Jeanne! Sans doute la vie de cet homme le gênait; sans cesse, devant lui, elle se dressait menaçante et terrible. Mais était-ce à lui, Georges Lambert, l'amant de sa femme, à amener M. de Borsenne sur le terrain d'un duel à mort? Il comprenait ce qu'une semblable conduite aurait de misérable et d'odieux. Oui, pour Jeanne et pour lui, M. de Borsenne devait disparaître du nombre des vivants, et il se trouvait impuissant, les bras liés en présence de cet obstacle qui menaçait son bonheur et le séparait fatalement de sa famille, de ses amis et du monde.

Attendre? Mais M. de Borsenne pouvait vivre encore vingt ans. Et pendant ce temps, il faudrait que Jeanne et lui se cachassent comme des misérables!...

Cette pensée le faisait frissonner, son âme se révoltait et une rage sourde grondait en lui.

Quel avenir, quelle triste existence pour cette jeune femme qui, à peine épanouie sous les baisers de sa mère, avait vu toutes ses illusions détruites et sa vie condamnée à la douleur! Ne l'avait-il donc retirée d'un tombeau que pour la plonger dans un autre non moins sombre, avec cette différence horrible que l'agonie, cette fois, se renouvellerait chaque jour et serait sans fin? Était-ce là le bonheur qu'il lui avait promis?

Ce que voulait Georges, c'était de pouvoir rendre Jeanne à ses parents et de leur dire :

— Elle est libre. Je l'ai prise à la mort, vous aviez perdu une fille, je vous ramène deux enfants!

Ce qu'il voulait, c'est que fière et heureuse à son bras, elle pût reparaître dans le monde au lieu de vivre dans une crainte perpétuelle osant à peine montrer son visage au soleil.

Et voilà quel était son désir, l'objet constant de ses réflexions, le tourment de sa vie depuis son retour en France surtout.

Jeanne pensait souvent à ses parents, et, parfois, ses réflexions étaient suivies d'un instant de tristesse; mais elle avait accepté trop vaillamment la situation pour éprouver même un regret. Elle n'avait aucun sujet de se plaindre; elle se savait morte pour le monde, elle ne pensait plus à lui. L'amour de Georges lui suffisait et lui tenait lieu de tout.

Elle sortait quelquefois en voiture, toujours voilée, et accompagnée de Jean Frugère. Georges, par prudence, se refusait jusqu'au bonheur d'une promenade avec elle.

Jeanne allait souvent à Brunoy voir son enfant. C'était la seule joie dont elle osait augmenter son bonheur.

Minguet la vit; il voulut savoir quelle était cette femme voilée qui venait ainsi mystérieusement embrasser le petit. Sa femme lui ferma brusquement la bouche. Il ne comprit pas, mais il ne demanda plus rien.

A Villeneuve, pendant deux mois, on s'occupa beaucoup des hôtes de la villa. On disait de Jeanne :

— La dame voilée est une signora qui a été enlevée par un prince italien.

On avait entendu Georges donner en italien des ordres à ses domestiques. Il n'en fallait pas davantage pour qu'on le crût sujet de Victor-Emmanuel.

Jean Frugère, propriétaire de la villa, passait pour un négociant retiré des affaires. On expliquait comme on pouvait ses relations amicales avec ses locataires.

Un soir, après la lecture des journaux qu'on recevait à la villa, Jeanne dit tout à coup :

— On dit un grand bien de mademoiselle Christine Nilsson, Benedict la porte aux nues.

— Benedict est un de nos meilleurs critiques, savant et juste; mademoiselle Nilsson doit être une grande artiste.

— Est-ce que tu n'éprouves pas le désir de voir Ophélie? demanda-t-elle en souriant.

— Moi, non. Je ne peux avoir un plaisir que si tu le partages avec moi.

Elle posa le journal qu'elle tenait sur une table.

— Je ne veux pourtant pas, reprit-elle, que tu vives comme un Bénédictin. A la longue tu t'ennuierais.

— Avec toi, jamais!

— Georges, je ne douterai jamais de ton cœur; mais je te vois souvent préoccupé, rêveur, et cela me fait de la peine. Alors je me dis que peut-être je me suis trop emparée de ton existence, que tu n'es pas assez libre... Je me trouve égoïste et je me fais des reproches. Une femme peut vivre absorbée dans son bonheur avec la pensée de son amour; mais l'homme a des aspirations plus étendues et un besoin de mouvement qui n'est pas nécessaire à la femme. Georges, je ne veux pas que tu te retires ainsi de la société, que tu te prives de toute distraction, de tout plaisir.

— Mais je vais à Paris aussi souvent que je le désire.

— Oui, tu vois tes parents, quelquefois les miens, ton ami Gaston et c'est tout.

— Cela me suffit.

— Oh! je ne veux pas essayer de te prouver le contraire, cela me serait trop facile.

— Que crois-tu donc?

— Mon Georges, répondit-elle, une femme devine toujours les pensées de l'homme qu'elle aime.

Comme protestation, il se mit à rire.

— Tu ris, méchant, mais tu sais bien que je dis la vérité.

— Enfin, tu voudrais que j'allasse entendre *Hamlet?*

— Oui.

— Eh bien, soit. Demain, nous irons ensemble à l'Opéra.

XVII

Dans la journée, Jean Frugère loua une baignoire. Georges était devant le théâtre à l'ouverture des portes ; il entra et prit possession de la loge.

Il la trouva suffisamment sombre, c'est-à-dire parfaitement choisie.

Jeanne et Jean Frugère arrivèrent un instant avant le lever du rideau.

L'émotion soulevait violemment la poitrine de la jeune femme.

— Il me semble que mon cœur va se briser, dit-elle à l'oreille de Georges.

Il lui prit la main et la serra doucement. Elle s'assit à côté de lui dans la pénombre et d'une main tremblante, quand le rideau se leva, elle arrangea les plis de son voile de façon à ne laisser voir qu'une partie de son visage.

— Suis-je bien ainsi? demanda-t-elle.

— Oui, répondit Georges. Même des fauteuils d'orchestre, il est impossible qu'on te reconnaisse.

La salle était magnifique. Tout le monde connu et élégant de Paris paraissait s'y être donné rendez-vous. A l'amphithéâtre et dans les loges on ne voyait que toilettes éblouissantes. Partout se soulevaient des flots de gaze et de dentelles. Les têtes blondes ou brunes, jeunes ou vieilles, couronnées de cheveux plus ou moins faux, se penchaient avec grâce du côté des acteurs. Les diamants, les rubis et les émeraudes jetaient comme une pluie d'étincelles au milieu des rayonnements de la lumière du lustre.

Pour ne point attirer l'attention, Jeanne avait mis un costume sombre. Une longue robe et une rotonde de velours noir. Aucun bijou, ni à ses bras, ni à son cou, ni à ses oreilles.

Entre le premier et le deuxième acte, poussée par un sentiment de curiosité, elle se hasarda à regarder dans la salle. Elle eut bien vite découvert, dans la partie des loges à portée de sa vue, une douzaine de personnes qu'elle connaissait : madame de Praslier et sa fille, la comtesse d'Achen et sa sœur et le mari de cette dernière, la famille d'Aubécourt, les deux vieilles demoiselles de La Roche-Aymard avec la duchesse de Malte, leur mère.

— Mon Dieu, pensait-elle, si on me reconnaissait, que deviendrais-je? Quel scandale!

Et pourtant elle les regardait tous avec plaisir, sinon sans une certaine appréhension. De se trouver au milieu de ce monde qui l'avait aimée, il lui semblait qu'elle reprenait une partie de ses droits perdus et qu'elle n'allait plus être condamnée à se cacher.

— Hélas! se dit-elle, pourquoi ne puis-je voir ainsi mon père et ma mère?

Georges gardait le silence; il l'examinait avec intérêt, cherchant à surprendre dans les mouvements de sa physionomie le secret de ses pensées.

Tout à coup, la porte d'une loge, qui était restée libre jusqu'à ce moment, s'ouvrit et deux personnes y entrèrent, un homme et une femme dans une toilette tapageuse.

La main de Jeanne se posa lourdement sur le bras de Georges.

— Vois-tu? lui demanda-t-elle.

— Oui, mais qu'est-ce que cela nous fait? Te voilà toute tremblante. Pourquoi cette émotion? Qu'éprouves-tu donc?

— Il m'épouvante.

— Rassure-toi et soyons calmes tous les deux.

— Je ne connais pas la femme.

— La façon dont elle regarde dans la salle, les sourires qu'elle envoie de tous côtés disent à quel monde elle appartient.

— Alors c'est la danseuse?

— Mademoiselle Clara dite Brin-d'Azur en chair et en toilette. Mais laissons ces personnages, nous sommes ici pour charmer nos oreilles et non pour attrister nos yeux.

On commençait le deuxième acte.

Il visita les jardins, les serres, où il put manger un raisin mûr. (Page 192.)

Jeanne l'écouta distraitement et Georges, malgré son calme apparent, ne pouvait se défendre d'un sentiment de crainte et de défiance.

Pendant l'entr'acte et une partie du troisième acte, M. de Borsenne ayant quitté la loge, Jeanne se remit un peu; mais dès qu'il reparut, elle sentit renaître son trouble et ses angoisses.

— Je ne pourrai jamais rester jusqu'à la fin, dit-elle à Georges; je souffre trop.

Il répondit par un regard de colère à l'adresse de M. de Borsenne.

Pendant la dernière scène du quatrième acte, après le grand air d'Ophélie, Jeanne fit retomber son voile et se leva en disant :

— Partons.

En sortant de la loge, elle prit le bras de Frugère et descendit rapidement le grand escalier. Georges les suivait à quelques pas de distance. Ils prirent le premier fiacre qu'ils rencontrèrent pour les conduire à la gare de Lyon.

— Georges, dit-elle en se serrant contre lui, je ne reviendrai plus à Paris et je me suis hasardée dans un lieu public pour la dernière fois.

— Nous avions pris toutes nos précautions, répliqua-t-il en l'entourant de ses bras, tu ne pouvais être reconnue.

— C'est vrai, mais j'ai eu peur, Georges, j'ai eu peur!

Le lendemain, heureusement, la jeune femme avait retrouvé toute sa tranquillité. Les fâcheuses impressions de la veille s'étaient dissipées pendant la nuit.

L'hiver s'écoula et on arriva aux premiers beaux jours du printemps.

Un matin, en se promenant dans le jardin, où les jacinthes, les narcisses et les primevères commençaient à fleurir, Jeanne dit à Georges :

— Depuis cette soirée à l'Opéra, où je me suis si follement effrayée, j'ai un désir que je voudrais satisfaire, si c'est possible.

— Du moment que c'est pour toi, tout est possible. De quoi s'agit-il?

— Je voudrais voir mes parents.

Georges s'arrêta brusquement et la regarda avec surprise.

— Oh! reprit-elle vivement, je me contenterai de les voir de loin, à travers mon voile. Tu sais qu'ils ignorent toujours où M. de Borsenne a placé son fils. On pourrait leur écrire que tel jour à tel endroit ils pourront le rencontrer. Ce serait une sorte de rendez-vous auquel je pourrais également me trouver. Vois-tu à cela une difficulté ou un danger?

— Une difficulté, non; mais peut-être un danger. Je redoute l'émotion que tu éprouverais en leur présence.

— Ce sera une grande joie.

— Pourras-tu la supporter?

— Frugère sera près de moi pour me soutenir et défendre notre bonheur contre moi-même.

— Allons, le rendez-vous sera donné.

— Comme tu es bon, Georges! Merci, dit-elle en l'enveloppant dans son regard plein d'amour.

— Être obligée de se cacher pour voir passer seulement sa mère au bras de son mari, pensait Georges. Étrange situation!... Et elle l'accepte comme naturelle, sans une pensée triste, sans une plainte; elle trouve que c'est un bonheur et m'en remercie.

« Chère bien-aimée, quand donc ce voile qui cache ta beauté rayonnante tombera-t-il pour toujours à tes pieds? »

Sous la dictée de Georges, Frugère écrivit la lettre à madame de Précourt. Il fit exprès le voyage de Paris pour la mettre à la poste rue Jean-Jacques-Rousseau.

En recevant cette lettre qui ne lui donnait aucune explication, mais qui lui indiquait le moyen de revoir son petit-fils, madame de Précourt bénit dans son cœur l'ami inconnu qui se souvenait d'elle pour lui procurer ce qu'elle considérait comme un grand bonheur.

La journée du rendez-vous fut favorisée par une température tiède et un beau soleil. De toutes parts, on voyait sortir des bourgeons jaunes, le feuillage vert. Les lilas, les abricotiers et les cerisiers précoces étaient en pleine floraison.

Les oiseaux, égayés par le soleil et la verdure, se poursuivaient dans les buissons et les branches des arbres avec des cris joyeux.

En avant de Brunoy, sur la route, à l'endroit désigné dans la lettre, M. et madame de Précourt rencontrèrent le petit Edmond et Suzanne qu'ils ne connaissaient point.

Celle-ci avait été prévenue la veille par Jean Frugère.

Dès qu'il aperçut sa grand'mère, l'enfant courut vers elle en poussant des cris de joie. Elle le prit dans ses bras et l'embrassa avec tendresse, puis de ses bras il passa dans ceux de M. de Précourt.

En ce moment, Jeanne apparut à quelques pas. Un peu en arrière, Frugère se tenait immobile.

— La dame noire! s'écria tout à coup le petit garçon, prêt à s'élancer pour la rejoindre.

Suzanne le retint.

— Qui est cette dame? demanda madame de Précourt.

— Une personne qui demeure dans les environs et que nous rencontrons quelquefois.

— Elle me donne toujours des bonbons, dit l'enfant, et la nuit, quand elle vient chez nous elle m'embrasse.

On ne lui avait jamais dit que la dame voilée qu'il rencontrait dans ses promenades fût aussi celle qui venait le voir à Brunoy; son instinct le lui avait fait deviner, et c'était la première fois qu'il donnait cette preuve de sa perspicacité.

Suzanne resta interdite.

— Madame Minguet, vous connaissez donc cette dame? demanda M. de Précourt.

— Non, monsieur le baron, elle m'est inconnue. Edmond est un enfant, il se trompe.

— Moi, reprit le petit garçon, je sais bien que la dame noire vient chez nous, la nuit, et qu'on éteint toujours la lampe.

Après s'être éloignée, comme une personne qui se promène, Jeanne se rapprochait du groupe arrêté sur la berge de la route.

— Pourquoi ce voile épais qui cache sa figure? demanda madame de Précourt.

— Elle le porte constamment, madame, on ne voit jamais son visage. C'est pour cela que, ne sachant pas son nom, les gens du pays l'appellent la Dame voilée.

XVIII

— Tout cela est bien étrange, pensait madame de Précourt.

L'embarras de Suzanne ne lui avait pas échappé; évidemment, elle ne disait pas tout. Quel intérêt pouvait-elle avoir à cacher la vérité? Était-ce donc si surprenant qu'une femme ayant pris Edmond en amitié, vienne le voir et l'embrasser? Rien aux yeux de madame de Précourt ne justifiait le secret qu'on paraissait vouloir garder d'une chose si simple et si naturelle.

Après ces réflexions, elle se demanda encore :

— Pourquoi ce mystère?

Puis s'adressant à son mari :

— La dame voilée, comme on l'appelle ici, dit-elle, doit être l'auteur de la lettre, et c'est à cette généreuse inconnue que nous devons la joie de revoir notre petit-fils.

— Ma chère amie, je le crois comme vous, répondit le baron.

— Du reste, reprit madame de Précourt, je vais m'en assurer en le lui demandant et je lui offrirai nos vifs remerciements.

Elle marcha à la rencontre de Jeanne. Mais Jean Frugère devina l'intention de madame de Précourt et résolut d'empêcher un échange de paroles.

Au moment où madame de Précourt allait aborder Jeanne, son fidèle gardien lui offrit son bras, et l'entraîna rapidement. En passant devant la baronne, il ôta son chapeau et la mère et la fille se saluèrent par un mouvement de tête.

Ils prirent un sentier entre deux haies et ne tardèrent pas à disparaître.

— Mon Dieu, comme je suis émue, murmura madame de Précourt. Est-ce parce que cette femme a paru vouloir m'éviter? Elle est jeune, peut-être jolie, et quelque chose me dit qu'elle ne m'est pas inconnue.

— Mon brave ami, dit Jeanne à Frugère, quand ils eurent rejoint leur voiture, qui les attendait au bout du sentier, vous devez être content de moi, je n'ai pas été imprudente.

— Vous n'avez eu qu'un moment de faiblesse.

— Il était temps que vous vinssiez à mon secours. J'allais m'arrêter et il ne m'aurait plus été possible de faire un pas.

— Je ne sais si je me suis trompé, mais il m'a semblé que madame la baronne était aussi tremblante que vous.

— Pauvre mère, avec quel bonheur je me serais jetée dans ses bras!

La jeune femme se plongea dans ses réflexions et ne parla plus jusqu'à Villeneuve.

Quelque temps après, Georges revint un soir de Paris le front soucieux.

Jeanne devina tout de suite quelque chose de grave. Il ne voulait rien dire, mais voyant qu'il se taisait, elle le questionna.

— Voyons, Georges, que se passe-t-il? Dis-le-moi. Est-ce un malheur qui nous menace? Parle, je t'en supplie.

Il crut la satisfaire en lui disant que madame de Précourt avait raconté à sa mère sa rencontre étrange sur la route de Brunoy et qu'elle brûlait de connaître la mystérieuse dame voilée.

— Georges, reprit-elle avec un sourire doux et triste, si ce n'était que cela, tu serais plus calme et je ne verrais point d'inquiétude dans ton regard. Pourquoi chercher à me tromper? Est-ce que tu doutes de mon courage et de mon énergie?

« Je veux partager tes joies comme tes peines, mon Georges, et j'ai le droit de tout savoir.

— C'est un chagrin que je voulais t'éviter, répondit-il; ta marraine, madame Fontange est morte.

Jeanne poussa un cri douloureux et éclata en sanglots. Il n'y avait pas plus de quinze jours que sa marraine lui avait écrit et rien dans la lettre ne lui faisait prévoir ce coup terrible.

En effet, madame Fontange était morte subitement entourée d'étrangers.

Me Parisot, son notaire et exécuteur testamentaire, fit apposer les scellés et informa par lettres, le jour même des funérailles, MM. de Précourt et de Borsenne de la perte qu'ils venaient de faire.

Ce fut pour ce dernier une satisfaction d'autant plus vive que cette mort, si ardemment désirée, arrivait au moment où il se trouvait aux abois.

— Enfin, la chance revient à moi ! s'écria-t-il joyeusement, deux millions ! A partir d'aujourd'hui, je fais des économies.

Dans la journée, il eut une entrevue avec M. de Précourt.

— Je ne crois pas que ma présence à Fréjus soit nécessaire, lui dit le baron ; je ne m'y rendrais d'ailleurs que sur la demande du notaire.

— Madame Fontange n'avait pas de plus proche parent que madame de Précourt, fit observer M. de Borsenne.

— Sans doute. Mais une partie de la fortune de M. Fontange ayant été léguée à Jeanne, il me paraît juste que madame Fontange ait disposé de ce qui lui appartenait en faveur d'héritiers moins bien favorisés que vous.

— Alors, vous ne croyez pas devoir m'accompagner?

— Nous aurions fait ce long voyage, ma femme et moi, si l'on nous avait prévenus quelques jours plus tôt. Nous serions partis avec la pensée de donner à une mourante une dernière satisfaction en ce monde. Cependant, monsieur, si quelques difficultés se présentaient et que vous eussiez besoin de moi, vous pourriez m'écrire.

Le soir, chez mademoiselle Clara, M. de Borsenne annonça aux habitués du salon de l'ex-danseuse qu'il partait le lendemain pour le Midi afin de recueillir les millions dont il avait maintes fois parlé.

— Il n'y a que lui pour avoir de semblables bonheurs, dit un quart d'agent de change à l'oreille d'un gros homme à la figure enluminée et millionnaire, qui avait commencé en servant les maçons.

— Part à deux, n'est-ce pas, mon gros chien? s'écria Brin-d'Azur en faisant la bouche en cœur.

— Clara n'est pas dégoûtée, fit l'homme du trois pour cent.

— Moi, je la trouve modeste, répliqua une grande fille maigre et pâle comme une poitrinaire.

— Bah !...

— Clara a le droit de tout demander.

— Par morceaux, ricana un premier clerc de notaire.

— Vous voulez dire par monceaux, repartit un poëte incompris, qui crut avoir trouvé un trait piquant.

— C'est une affaire entre Clara et moi, dit de Borsenne.

— Mon loulou chéri a raison, nous arrangerons cela entre nous, à l'amiable.

— Je comprends, dit le boursier; nous irons à la noce de la nouvelle madame de Borsenne.

— Comme vous y allez, vous laisserez venir d'abord les tonnes d'or, répliqua la courtisane.

Tout le monde se mit à rire.

Brin-d'Azur fut charmante pour tout le monde et exceptionnellement gracieuse pour M. de Borsenne. En un instant il était complétement rentré en faveur. Sur certaines femmes le mot « million » a une puissance magique.

Elle était gaie, elle parla beaucoup; il y eut même un instant où l'on aurait pu croire qu'elle avait de l'esprit. Ses amis la trouvaient délicieuse.

Enfin, elle sut si bien captiver et étourdir M. de Borsenne, qu'il lui renouvela devant tout le monde la promesse de l'épouser.

Les hommes applaudirent, mais les femmes firent la grimace. A quelque monde qu'elles appartiennent, elles ne peuvent se rencontrer et se voir sans être jalouses les unes des autres.

— Quel imbécile que ce Borsenne, se disaient-elles; il est vraiment capable de faire la sottise de l'épouser.

M. de Borsenne resta le dernier. Quand il se leva pour partir, Clara se mit à pleurer.

— Que vais-je devenir en votre absence? dit-elle, je ne veux voir personne, je fermerai ma porte, je vais m'ennuyer.

Cette douleur le toucha profondément. Il était subjugué, il s'imagina naïvement que c'était lui qui faisait couler ces larmes de crocodile.

— Consolez-vous, fit-il, je ne serai pas plus de huit jours absent.

— Vous savez bien que je ne puis rester un seul jour sans vous voir.

— Eh bien, veux-tu m'accompagner?

C'était là ce qu'elle désirait.

Elle lui sauta au cou.

— Tu es le meilleur de tous! s'écria-t-elle. Va, c'est toi, toi seul que j'aime!

Le lendemain, M. de Borsenne et mademoiselle Clara prenaient à la gare de Lyon le train express de Paris à Marseille.

XIX

M. de Borsenne installa Clara dans un hôtel de Marseille et se rendit seul à Fréjus. Il fit aussitôt prévenir le notaire de son arrivée.

Mᵉ Parisot lui répondit qu'il aurait l'honneur de le recevoir chez lui.

Il avait du temps devant lui, il déjeuna copieusement, et se rendit ensuite au château Fontange.

Il y trouva les domestiques très-affligés, errant comme des âmes en peine, et qui lui firent un accueil assez froid.

Cependant, il crut devoir faire devant eux l'éloge de la défunte.

— Oui, monsieur, madame Fontange était une excellente maîtresse, répondit un vieux serviteur; nous ne connaissons pas l'héritier à qui appartiendra cette maison, mais, quel qu'il soit, nous sommes sûrs qu'il ne fera pas oublier la brave et honnête femme que les malheureux et nous avons perdue.

— Je ne sais pas plus que vous qui sera l'héritier du château, mais si je deviens son propriétaire, je vous garderai tous en souvenir de ma pauvre tante.

M. de Borsenne n'était pas si ignorant qu'il voulait le faire croire, il savait très-bien que la propriété de Fréjus se trouvait comprise dans le legs de madame Fontange.

Sa déclaration ne lui valut pas même un remerciement. Les domestiques ne parurent ni satisfaits ni contrariés; ils s'éloignèrent gravement pour aller à leurs occupations.

— Diable, se dit M. de Borsenne, ils ne sont pas d'humeur gaie, madame Fontange dressait singulièrement ses domestiques. On dirait vraiment qu'ils me traitent en ennemi.

« Hé! hé! fit-il en souriant, sous le règne du cotillon, ils ont dû faire leur pelote et ils comprennent que les beaux jours sont passés, comme dit la chanson. »

Il visita les jardins, les serres, où il put manger un raisin mûr, et se promena dans le parc pendant une heure.

— M. Fontange était un homme de goût, pensait-il, cette résidence est vraiment délicieuse : elle n'a que le défaut d'être trop éloignée de Paris. N'importe, dans quelques années, j'y viendrai passer tous les étés.

Il consultait souvent sa montre. Enfin, l'heure de son rendez-vous étant arrivée, il se dirigea vers la demeure du notaire.

Vous avez vu ma femme? cria M. de Borsenne en faisant trois pas en arrière. (Page 198.)

Me Parisot l'attendait et, dès qu'il se présenta, on le fit entrer dans son cabinet.

— Je pense, monsieur, dit M. de Borsenne, que ma présence à Fréjus ne vous surprend point.

— Nullement, monsieur, et je suis enchanté de vous revoir; je n'ai pas oublié la visite que vous avez bien voulu me faire il y a quelques années.

— Ni moi la gracieuseté de votre accueil.

Le notaire s'inclina.

— Je regrette de n'avoir pas été averti plus tôt; j'aurais été si heureux de voir ma chère parente.

— Rien ne nous avait fait prévoir ce douloureux événement.

— M. de Précourt, mon beau-père, n'a pas jugé utile de m'accompagner; mais si sa présence vous était nécessaire...

— Non, je n'ai pour le moment aucune communication à faire à M. de Précourt.

— C'est ce qu'il a supposé.

— Vous savez que je suis l'exécuteur testamentaire de madame Fontange?

— Votre lettre me le disait.

— C'est juste. Elle laisse trois millions cinq cent mille francs.

— Superbe fortune! Ai-je le droit de vous demander combien il y a d'héritiers?

— Certainement. A part quelques legs qui n'excèdent pas une somme de cent cinquante mille francs, il n'y a qu'un seul héritier. Mais je me trouve sérieusement embarrassé.

— Comment cela?

— J'ignore absolument où se trouve ledit héritier.

— Le cas n'est pas ordinaire.

— Très-extraordinaire, monsieur.

— Oh! vous pouvez être tranquille, il ne tardera pas à se présenter.

— Je ne sais pas.

— On ne laisse pas ainsi trois millions en souffrance. Du reste, vous avez la publicité des journaux.

— Ce moyen ne me sourit pas.

— Alors, qu'allez-vous faire?

— Je suis très-perplexe : il y a des formalités à remplir, des droits importants à payer et j'hésite à faire nommer un administrateur judiciaire.

— Vous éprouverez moins de difficultés pour la mise en possession de l'héritage de M. Fontange, reprit M. de Borsenne en souriant.

— Pour le premier testament comme pour le second, mon embarras est le même, mon cher monsieur.

— Je ne comprends pas.

— C'est toujours l'héritier que je cherche.

— Je comprends encore moins. M. Fontange n'a-t-il pas testé en faveur de mademoiselle Jeanne de Précourt devenue madame de Borsenne?

— Sans doute.

— Le fils de Jeanne de Précourt, Edmond de Borsenne, hérite de sa mère.

— Parfaitement.

— Tuteur de mon fils, n'ai-je pas qualité pour agir en son nom?

— Certainement.

— Eh bien?

— Eh bien, mon cher monsieur, les difficultés restent les mêmes.

— Morbleu! voilà qui est trop fort, dit vivement M. de Borsenne. Au moins monsieur, me ferez-vous l'honneur de me donner des explications?

Le notaire le regarda sournoisement à travers les verres bleus de ses lunettes.

— Oh! bien volontiers, fit-il d'un air bonhomme. M. Fontange a testé en faveur de mademoiselle Jeanne de Précourt, donc c'est elle qui hérite.

— Vous voulez dire, qui aurait hérité.

— Non, je dis et je répète qui hérite. Avez-vous entre les mains une procuration de madame de Borsenne née de Précourt.

— Mais cet homme est fou, archi-fou, pensa M. de Borsenne.

« Mon cher monsieur, reprit-il tout haut, votre demande est fort bizarre, puisque ma femme est décédée. »

Un sourire ironique passa sur les lèvres du notaire.

— En êtes-vous bien sûr? fit-il.

M. de Borsenne se dressa comme si une pile électrique l'eût frappé.

— Vous êtes fou, monsieur, ou vous voulez vous moquer de moi! s'écria-t-il.

— Ni l'un ni l'autre, répondit froidement Mᵉ Parisot.

— Voici un extrait de l'acte de décès de madame de Borsenne, reprit M. de Borsenne en le plaçant sous les yeux du notaire.

Mᵉ Parisot le parcourut rapidement.

— Oui, oui, rien n'y manque, dit-il.

M. de Borsenne se sentit soulagé.

— Seulement, continua le notaire, je ne suis pas convaincu.

— Encore! exclama M. de Borsenne en frappant violemment sur le bureau. Monsieur, finissons cette odieuse comédie que je considère comme une insulte.

— Monsieur, répliqua le notaire en lui lançant un regard dur et sévère, si mes paroles vous blessent, j'en suis fâché pour vous, mais je connais mes droits et mon devoir ; j'accomplirai celui-ci et ferai respecter ceux-là. Il s'agit d'un héritage considérable, — près de six millions, — et vous trouverez bon que je n'agisse qu'avec la plus extrême prudence.

— Soit, mais nous n'avons à nous occuper ici que du testament de M. Fontange, dit M. de Borsenne radouci et en reprenant place dans son fauteuil.

— Le testament de madame Fontange institue également madame de Borsenne, née de Précourt, sa légataire universelle, reprit le notaire.

M. de Borsenne eut un éblouissement.

— Ce testament porte la date du 12 janvier 1867, continua Me Parisot, et la déclaration du décès de madame de Borsenne a été faite le 9 décembre 1866.

— C'est-à-dire que ce testament est nul, dit M. de Borsenne, qui avait eu le temps de réfléchir.

— Je suis d'une opinion contraire, répliqua Me Parisot.

— Par exemple !

— 12 janvier 1867 : est-ce que cette date ne vous dit rien?

— Rien absolument.

— Pour moi, elle est la preuve que madame de Borsenne n'est point décédée.

— Décidément, cher monsieur, c'est votre dada. Cela prouve seulement que madame Fontange avait l'esprit fort malade.

— Madame Fontange était parfaitement saine d'esprit et de corps, mon cher monsieur, et son notaire aussi, je vous prie de le croire.

M. de Borsenne passa son mouchoir sur son front couvert d'une sueur froide.

— Allons donc, dit-il en secouant la tête, c'est le comble de l'absurde.

— J'avoue que la situation est étrange, dit le notaire.

— Parce que, je ne sais dans quel but, il vous plaît de la rendre telle, répliqua d'un ton sec M. de Borsenne.

— Vous oubliez, monsieur, que je ne suis que le simple exécuteur de la volonté d'autrui.

— Enfin, monsieur, vous refusez de me mettre en possession de la fortune qui m'appartient?

— Qui appartient à madame de Borsenne, née de Précourt ; je m'y refuse absolument.

— Votre conduite sera jugée, monsieur ! s'écria M. de Borsenne d'une voix tremblante de colère.

— Oh! je sais qu'il y a matière à procès, mais cela ne me regarde point.

M. de Borsenne se leva, il était très-pâle ; un tremblement convulsif agitait ses lèvres crispées.

XX

Il s'approcha du notaire et le regarda bien en face, comme s'il eût voulu le défier.

— Encore un mot, monsieur, avant de nous quitter, dit-il. Voulez-vous me faire connaître le véritable motif de votre inqualifiable conduite?

— Mais je ne vous entretiens que de cela depuis une heure. Ayez un pouvoir de madame de Borsenne.

— A cette demande insensée, à votre affirmation ridicule que madame de Borsenne existe, je vous ai répondu en vous montrant un acte de décès.

— Et je vous ai dit que je n'étais pas convaincu.

— Que voulez-vous que je pense d'une semblable folie?

— Monsieur, j'excuse votre emportement et vos expressions un peu... vives; elles ne m'atteignent pas. Je m'étonne seulement qu'un homme de votre rang, intelligent et instruit, puisse supposer que moi, officier ministériel, j'agis légèrement.

— Monsieur...

— Je répète ce que j'ai déjà eu l'honneur de vous dire : madame de Borsenne n'est pas morte!

— Comment, malgré les preuves contraires!

— Preuves insuffisantes pour moi, monsieur. Non-seulement je ne crois pas au décès de votre femme, mais je suis sûr qu'elle existe.

M. de Borsenne regardait le notaire, toujours impassible, avec une stupéfaction croissante et se demandait s'il était bien éveillé. Il sentait sur son front comme un cercle de fer brûlant, ses yeux s'égaraient. Il lui semblait que le parquet sur lequel posaient ses pieds allait s'effondrer et les murs de la maison crouler sur sa tête.

— C'est un horrible cauchemar! exclama-t-il.

— Non, c'est la réalité, reprit le terrible notaire. Je dois ajouter, poursuivit-il avec un calme impitoyable, que depuis plus d'un an madame Fontange avait laissé à sa filleule le revenu personnel de M. Fontange. Il y a quinze jours environ, j'ai remis cinquante mille francs à ma vieille amie qui les a envoyés à sa filleule, le jour même ou le lendemain. Est-ce concluant?

M. de Borsenne était incapable de répondre. Ses dents serrées grinçaient, ses yeux sans mouvement sortaient de sa tête. On l'aurait cru changé en pierre; jamais pareil écrasement n'avait atteint un homme.

— S'il vous reste un doute, continua Mᵉ Parisot, je puis vous dire que j'ai vu et même lu plusieurs lettres écrites l'année dernière par Jeanne de Précourt.

« Si ce témoignage ne vous paraissait pas suffisant, j'ajouterais encore qu'au mois de décembre dernier j'ai eu l'honneur de voir, chez sa marraine, madame de Borsenne elle-même.

— Vous avez vu ma femme? cria M. de Borsenne en faisant trois pas en arrière.

— Comme je vous vois en ce moment, répondit le notaire.

La figure de M. de Borsenne se contracta horriblement, l'ensemble de sa physionomie exprimait l'épouvante.

Il poussa un cri rauque et s'élança hors du cabienet du notaire comme un insensé.

Ceux qui le rencontrèrent dans la rue, nu-tête, les yeux hagards, agitant ses bras et son chapeau qu'il tenait à la main, marchant en zigzag, le prirent certainement pour un fou.

Mais il ne voyait ni les uns, qui s'éloignaient de lui avec crainte, ni les autres, qui s'arrêtaient curieusement pour le voir passer.

— Ma femme n'est pas morte, ma femme n'est pas morte!... répétait-il à chaque instant.

Et il continuait à marcher devant lui, ne cherchant point à se diriger, incapable de trouver une pensée dans son cerveau.

Il sortit de la ville, il était sur une route, il marchait toujours. Où allait-il? Il n'en savait rien. Il ne le demandait même pas. Sa tête était dans un état horrible. L'aliénation mentale doit commencer ainsi. Il marchait comme une machine, sans savoir pourquoi, parce que ses jambes le portaient.

La nuit vint, l'air sécha la sueur qui baignait son front et lui rafraîchit le sang; cela lui fit beaucoup de bien.

— Où suis-je donc? s'écria-t-il tout à coup, comme un homme qui s'éveille.

Il s'arrêta et regarda autour de lui avec anxiété.

Le silence était profond. Un pâle rayon de la lune jetait un peu de lumière sur le paysage. Il y avait à gauche un coteau boisé, à droite une prairie. Mais pas un être vivant, pas une habitation.

Il se remit à marcher. Ses jambes n'allaient plus. La force qui l'avait poussé en avant s'était épuisée. Une réaction s'opérait. En recouvrant la faculté de penser, ses forces physiques l'abandonnaient,

Les paroles de Me Parisot lui revinrent à la mémoire et se dégagèrent d'une foule d'autres pensées.

— Le misérable, se dit-il; il m'a frappé plus durement que si la foudre était tombée sur moi. Ma femme vivante! Allons donc!... Et il croit cela, ce notaire stupide!... Vivante, vivante! C'est madame Fontange, la vieille folle, qui a imaginé ce conte grotesque. Et le notaire, un grotesque aussi, qui s'y laisse prendre et ressuscite madame de Borsenne! Est-ce bête?...

Et il jetait dans la nuit les notes stridentes de son rire nerveux.

— Vivante, vivante! reprit-il au bout d'un instant; n'est-ce pas sous mes yeux qu'on a cloué les planches de son cercueil?

Puis, en se rappelant avec quelle assurance le notaire lui avait parlé, il sentait le doute pénétrer en lui. Un frisson passa dans tous ses membres et ses cheveux se hérissèrent sur son crâne. Il lui semblait que sa femme, dans un linceul blanc, allait se dresser devant lui.

Évidemment, il ne comprenait pas; cela confondait sa pensée et révoltait sa raison; mais, malgré lui, les doutes grandissaient.

— Oh! fit-il d'un ton guttural, en appuyant ses mains sur son front tout à l'heure brûlant, glacé maintenant, j'aurai la clef de ce mystère!

Au bout d'un instant, il vit au travers des arbres se dresser la flèche d'un clocher. C'était la promesse d'un gîte dont il avait grand besoin, car il tombait de fatigue.

Il frappa à la porte de la première maison du village. C'était une auberge. Il demanda à quelle distance il se trouvait de Fréjus. On lui répondit quatre lieues. Cela ne le surprit pas trop, car il avait marché pendant près de quatre heures.

Il se fit servir à souper et pria l'hôtesse de lui préparer une chambre. Il ne put fermer l'œil de la nuit, mais ses membres se reposèrent un peu. Le lendemain il se leva en même temps que le soleil. Il demanda une voiture pour le conduire à la plus proche station de chemin de fer.

— Mon fils vous y conduira si vous voulez, lui dit l'aubergiste; c'est l'affaire de deux heures.

Il accepta avec empressement.

A midi il était à Marseille. Il déjeuna au buffet de la gare en attendant le départ du train de Lyon.

Il oublia complètement que mademoiselle Clara Brin-d'Azur l'attendait dans une chambre d'hôtel.

Il partit et le lendemain soir il arrivait à Paris.

M. de Borsenne n'avait plus qu'une idée, une idée fixe : ouvrir le cercueil de sa femme.

TROISIÈME PARTIE

LE TOMBEAU VIDE

I

M. de Borsenne avait de nombreuses relations dans la magistrature. M. le président Durançon entre autres était son ami intime.

M. Durançon avait quarante-cinq ans ; il devait à son travail et à ses qualités personnelles la position importante qu'il occupait. C'était un homme d'un grand mérite et d'une intelligence hors ligne. Grave, bienveillant et d'une loyauté à toute épreuve, on disait de lui :

— Celui-là représente dignement la justice.

Il avait publié plusieurs livres de jurisprudence très-appréciés. Son ouvrage sur les interprétations des lois françaises, comparées avec l'esprit des lois de tous les peuples modernes, arrivait à sa neuvième édition.

Pendant plusieurs années, il avait exercé avec une rare aptitude les fonctions délicates de juge d'instruction au parquet de la Seine.

Avant d'agir, M. de Borsenne résolut de prendre un conseil judiciaire. Il choisit M. Durançon.

Il se rendit donc chez le président à l'heure où il était sûr de le rencontrer.

— Que t'est-il arrivé ? demanda M. Durançon en remarquant la pâleur et les traits décomposés du visage de son ami. Est-ce que tu es malade ?

— Du tout.

Le lendemain, dès qu'il fut levé, Georges descendit au jardin. Il y trouva Frugère. (Page 208.)

— Tu as les yeux battus, la figure blanche comme cette feuille de papier.

— C'est de la fatigue, les suites d'une violente émotion et de plusieurs nuits d'insomnie.

— Ah ! fit M, Durançon.

— Je suis arrivé hier soir de Marseille.

— De Marseille?...

— Je veux dire de Fréjus.

— Où demeure la grand'tante de ta femme, madame Fontange?

— Madame Fontange n'est plus.

— Alors je comprends, tu viens de recueillir l'héritage.

— C'était, en effet, le but de mon voyage; mais juge de mon étonnement : le notaire prétend que je ne suis pas héritier.

— Le testament de madame Fontange, dont tu m'as parlé autrefois, n'existe donc pas?

— Il existe parfaitement.

— Le notaire t'a donné une raison?

— Oui, mais la plus étrange et la plus invraisemblable.

— T'a-t-il lu le testament?

— Je le connaissais.

— Peut-être contient-il un article...

— Non, non, ce n'est pas cela.

— Enfin, qu'est-ce qu'il t'a dit, ce notaire?

— Mon cher Durançon, ce que je vais te confier est excessivement grave. Je n'ai pas hésité à m'adresser à toi, car en cette circonstance, j'ai autant besoin du dévouement de l'ami que de l'expérience du magistrat.

— Tu sais que tu peux compter sur moi. Je t'écoute.

— Me Parisot, — c'est le nom du notaire — affirme avec autorité que madame de Borsenne n'est pas morte.

M. Durançon ouvrit de grands yeux.

— Tu es donc allé à Fréjus sans emporter aucun des papiers nécessaires? demanda-t-il.

— J'avais tous mes papiers, répondit M. de Borsenne, entre autres un extrait de l'acte de décès de ma femme, que j'ai mis entre les mains du notaire.

— Et il ne s'est pas rendu à l'évidence?

— Nullement. Il m'a aussi parlé du testament de madame Fontange fait au mois de janvier 1867, également en faveur de madame de Borsenne.

— Et ta femme est morte?...

— En décembre 1866.

— Diable, fit M. Durançon en s'agitant sur son fauteuil, c'est sérieux : un notaire ne commet pas de semblables erreurs.

— Quelle est ton opinion?

— Je ne sais que penser.

— Absolument comme moi. Je me suis dit d'abord que madame Fontange avait trompé son notaire.

— Dans quel but?

— Je ne sais. Mais Mᵉ Parisot prétend qu'il a vu madame de Borsenne chez sa tante au mois de septembre dernier.

— Il n'y a donc plus de doute possible; ta femme existe.

Pendant quelques secondes les deux hommes se regardèrent sans oser se communiquer une pensée.

— Depuis trois jours, je ne vis plus, reprit M. de Borsenne; il me semble que je suis dans un autre monde; il y a des moments où je ne crois même plus à ma raison.

— Ce fait est bien de nature à troubler l'esprit le plus solide, dit le magistrat. Je sens moi-même que le désordre se met dans mes idées.

— Et cependant, mon ami, c'est sur toi que j'ai compté pour faire jaillir la lumière.

M. Durançon ne répondit pas, il réfléchissait.

Au bout d'un instant, comme s'il eût été seul, sa voix répéta sa pensée.

— Ensevelie vivante, dit-il, le cas s'est produit plus d'une fois. Ignorance des médecins. Aujourd'hui, pourtant, toutes les affections cérébrales sont connues, la catalepsie n'est plus un mystère. Il y avait ici, peut-être, un phénomène particulier non observé encore. Malgré ses importantes découvertes la science a toujours à conquérir.

— Si ma femme existe, dit M. de Borsenne, comment est-elle sortie de son cercueil?

— Qu'importe, répliqua M. Durançon, nous le découvrirons plus tard. C'est le connu qui mène à l'inconnu. Elle n'est pas morte, voilà le fait réel. Ses parents le savent-ils?

— M. et madame de Précourt pleurent toujours leur fille.

— Alors elle s'est volontairement éloignée d'eux comme de toi. Elle se cache. Pourquoi? Voilà l'inconnu. Pour le découvrir, il faut remonter aux jours de sa maladie, la suivre au cimetière, dans le caveau où elle a été placée, et ouvrir son cercueil.

— C'est mon idée! s'écria M. de Borsenne.

— Avant tout, reprit M. Durançon, il faut constater qu'elle est ou n'est plus dans son tombeau.

— Pour cela, que dois-je faire?

— Il faut demander à la préfecture de la Seine une autorisation spéciale d'exhumation. Un agent de l'administration et un commissaire de police assisteront à l'ouverture du cercueil, et ce dernier fera son procès-verbal de constatation.

— Mais le lendemain tout Paris connaîtrait le fait. Je veux éviter le scandale à tout prix.

— Non! Le commissaire de police, — je le ferai désigner, — gardera son procès-verbal jusqu'à ce qu'il soit requis de le remettre au parquet du procureur impérial, en supposant qu'il nous devienne nécessaire. L'agent sera également invité à se taire.

— Et les employés du cimetière?

— Un pourboire honnête leur fermera la bouche.

— Peut-on se fier à ces gens-là?

— Il le faut bien, puisqu'on ne peut se passer d'eux. Maintenant, ajouta M. Durançon en se levant, je suis obligé de te congédier, l'heure de me rendre au Palais va sonner. D'ailleurs, nous n'avons plus rien à nous dire aujourd'hui. Dans quatre jours, lorsque la tombe nous aura livré son secret, reviens me voir et je te ferai part du résultat de mes réflexions.

En quittant son ami, M. de Borsenne se rendit à l'Hôtel de Ville où, comme partout, il avait des connaissances et des amis.

On lui promit que l'autorisation qu'il demandait lui serait délivrée le lendemain.

Le même jour, dans la soirée, une lettre de Fréjus arriva à Villeneuve-Saint-Georges. Elle portait cette suscription :

Madame de Pradines, chez M. Jean Frugère,
à Villeneuve-Saint-Georges. (Seine-et-Oise).

— Qui donc peut m'écrire? dit Jeanne avec surprise.

— Cette lettre vient de Fréjus, fit observer Frugère.

— Hélas! je n'y connais plus personne, reprit tristement la jeune femme.

— Cette lettre est d'un ami, dit Georges, un ennemi ne t'écrirait pas.

Jeanne déchira l'enveloppe et courut d'abord à la signature.

— Ah! fit-elle, c'est le notaire de ma marraine, Mᵉ Parisot, qui écrit.

Voici le contenu de la lettre :

« Madame,

« Je trouve à l'instant votre adresse dans des papiers ayant appartenu à madame Fontange. Cette excellente et noble femme n'est plus : je regrette de n'avoir pu vous annoncer plus tôt la perte cruelle que vous venez de faire. Il est probable que la nouvelle de cette mort vous a déjà été transmise.

« Par son testament, en date du 12 janvier 1867, votre marraine vous institue sa légataire universelle. Vous n'ignorez pas, sans doute, que M. Fontange vous léguait également toute sa fortune par son testament en date du 20 mai 1856. C'est une succession à recueillir de six millions et demi.

« Exécuteur testamentaire de madame Fontange, je me trouve dans une situation dont vous apprécierez les difficultés. Je n'ai pas de conseils à vous donner, madame, mais une entente à l'amiable avec votre mari est devenue nécessaire. Voyez, examinez, jugez et faites ce que vos intérêts et votre droit vous dicteront.

« Surtout, madame, veuillez ne voir dans ma lettre que l'expression de mon dévouement sincère.

« J'ai eu hier la visite de M. de Borsenne et j'ai été forcé de commettre une indiscrétion. Votre mari sait que vous existez; je vous ai trahie malgré moi.

« Je m'empresse de vous prévenir afin que vous vous teniez sur vos gardes et que vous puissiez éviter les piéges qui pourraient vous être tendus.

« Je suis, madame, en attendant vos ordres, votre dévoué serviteur.

« Parisot, notaire. »

II

La foudre, tombant au milieu des hôtes de la villa, n'aurait pas produit sur eux un effet aussi terrible que la lecture de la lettre du notaire.

Ils restèrent immobiles, sans voix, terrifiés. La lettre, échappée des mains de Jeanne, était tombée sur le parquet. Georges lançait autour de lui des regards farouches.

Au bout d'un instant, un sanglot sortit de la poitrine de Jeanne et elle fondit en larmes. Elle se jeta dans les bras du jeune homme en s'écriant :

— Nous étions trop heureux : c'est la fin du rêve.

— Songes-tu donc à me quitter?

— Non, mais je le sens, on m'arrachera de tes bras.

— On m'aurait tué avant, dit-il d'une voix étranglée.

Frugère ramassa la lettre, la plia, la plaça dans son enveloppe et la remit à Georges.

— Le notaire de Fréjus nous a joué un vilain tour, fit-il en branlant la tête; il paraît qu'il n'a pas pu faire autrement, c'est un malheur. Il nous prévient, cela prouve qu'il n'est pas avec M. de Borsenne.

« Avant de vous désoler, madame, avant de vous désespérer, monsieur Georges, il me semble que vous devez profiter des conseils qu'il vous donne.

— Lesquels? demanda Georges.

— Il vous dit : prenez garde. Vous le suivrez, celui-là, et s'il y a lutte entre vous et M. de Borsenne, je désire ne pas rester les bras croisés. Le notaire conseille encore à madame de s'entendre avec son mari.

— Une folie, c'est impossible! s'écria Georges.

— Pourquoi? M. de Borsenne n'a plus aujourd'hui que des dettes; pour un ou deux millions, je suis persuadé qu'il consentirait à croire que madame Jeanne n'a jamais quitté sa tombe.

— Nous, acheter le droit de nous aimer, jamais, jamais! exclama Georges.

— Je préfère renoncer purement et simplement à cette immense fortune, dit Jeanne.

— Cette renonciation ne changerait pas notre position. Cela ferait-il perdre à M. de Borsenne un seul de ses droits? Jeanne, ce qui est fatal et terrible, c'est que le secret de ton existence soit connu. Nous n'avions que cela à redouter. Notre bonheur est en péril, à moi de le défendre. M. de Borsenne va employer tous les moyens pour te découvrir. Cinq millions à conquérir, il ne reculera devant rien. Il voudra te reprendre, moi je veux te garder; c'est la lutte dont parlait Frugère qui va commencer.

« Eh bien, soit, je l'accepte; j'aime mieux le danger d'une situation nette, bien définie, que l'incertitude du passé avec ses craintes vagues et sans cesse renaissantes. Je ne pouvais pas être le provocateur, mais il me sera permis de rendre les coups qui nous seront portés. Ce sera une guerre à outrance où l'un des deux champions devra succomber; quelque chose me dit que je ne serai pas le vaincu...

« Jeanne, tant que je pourrai retrouver ma force et mon courage dans un de tes regards et un de tes sourires, ne crains rien pour moi, je resterai debout, entre lui et toi, et je l'empêcherai d'avancer.

« Je te le jure, s'il touchait ta main ou seulement le voile sous lequel tu te caches, le lendemain il serait mort!

— Georges, Georges, dit Jeanne suppliante, tes paroles me font frémir. Pourquoi parler de lutte et de combat? Tu es sûr de mon amour, que te faut-il de plus? Il me cherchera, mais sois tranquille je me cacherai si bien qu'il ne me trouvera pas. Lui, me séparer de toi! cet homme, dont le nom seul m'épouvante!

j'aimerais mieux souffrir mille morts!... Retournons en Italie, nous y étions heureux, tu te le rappelles; dis, le veux-tu?

« Si ce n'est pas assez loin, nous irons où tu voudras, je te suivrai partout... Tiens, je voudrais voir l'Amérique, un pays très-beau, dit-on; c'est loin, il faut traverser les mers, allons-y. Partons, partons demain, je suis prête.

— Non, non, répondit-il avec exaltation, je n'accepte pas ton dévouement qui te condamne à l'exil. Nous resterons en France... Partir serait une fuite, une lâcheté!

Il se leva et fit deux fois le tour du salon en marchant à grands pas. Puis, s'arrêtant devant la jeune femme :

— Vois-tu, Jeanne, reprit-il, j'ai honte de n'avoir encore rien pu faire pour toi...

— Tu m'as aimée, Georges, et tu appelles cela rien!

— Oui, puisque je n'ai pas assuré ton bonheur.

— Hélas! tu ne pouvais faire plus.

— Je pouvais écraser la bête qui nous menace de son venin.

— Oh! Georges, Georges!

— Je n'ai su qu'être heureux. Comme c'est vaillant pour un homme! On disait autrefois : « Georges Lambert a du cœur, Georges Lambert est brave! » Ah! vieux loups de mer, mes amis, vous ne reconnaîtriez plus aujourd'hui votre camarade Georges Lambert! Jeanne, c'est assez de faiblesse, le moment d'agir est venu. Pour posséder une femme comme toi, il faut, entends-tu bien, il faut l'avoir méritée!

— Mais parlez-lui donc, Jean, parlez-lui! s'écria-t-elle en joignant les mains.

— Je n'ai rien à dire, répondit Frugère. M. Lambert est mon maître et je ne demande qu'à le servir.

— Georges, mon Georges bien-aimé, au nom de notre amour, dis-moi ce que tu veux faire?

— Tuer ou me faire tuer, répondit-il.

Elle l'étreignit dans ses bras.

— Mais moi, je ne le veux pas! s'écria-t-elle... Tu n'as pas le droit de disposer de ta vie, elle ne t'appartient plus, elle est à moi, à moi, à moi!...

Il resta silencieux, mais au feu sombre de son regard, Jean Frugère comprit que son irritation était loin de s'apaiser.

— Allons, se dit-il, je crois, cette fois, que nous allons montrer sérieusement les dents à M. de Borsenne.

Jeanne avait forcé Georges à s'asseoir sur un canapé et s'était placée près de lui, souriante au milieu de ses larmes.

Jean Frugère gagna la porte du salon et s'esquiva sans bruit.

Le lendemain, dès qu'il fut levé, Georges descendit au jardin. Il y trouva Frugère.

Il y avait comme un pacte conclu entre ces deux hommes, qui s'étaient rencontrés la première fois la nuit dans un cimetière, au milieu de la tempête. Ensemble ils avaient ouvert un cercueil et sauvé une femme. Cela ne s'oublie jamais. L'amitié doit succéder à une semblable collaboration.

La plus vive reconnaissance attachait Georges à Frugère. Ne lui était-il pas redevable de la moitié de son bonheur? Il y a des services rendus qu'on ne paye pas avec de l'or.

Quant à l'ancien gardien du cimetière, pauvre diable sans famille, sans parents, sans affection, il saisit l'occasion qui s'offrait à lui d'aimer et de se dévouer, double satisfaction pour son âme et son cœur.

Immédiatement, il ressentit pour cette belle jeune femme, qu'il avait rendue à la vie, une tendresse respectueuse, presque paternelle. Elle devint son culte, son idole.

Soumis et absolument dévoué, son amitié pour Georges devint une affection de caniche. Il aurait voulu être son esclave.

Il s'avança vers le jeune homme avec empressement et ils se serrèrent la main.

— Monsieur Georges, dit-il, je vais retourner à Paris, dans mon petit logement de la rue des Moulins.

— Comment! s'écria le jeune homme, vous quittez la villa, vous abandonnez vos amis?

— Oui. J'ai beaucoup réfléchi la nuit et je me suis décidé à partir. Si vous avez besoin de moi, vous m'appellerez, vous savez mon adresse. Vous n'aurez qu'à faire mettre un mot chez mon concierge. Je vous recommande seulement de bien cacheter vos lettres et de les écrire de façon à ce que moi seul puisse les comprendre. Voyez-vous, je ne me fie à personne et je me défie de tout le monde.

— Quelle est donc votre idée, Frugère?

— Monsieur Georges, j'ai pensé que je vous serais plus utile à Paris qu'ici, où je ne fais qu'un peu de jardinage, histoire d'occuper mon temps et mes bras. Je m'habitue trop facilement, ajouta-t-il en souriant, à n'avoir d'autre travail que celui de dormir, boire et manger.

— A votre âge, mon ami, un homme a acquis le droit de se reposer.

Le concierge l'arrêta pour lui remettre une lettre. (Page 220.)

— Je n'ai que cinquante-deux ans, monsieur Georges, et autant de force qu'à quarante. L'œil est toujours bon, les jambes excellentes, et j'espère bien vous rendre encore quelques petits services.

— Je ne doute ni de votre cœur ni de votre dévouement.

— Oh! je le sais bien. Cela me rend heureux et fier... Voyez-vous, je me suis dit : M. de Borsenne va se donner du mouvement, il ira ici, il ira là, il sera toujours sur quatre chemins ; il faut qu'on le surveille, qu'on sache un peu ce qu'il fait; c'est un travail, cela, qui demande un gaillard solide et dévoué. Où M. Georges le trouvera-t-il? Allons donc, est-ce que Jean Frugère n'est pas là... J'ai déjà fait ce métier, quand vous étiez en Italie, il est amusant et j'y prenais goût. Je vais le recommencer.

— Non non, fit Georges, je ne souffrirai pas que vous descendiez à ce rôle...

— D'espion... C'est ce que vous voulez dire. Monsieur Georges, l'espion est le misérable qui, pour de l'argent, trahit et livre même ses amis. Moi, je veux servir ceux que j'aime, veiller sur eux et au besoin les défendre. Je suis un gardien, je ne serai pas un espion!

III

Un soir, à son retour du Palais, le président Durançon trouva chez lui un large pli cacheté de cire rouge. C'était la copie du procès-verbal dressé par le commissaire de police qui, sur sa demande, avait été chargé d'assister à l'ouverture du cercueil de madame de Borsenne.

L'opération avait eu lieu le matin même en présence de M. de Borsenne. Le procès-verbal constatait que le cercueil, en bois de chêne très-épais, se trouvait dans un parfait état de conservation et qu'il avait été trouvé vide.

Dans le caveau on avait ramassé plusieurs morceaux de dentelle et quatre perles fines, d'une grosseur remarquable, que M. de Borsenne déclara semblables à celles d'un collier que sa femme avait à son cou au moment où elle fut mise dans la bière.

M. Durançon appela son valet de chambre.

— Germain, lui dit-il, j'attends M. de Borsenne; dès qu'il arrivera, vous le ferez entrer dans mon cabinet. Je ne recevrai aucune autre personne.

Dix minutes plus tard, la porte du cabinet s'ouvrait devant M. de Borsenne.

— Mon cher Durançon, commença M. de Borsenne, je viens te dire...

— Ce qui s'est passé ce matin? Je le sais.

— Tu ne t'étais pas trompé, le fait est réel. Plus que jamais j'ai besoin de toi et de tes conseils.

— Quel jour madame de Borsenne a-t-elle été conduite au cimetière? demanda M. Durançon.

— Le 10 décembre.

— C'est donc le 10 ou dans la nuit du 10 au 11 qu'elle est sortie de son tombeau. Ici, plusieurs hypothèses se présentent. Un homme ou plutôt deux ou trois, car un seul eût été impuissant, donc deux ou plusieurs hommes ont ouvert le cercueil et enlevé mystérieusement madame de Borsenne. Cet acte courageux et plein d'audace n'a pu s'accomplir que la nuit. Mais quels étaient ces hommes? Des agents de l'administration du cimetière ou des employés des pompes funèbres.

« Ces derniers savaient que madame de Borsenne avait été ensevelie avec ses bijoux : ils se seraient donc introduits dans le cimetière dans le but de la dépouiller. Ils trouvent une femme vivante, elle leur abandonne ses bijoux, leur promet une forte récompense, ils l'emportent.

« Voilà la première hypothèse.

« Supposons, maintenant, un gardien du cimetière passant devant la sépulture de ta famille. Il entend un gémissement, un cri, il appelle un ou deux de ses camarades et madame de Borsenne sort de son cercueil.

« Employés du cimetière ou des pompes funèbres, ne cherchons pas ailleurs.

— C'est d'une logique absolue, approuva M. de Borsenne

— Toujours par hypothèse, reprit le magistrat, nous sortons du cimetière Montmartre par une brèche, en escaladant un mur ou plus facilement par la porte qui s'ouvre devant nous.

« Que devient madame de Borsenne?

« Après une maladie grave, elle sort d'un tombeau et vient de se réveiller d'un sommeil léthargique si profond, qu'elle a trompé les médecins eux-mêmes. Évidemment, sa faiblesse est extrême, elle est anéantie; elle ne marche pas, on la porte. Elle est à la merci de ceux qui l'ont sauvée.

« On la transporte dans une maison, elle y est soignée pendant quinze jours, un mois, deux mois peut-être.

« Pendant ce temps, que se passe-t-il? Les coupables... non, je ne crois pas avoir le droit de les nommer ainsi, les sauveurs de madame de Borsenne entourent leur action d'un mystère impénétrable. Si ce sont des scélérats, la jeune femme devient leur victime. Ils la menacent de mort, s'arrangent pour obtenir d'elle une forte somme, que sa marraine lui envoie, et lui font jurer de garder le silence. Libre, elle n'a rien révélé, elle n'a trahi personne.

« Mais ce qui est incompréhensible, c'est que madame de Borsenne paraît vouloir passer pour morte. Elle est liée par un serment, me diras-tu. Non, c'est inadmissible. Elle est allée à Fréjus, chez sa marraine, elle pouvait revenir à Paris, près de ses parents et de son mari.

« Un serment! Il n'y a pas de serment qui puisse empêcher une mère d'embrasser son enfant!...

« C'est ainsi que je détruis cette supposition que madame de Borsenne a eu affaire à des coquins.

« Mais si ce ne sont pas des misérables qui l'ont sauvée, comment se fait-il qu'ils n'aient pas immédiatement prévenu la famille. »

La tête de M. de Borsenne s'était inclinée sur sa poitrine et il paraissait plongé dans une méditation profonde.

M. Durançon poursuivit :

— Est-ce la crainte qui les a retenus?

« Non, c'est la volonté de la jeune femme ; j'en suis convaincu.

« Vivre, et pour sa famille, le monde, être morte! N'avoir plus de nom ni de patrie, être condamnée à se cacher sous l'anonyme! Étrange situation pour une femme jeune, belle, riche, épouse et mère, adorée des siens, aimée de tout le monde!...

« Qu'a-t-elle trouvé dans l'univers qui la dédommage de ce qu'elle perd en ne le réclamant point?

« Pour la femme, il y a donc quelque chose qui peut remplacer l'amitié, l'amour maternel et toutes les autres affections de la famille? Oui, il y a un sentiment, un seul : l'amour!...

« L'amour, sentiment universel, exaltation de l'âme et du cœur, passion indomptable, égoïste, envahissante et dominatrice! Oui, oui, l'amour seul peut occuper tout entier le cœur d'une femme! »

M. de Borsenne tressaillit et releva vivement la tête.

— Comment, dit-il, tu supposerais...

— Est-ce que tu n'as pas aussi cette pensée? répliqua le magistrat en l'enveloppant d'un regard scrutateur.

— Oh! ce serait croire madame de Borsenne coupable! répondit-il.

— Il ne faudrait pas apprécier ce fait avec nos lois civiles, mais avec son cœur et sa conscience. Elle n'a pas quitté le domicile conjugal pour se jeter dans les bras d'un amant... Elle sort d'un tombeau!... Si j'avais à juger le fait, je ne me prononcerais pas contre madame de Borsenne.

M. de Borsenne était sous le coup d'une agitation singulière; son visage pâle devenait livide.

— Ainsi tu penses que ma femme s'est crue libre et qu'elle a pu prendre un amant? demanda-t-il d'une voix oppressée.

— C'est ma conviction.

La figure de M. de Borsenne devint verdâtre.

La jalousie venait d'entrer dans son cœur et commençait à y répandre ses poisons.

— Cela paraît produire sur toi une vive impression, reprit le président.

— Durançon, un mot te fera comprendre ce que je souffre : je l'aime!

— Cet aveu me surprend. Lorsque tu vivais avec ta femme, n'avais-tu pas déjà pour maîtresse certaine fille de théâtre?...

— Oui, madame de Borsenne ne m'aimait pas.

— On le disait dans le monde.

— Dans la satisfaction de plaisirs sensuels, je cherchais à tromper les ardeurs d'une passion dévorante. Je commençais à oublier, j'allais guérir...

« Mais depuis que je sais que ma femme existe, l'amour s'est réveillé dans mon cœur, plus grand et plus violent que jamais.

— Alors, je te plains.

— Pourquoi? Je la retrouverai.

— Soit. Après?

— Je la ramènerai chez moi.

— Si elle le veut.

— C'est mon droit.

— Le droit de la violence.

— La loi est de mon côté.

— En cette circonstance, la loi qui protége devient également violence. Je ne crois pas qu'il y ait en France un tribunal qui ne prononce la séparation. Ce que tu tenteras aura pour résultat un immense scandale. Il faut tenir compte de l'opinion publique, les juges eux-mêmes la subissent... Tu aurais quelques partisans, sans doute; mais la majorité te condamnerait impitoyablement.

— Que faire alors, que faire?

— Question embarrassante sur une situation difficile.

— Je t'en prie, Durançon, ne m'abandonne pas, sois mon guide. Dois-je aller dire à M. de Précourt : Votre fille existe, aidez-moi à la retrouver?

— Ton beau-père, en ce moment, serait un embarras de plus pour toi. Laisse-le dans son ignorance jusqu'au jour où il pourra t'être utile. Avant tout, il faut connaître la retraite de madame de Borsenne et savoir avec qui elle vit.

— Oh! je le sais, je le sais! exclama M. de Borsenne, dont les yeux lancèrent des éclairs de colère et de haine.

— Tu le connais, tu sais son nom? s'écria M. Durançon en se levant.

— Oui. Il se nomme Georges Lambert!

— Georges Lambert, répéta le président comme un écho.

Et il se rassit plein de gravité.

IV

Il y eut un moment de silence pendant lequel M. Durançon, la tête appuyée dans sa main, rassemblait dans sa mémoire des souvenirs dispersés.

Attentif et anxieux, M. de Borsenne attendait.

Le magistrat releva sa tête qui avait pris, tout à coup, une expression de sévérité extraordinaire.

— Ce Georges Lambert n'est-il pas un officier de marine? demanda-t-il.

— Démissionnaire, répondit M. de Borsenne.

— Un ami intime de Gaston de Sairmaise.

— Je crois qu'ils se connaissent.

— On avait annoncé son mariage avec mademoiselle de Précourt.

— Oui, autrefois.

— Il l'aimait.

— Je le suppose.

— Mademoiselle de Précourt l'aimait-elle?

— Oui, oui, elle l'aimait, répondit M. de Borsenne d'une voix sifflante.

— Elle l'aimait, tu le savais, et tu l'as épousée! s'écria M. Durançon. Mais devant moi, malheureux, tu es le premier coupable! Je me souviens maintenant. Le bruit a couru que mademoiselle de Précourt était ta maîtresse, plusieurs jeunes gens l'avaient vue chez toi.

— Jeanne de Précourt est venue chez moi, mais elle n'a jamais été ma maîtresse.

— Et qu'allait-elle faire chez toi, cette jeune fille du meilleur monde, qui ne t'aimait pas et qui en aimait un autre?

M. de Borsenne garda le silence.

— On a prétendu, continua M. Durançon, que tu l'avais fait tomber dans un piége et qu'elle t'épousait malgré elle.

— C'est faux!

— Je le veux bien. Mais comment feras-tu admettre que cette jeune fille, fiancée à Georges Lambert, s'est mariée volontairement, presque tout de suite après le départ de l'homme qu'elle aimait pour une de nos colonies lointaines? Après le mariage que se passe-t-il? Vous vivez désunis. Madame de Précourt ne met pas une seule fois le pied dans ta maison; ta femme ne sort plus, on croirait qu'elle se cache, elle mène une existence déplorable. Toi, tu continues ta vie de garçon, tu te livres à tous les plaisirs.

— Durançon, tu es terrible avec tes analyses.

— C'est mon métier, répondit-il. Enfin, ces faits sont-ils réels ou faux?

— Que puis-je te dire? Tout cela touche à un grave secret de famille.

— Un secret! parbleu, crois-tu que je ne l'ai pas deviné? Ah! de Borsenne, poursuivit-il avec tristesse, je ne veux pas fouiller trop avant, car déjà j'ai peur de ne plus te trouver digne de mon estime.

— Tu es sévère pour tes amis.

— Comme je le serais pour moi-même, répliqua fièrement le magistrat. Je n'ai jamais su froisser ma conscience.

« Maintenant, écoute, reprit-il; ta cause me paraît désespérée. Ta femme ne rentrera jamais sous ton toit. Tout ce que tu pourras obtenir d'elle, c'est une part de son immense fortune.

« Si tu ne redoutes ni le scandale, ni les clameurs du monde, ni... certaines révélations, réclame tes droits devant un tribunal.

— Est-ce l'ami ou le magistrat qui vient de parler? demanda M. de Borsenne visiblement troublé.

— C'est le magistrat.

— Et l'ami, que me conseille-t-il?

— De te taire, d'agir avec prudence et de ne point parler de tes droits. Sans bruit et sans abus de la force sépare ta femme de Georges Lambert, trouve le moyen que le mari l'emporte sur l'amant.

— Et ce moyen, indique-le-moi.

— Je ne le connais pas. Interroge ton cœur et demande-lui l'inspiration. Je n'ai plus rien à te dire.

M. de Borsenne comprit que son ami le congédiait.

— Je te remercie, dit-il en se levant, je suivrai le conseil de l'ami.

Et il se retira.

M. Durançon revint s'asseoir près de son bureau.

— Je savais de Borsenne viveur et débauché, se dit-il; serait-il donc de plus un misérable?

Il resta un moment pensif, puis il jeta un regard sur la pendule.

— Je puis encore le voir ce soir, reprit-il tout haut.

Il prit une feuille de papier sur laquelle il écrivit rapidement ces mots :

« Mon cher Gaston,

« Venez après votre dîner, je vous attends. »

Il sonna son valet de chambre.

— Germain, lui dit-il, vous allez porter cette lettre immédiatement à l'hôtel de Sairmaise. Vous la remettrez à Gaston de Sairmaise lui-même.

— M. le président me permet-il de lui dire qu'on va servir le dîner?

— N'importe, Germain, cette lettre est très-pressée. La femme de chambre de madame fera ce soir le service.

A neuf heures, Gaston de Sairmaise entrait dans le cabinet de M. Durançon.

— J'ai reçu votre mot et j'accours, monsieur, lui dit-il. Mademoiselle Andréa serait-elle malade?

— Votre fiancée se porte à merveille, mon ami.

— Madame Durançon...

— Va très-bien aussi. Vous les verrez tout à l'heure.

— Ah! je respire, fit Gaston dont le visage s'épanouit, j'étais dans une inquiétude...

— Cependant, reprit M. Durançon, c'est une affaire grave qui m'a fait vous appeler.

— Grave, monsieur, de quoi s'agit-il?

— Êtes-vous toujours lié avec Georges Lambert?

— Je l'aime comme un frère.

— Où réside-t-il actuellement?

— A Paris, chez son père.

Jean Frugère s'assit à une table à côté de cinq ou six joueurs. (Page 224.)

— Est-ce que vous le voyez souvent?

— Souvent, oui, monsieur.

— Il doit avoir un autre domicile que la demeure de son père?

— C'est possible... monsieur... mais... je ne sais... balbutia Gaston avec embarras.

— Mon cher ami, dit vivement le président, vous ne pensez point que je vous adresserais ces questions avec l'intention de nuire à M. Lambert, vous pouvez me répondre sans crainte.

— J'ai été effrayé, je l'avoue, monsieur, répliqua Gaston. Je voyais si bien venir l'interrogatoire, ajouta-t-il en souriant.

« Eh bien, monsieur, reprit-il, répondant à la dernière question du président, Georges Lambert a à Paris ou dans les environs un appartement ou peut-être même une maison.

— Où il vit avec une femme?

— Je le suppose comme vous, monsieur, car Georges ne m'en a jamais dit un mot.

— C'est bien cela, murmura M. Durançon.

— Mon Dieu, monsieur, Georges court-il un danger? s'écria Gaston.

— Peut-être, mais pas immédiat et nous tâcherons de le conjurer! Vous rappelez-vous où était votre ami au mois de décembre 1866?

— J'ai bien des raisons pour ne pas l'avoir oublié; il était à Paris. A cette époque, monsieur, pendant quarante-huit-heures, j'ai horriblement souffert.

— Par suite d'un violent chagrin de votre ami.

— Oui, monsieur.

— Causé par la mort de madame de Borsenne.

— Oui. Georges eut la pensée de se suicider. Ah! je verrai toujours devant moi sa mère désolée. Pauvre femme, que de pleurs elle a versés!... Jugez de nos angoisses et de notre désespoir, monsieur... Pendant que sa mère le croit endormi, Georges, armé d'un poignard et d'un revolver, s'enfuit de la maison au milieu de la nuit, une nuit de tempête, froide et sombre comme la mort!...

— Vous souvenez-vous exactement de la date?

— Oui, monsieur, c'était la nuit du 10 au 11 décembre.

— Celle qui suivit les funérailles de madame de Borsenne, précisa M. Durançon.

— Oui, de cette noble et charmante femme que Georges adorait.

— O Providence divine! C'était lui! exclama le président en levant ses mains tremblantes vers le ciel.

— Que voulez-vous dire, monsieur?

— Tout à l'heure vous le saurez. Continuez : madame Lambert croit au suicide de son fils?

— Elle y croit, elle m'envoie chercher ; j'accours, j'essaie de la rassurer, je lui dis tout ce que me dicte mon cœur ; mais moi-même j'étais atterré. Dès que le jour parut, nous partîmes, les domestiques et moi, à la recherche de mon ami. Aucune trace de lui nulle part. Le soir, un peu avant la nuit, il revint chez sa mère.

— Il était calme, n'est-ce-pas, peut-être même joyeux.

— Oui, monsieur. Que s'était-il passé pendant cette nuit terrible ? Je l'ignore encore aujourd'hui. C'est le secret de Georges Lambert ; il ne l'a confié à personne, pas même à sa mère.

— Après ces événements n'a-t-il pas quitté Paris ?

— Oui, il est allé passer près d'une année en Italie.

— Et il est revenu?

— Au mois de septembre dernier.

— Vous parle-t-il de M. de Borsenne?

— Quelquefois, avec un sentiment de haine implacable.

— Cela doit être ; vous ne vous êtes pas demandé comment votre ami avait pu passer si promptement du plus affreux désespoir à une joie presque complète ? Vous n'en avez jamais soupçonné la cause réelle?

— Jamais.

— Ainsi, vous ne savez pas le nom de cette femme avec laquelle vit votre ami ?

— Georges n'a jamais parlé d'elle devant moi, comme j'ai eu l'honneur de vous le déclarer.

— Eh bien, moi, mon cher Gaston, je la connais.

— Vous la connaissez ! fit-il avec surprise.

— Oui, et je vais vous dire son nom. C'est madame de Borsenne.

V

Pendant quelques secondes, Gaston de Sairmaise resta muet de surprise.

— Madame de Borsenne, répéta-t-il enfin avec effarement.

— Oui, reprit M. Durançon, madame de Borsenne qu'on avait enterrée vivante et que Georges Lambert a reprise à la mort et enlevée de son tombeau dans cette nuit du 10 au 11 décembre 1866.

— Ah! monsieur, dit Gaston d'unevoix oppressée, vous aviez raison de vous écrier tout à l'heure : « Divine Providence ! »

— Mon cher Gaston, connaissant votre profonde amitié pour M. Georges Lambert et sachant combien ce jeune homme en est digne, je n'ai pas hésité à vous révéler ce secret important. Voici maintenant pourquoi je vous ai appelé ce soir.

« Comme vous l'avez parfaitement compris autrefois, M. de Borsenne n'a épousé mademoiselle de Précourt qu'en vue de la fortune à venir de M. Fontange. Madame Fontange est décédée il y a quelques jours. M. de Borsenne s'est rendu chez le notaire exécuteur testamentaire de madame Fontange, afin de recueillir, au nom de son fils, la fortune léguée à sa femme.

« Vous devinez ce qui s'est passé. Le notaire a répondu à M. de Borsenne que sa femme n'étant point morte, comme on le croyait, il ne pouvait lui reconnaître la qualité d'héritier. Il est revenu à Paris dans un état facile à comprendre. Je l'ai vu ici, c'est de lui que je tiens tous ces détails. Le cercueil de sa femme a été ouvert; il ne lui reste donc plus aucun doute. Il ignore encore le lieu où se cache la jeune femme, mais il n'a pas eu depeine à deviner qu'elle est avec Georges Lambert.

— C'est une horrible situation! s'écria Gaston.

— Très-dangereuse pour votre ami, et, plus encore pour madame de Borsenne, si digne de sympathie.

— Ah! pour elle et pour lui, merci, monsieur, dit Gaston en serrant avec effusion les mains du président.

— M. de Borsenne ne fera pas un procès, reprit le magistrat; il y a dans son passé des points mystérieux pour lesquels il redoute la lumière. Mais de graves intérêts sont en jeu; il aime sa femme, dit-il, et il y a à Fréjus des millions qu'il guette. Que fera-t-il? Je ne le sais pas et je n'ose y penser. Un homme dans sa position est à craindre. Prévenez Georges Lambert, Gaston; dites-lui de veiller sans cesse sur elle et sur lui. Ce n'est pas seulement son bonheur, c'est peut-être sa vie elle-même qui est menacée.

— Oh! je le verrai demain, dit Gaston.

— C'est cela, dès demain. Inutile de vous recommander le silence sur notre conversation, n'est-ce pas? Maintenant, mon ami ajouta M. Durançon en se levant, ces dames nous attendent au salon, rejoignons-les.

Le lendemain, Georges arriva chez son père vers dix heures. Depuis la lettre du notaire, il venait tous les jours à Paris, ce qui comblait de joie madame Lambert.

Le concierge l'arrêta pour lui remettre une lettre.

— Elle a été apportée hier soir tard, par un ouvrier, dit le bonhomme.

Georges tressaillit en reconnaissant l'écriture de Frugère et il s'empressa de lire les communications suivantes :

« Ce matin, six heures, notre homme au cimetière. Cercueil ouvert. Silence ordonné. Le soir longue visite chez M. le président Durançon. Agité et pâle en sortant. Dîné seul *Café Anglais*. Rentré chez lui à neuf heures. Plus sorti. »

Le jeune homme mit le billet dans sa poche et entra chez sa mère le visage calme et souriant.

Un instant après, Gaston de Sairmaise se présenta.

— Madame Lambert, dit-il, je viens vous demander à déjeuner.

— Mon cher Gaston, cela ne vous arrive pas assez souvent, répondit-elle affectueusement.

M. Lambert rentra et on se mit à table immédiatement.

Après le déjeuner, sur l'invitation de Gaston, les deux amis descendirent au jardin.

— Ce que tu as à me communiquer est donc bien intéressant? demanda Georges.

— Sans doute, puisqu'il s'agit de toi.

— Je suis prêt à t'entendre.

— Georges, tu n'aimes pas M. de Borsenne.

— Tu le sais bien, répondit-il en plongeant son regard dans celui de son ami.

— Je crois que la haine de M. de Borsenne pour toi est au moins égale à la tienne.

— Une supposition?

— Non, une certitude.

— Il n'a aucune raison de m'en vouloir, lui.

— Georges, tu ne dis pas ta pensée. Me permets-tu de te parler avec franchise et d'entrer dans certains détails qui touchent ta vie intime?

— Oui, tu peux parler.

— Hier soir, j'ai vu M. le président Durançon...

— Le président Durançon, ton futur beau-père, interrompit Georges d'un ton sec.

— Un honnête homme, Georges, qui est ton ami sans te connaître, répliqua Gaston.

— Ah! fit Georges étonné.

— Dans la journée le président avait eu le visite de M. de Borsenne.

— Je le sais.

A son tour, Gaston regarda son compagnon avec surprise.

— Eh bien! interrogea Georges, sais-tu ce qui s'est passé entre ces messieurs?

— Oui. M. de Borsenne révéla au président un fait inouï...

— Je sais cela encore, fit Georges.

— Tu as donc vu M. Durançon ce matin ?

— Non, ce sont mes informations particulières. Une question seulement, Gaston; le président Durançon t'a-t-il fait connaître la confidence de M. de Borsenne.

— Oui.

— Alors il n'y a plus rien de caché pour toi dans mon cœur. Comprends-tu maintenant la rage et la haine que je porte dans ma poitrine?... La haine, horrible sentiment dans le sanctuaire de l'amour! A côté du bonheur, d'atroces tourments! J'ai pris sa femme, à cet homme, j'ai les bras liés, je ne peux pas le tuer!... Comme le lion enchaîné, je mords mes liens et je rugis impuissant! S'il m'attaquait seulement, mais il ne le fera pas, car il est lâche, cet homme, il est lâche!...

« Que va-t-il faire? Un procès scandaleux. C'est Jeanne perdue, c'est ton pauvre ami jeté dans un abîme sans fond!

— Non, il n'osera pas se présenter devant un tribunal.

— Il n'osera pas! mais il a toutes les audaces.

— C'est l'opinion du président Durançon. Il cherchera à reprendre sa femme, c'est évident, et c'est pour te prévenir et te dire de te défier que je suis venu ce matin.

— Eh bien, qu'il la réclame sa victime, nous l'attendons. Quant à la reprendre, jamais!... C'est un cadavre que Jeanne lui livrerait.

— Georges, qui sait si la mort de la malheureuse femme n'est pas déjà dans sa pensée ?

— Oh! ne me dis pas cela, répliqua-t-il sourdement; il y a des instants où ma raison s'égare, et j'ai peur de devenir assassin.

— Le projet de M. de Borsenne, reprit Gaston, doit être d'agir dans l'ombre. Il commencera par employer la ruse. Il voudra connaître la demeure de Jeanne. A toi de la bien cacher. Un coup de main hardi peut te l'enlever.

« Dans ton intérêt, tu devrais faire surveiller toutes les démarches de M. de Borsenne.

— Voici sa journée d'hier, répondit Georges en faisant lire à son ami le rapport de Frugère.

— C'est parfait, dit M. de Sairmaise, mais es-tu sûr de ton homme?

— Comme de moi-même. Il connaît tous nos secrets. C'est l'ancien gardien du cimetière qui m'a aidé à ouvrir le cercueil de Jeanne.

— Alors, je n'ai plus d'inquiétude de ce côté-là. Je dois te prévenir aussi que M. de Borsenne sait que sa femme est avec toi.

— Ah! déjà?

— En réfléchissant un peu, c'était facile à deviner.

— Cela prouve que M. de Borsenne connaissait bien les véritables sentiments de Jeanne de Précourt et qu'il ne s'est jamais illusionné sur ceux qu'il lui inspirait.

— Je n'ai pas besoin d'ajouter, reprit Gaston, que je suis entièrement à ta disposition : le cœur, les bras et la bourse.

— Merci, j'aurai peut-être besoin de tout cela.

— Georges, n'oublie jamais que nous sommes frères.

— Ce soir je préviendrai Jeanne et demain, si tu le veux, tu seras reçu à Villeneuve-Saint-Georges par ton frère et ta sœur.

Les deux amis se séparèrent.

Jean Frugère était un enfant de Paris, il avait été un de ces gamins rieurs, narquois, malicieux, pleins d'audace et de cœur, dont le type a été personnifié par Victor Hugo dans le Gavroche des *Misérables*.

A dix-huit ans, ayant appris douze métiers dont aucun ne le faisait vivre, ne sachant où donner de la tête, il s'improvisa comédien. Pendant plusieurs années, il cabotina à travers les provinces, jouant comme il pouvait les rôles qu'on voulait bien lui confier dans les mélodrames de Ducange et de Bouchardy.

Un jour il se crut définitivement artiste et voulut aborder les grands rôles. Il joua un soir, devant une salle magnifique, le rôle de Georges dans *Trente ans ou la vie d'un joueur*. Il fut sifflé à outrance et assailli par une pluie de coquilles de noix, de pommes rongées et d'écorces d'oranges. On ne le laissa pas aller jusqu'à la fin du deuxième acte.

Il jeta ses oripeaux au nez de son directeur, et, désespéré de ne pas être un Frédérick Lemaître, il abandonna la carrière dramatique et chercha un quatorzième métier.

De sa vie sur les planches il lui était resté, avec quelques souvenirs qui faisaient parfois encore battre son cœur, l'art de se grimer et de porter avec aisance une perruque et une barbe postiche. C'était ce qu'il avait le mieux appris.

Or, pendant que Georges et Gaston causaient ensemble, Frugère, habillé comme un domestique de bonne maison, avec une perruque blonde et des favoris roux, entrait dans un cabaret de la rue de Ponthieu où la livrée de M. de Borsenne, qui avait de nombreux loisirs, venait boire et faire la partie de cartes avec les camarades du quartier.

VI

Jean Frugère s'assit à une table à côté de cinq ou six joueurs et se fit servir un *petit noir*.

En général, les gens d'antichambre ne sont pas très-fiers. S'ils sont parfois défiants, ce n'est certes pas vis-à-vis d'un confrère, qui entre avec eux dans un café ou chez un marchand de vin.

Frugère put se mêler facilement à la conversation des domestiques :

— Je ne sais pas ce qui se passe chez nous, disait le cocher de M. de Borsenne, depuis que monsieur a hérité de plusieurs millions, nous sommes sens dessus dessous.

— Avez-vous enfin touché vos gages arriérés ?

— Pas encore. Pierre nous a annoncé que nous serions payés ces jours-ci et qu'il y aurait en plus une gratification : des œufs de Pâques.

— A moins que ce ne soit un poisson d'avril.

— Vous devez être bien heureux de servir un si bon maître, dit Frugère.

— Heu ! heu ! fit le cocher, je le préférerais plus exigeant et meiller paye.

— Êtes-vous bien nourris ?

— Pour ça, oui. C'est Pierre qui s'occupe du menu.

— Comme de tout, ajouta un autre ; il est plus maître que M. de Borsenne.

— Ah ! vous êtes chez M. de Borsenne, fit Frugère en s'adressant au cocher et en simulant l'étonnement. On le dit très-généreux.

— Quand il peut. Malheureusement, depuis la mort de madame, il est souvent empêché.

— C'est un bon vivant, c'est connu, bien posé, millionnaire, — vous le

Le petit Edmond, tout en jouant avec sa pelle, ne perdait pas un mot de ce qui se disait. (Page 232.)

disiez tout à l'heure — et j'aimerais à être à son service. Je suis précisément en train de chercher une bonne condition.

— Pour ça, l'ami, il faudrait vous adresser à M. Pierre. Le valet de pied, qui est parti il y a huit jours, n'est pas encore remplacé, c'est le moment.

— Qui est-ce, M. Pierre?

— C'est le premier, le maître d'hôtel, le confident de monsieur. Depuis le matin, ils sont enfermés et causent ensemble; je ne sais pas trop ce qu'ils manigancent.

— Alors, je verrai M. Pierre.

— Avez-vous un livret?

— Assurément.

— De bons répondants? Je vous préviens que M. Pierre est très-éplucheur.

— J'ai tout cela, répondit Frugère avec aplomb.

— Êtes-vous encore en place?

— Non, il y a deux jours que j'ai quitté M. Graverley.

— Je ne connais pas ce nom-là, dit le cocher en se grattant l'oreille.

— C'est un Américain immensément riche; il retourne dans son pays. Il voulait m'enmener. Mais moi, j'aime Paris, j'ai refusé de le suivre à New-York.

— Je comprends ça! fit le cocher. Tenez, continua-t-il en regardant dans la rue, voilà M. Pierre qui passe. Mâtin! comme il a l'air affairé.

— Ah! c'est là M. Pierre; j'ai envie de lui parler de suite.

— Ce n'est guère le moment. Après tout, vous ne risquez pas grand'chose.

Frugère se leva, salua ses nouveaux amis, jeta une pièce de cinquante centimes sur le comptoir et sortit.

Tout en marchant il alluma un cigare et suivit le domestique.

M. Pierre était un grand garçon de trente-cinq ans, bien découplé, carré des épaules et fortement greffé sur ses jambes. Il n'était ni beau ni laid. Il avait le regard vif et hardi, les traits irréguliers, rudes et les yeux jaunes et ronds comme ceux d'un oiseau de proie, creusés sous un front audacieusement bombé. Son aspect n'était pas repoussant; toutefois, en le regardant, on ne pouvait définir l'impression qu'on éprouvait. On se demandait en hésitant si l'on avait devant soi un honnête homme ou un coquin.

Quelques années auparavant, recommandé par M. de Borsenne dont il était l'âme damnée, le baron de Précourt l'avait accepté comme valet de chambre. Puis peu de temps après, sur la demande de la baronne, il fut congédié. C'était prévu. Revenu chez son véritable maître, il n'attendait que l'occasion de lui rendre de nouveaux services dans une intrigue ou une aventure convenant à ses aptitudes et à son goût.

Cet important personnage connaissait la moitié des secrets de son maître, et c'est lui que M. de Borsenne venait de charger de suivre Georges Lambert et de découvrir, à Paris ou dans la banlieue, la demeure d'une inconnue dont le jeune homme était l'amant.

Il sortait de l'hôtel pour aller à la recherche de quelques renseignements nécessaires au plan qu'ils avaient conçu ensemble, lorsque Jean Frugère, flairant l'ennemi et le danger, s'élança résolûment sur ses pas.

— M. Pierre a une figure qui ne me revient pas du tout, se disait le brave Jean. Et puis, il est trop dans l'intimité de son maître pour que je n'aie pas l'œil sur lui.

Le domestique cheminait tranquillement sans regarder en arrière et sans la moindre défiance. Il est vrai que, pour le moment, il croyait toute précaution inutile.

M. de Borsenne, persuadé que Georges était dans une quiétude complète, voulait agir avec une rapidité foudroyante et frapper un coup terrible avant que les deux amants eussent seulement soupçonné la menace d'un danger.

Bien que présentant quelques difficultés, le projet de M. de Borsenne était assez simple. Il voulait enlever sa femme et la réintégrer de gré ou de force dans sa maison. Cela fait, il inventait une fable quelconque, appelait chez lui M. et madame de Précourt et quelques autres personnes, faisait son petit discours, et pour terminer comme un dernier tableau de drame, leur présentait tout à coup sa femme ressuscitée.

De cette façon, il évitait un procès désagréable et forçait Jeanne, sinon à l'aimer, du moins à reconnaître sa générosité. Il n'admettait pas, du reste, que sa femme pût le démentir devant ses parents et les autres personnes présentes à cette touchante scène de famille.

De Georges Lambert il ne se préoccupait nullement. Il était oublié.

Après avoir suivi le faubourg Saint-Honoré jusqu'à l'Élysée, M. Pierre prit la rue des Saussaies, monta la rue d'Astorg et s'engagea dans la rue Saint-Lazare.

— Je ne m'étais pas trompé, se dit Frugère, il va rue de La Rochefoucauld.

En effet, le domestique grimpa la pente assez rapide de cette rue. Il ne jeta qu'un regard sur la maison de M. Lambert. Il se préoccupait davantage d'examiner les maisons portant des numéros impairs.

Évidemment, il cherchait la possibilité d'établir un poste d'observation, Frugère le devina. Mais les boutiques sont rares dans cette partie de la rue.

Cependant, au coin de la rue d'Aumale, il y avait un petit café avec un billard. Le domestique y entra et se fit servir un petit verre. Un instant après, Jean Frugère s'asseyait à une autre table. Il avait chaud, il demanda un bock de bière. Il le vida d'un trait et se mit à examiner l'homme de M. de Borsenne.

— Il a décidément une mauvaise figure, pensa-t-il; si ce n'est pas déjà un scélérat, il ne demande qu'à le devenir.

Le domestique s'était placé près de la devanture du côté de la rue d'Aumale; il souleva un rideau et inspecta du regard les maisons de la rue La Rochefoucauld qu'il pouvait découvrir. La porte cochère et toute la façade de la maison de M. Lambert étaient parfaitement en vue.

Un sourire de satisfaction se dessina sur ses lèvres. Il appela le garçon et paya son petit verre dans lequel il n'avait fait que mouiller ses lèvres. Il sortit après avoir salué Frugère, qui lui rendit son salut avec beaucoup de politesse, mais en murmurant :

— En attendant que je t'étrangle, gredin.

Jean quitta sa table et alla prendre la place qu'avait occupée le domestique. A son tour il souleva le rideau. Il vit M. Pierre franchir le seuil de la porte de M. Lambert.

Alors il tira de sa poche un morceau de papier sur lequel il écrivit au crayon :

« Ça commence. A partir de ce soir ou demain vous serez suivi. Ne vous rendez plus directement à la gare. »

Il mit le billet dans une enveloppe et attendit.

Pierre ne tarda pas à reparaître; mais au lieu d'aller du côté de la rue Saint-Lazare, comme le pensait Frugère, il monta la rue.

— Où diable va-t-il encore? se demanda Jean.

Quand Pierre eut dépassé le café, Frugère sortit précipitamment et courut chez le concierge de M. Lambert.

— Voici une lettre très-pressée pour M. Georges, lui dit-il; est-il encore chez son père?

— M. Georges est sorti en voiture avec madame, répondit le concierge; mais ils vont rentrer et votre lettre sera remise aussitôt.

— N'est-il pas venu quelqu'un le demander tout à l'heure?

— Oui, et j'ai répondu que M. Georges était sorti et qu'il ne rentrerait pas aujourd'hui.

— Pourquoi ne m'avez-vous pas dit la même chose à moi?

— Vous, c'est différent, vous avez une lettre.

— Allons, c'est bien, approuva Frugère.

Et il sortit pour se remettre à la poursuite de M. Pierre.

VII

— J'agis comme un imbécile, se dit Jean Frugère, lorsque, arrivé sur la place Pigalle, il ne se trouva plus qu'à vingt-cinq pas du domestique. S'il se retourne, il me reconnaît et il sait qu'il est suivi. Pas de précipitation, soyons prudent.

Il se jeta dans le corridor d'une maison et enleva lestement sa perruque et ses favoris, qu'il fourra dans la poche de son paletot.

— Me voilà plus tranquille, reprit-il en se parlant à lui-même; mais pour être à mon goût, il me faudrait une blouse ou un bourgeron. Non, pas un bourgeron, il me faudrait aussi une cotte. Va pour la blouse.

Sur le boulevard Rochechouart les fripiers ne sont pas rares. Il entra chez le premier de ces industriels qui s'offrit à sa vue.

— J'ai besoin d'une blouse, dit-il en ôtant son paletot.

— Blanche, ou bleue? demanda la fripière.

— Bleue, dépêchez-vous.

— Voilà.

— Combien?

— Cinq francs.

— Les voici.

La blouse était déjà sur son dos.

— Monsieur, vous oubliez votre paletot.

— Il me gênerait; je le prendrai ce soir en repassant.

Et il s'élança dehors, laissant la marchande ébahie.

Le domestique avait disparu.

— Mâtin, fit-il tout décontenancé, me voilà bien avancé. Où mon animal s'est-il fourré?

Il se mit à marcher très-vite en plongeant son regard dans toutes les rues qui aboutissent au boulevard. Arrivé devant le café du Delta, il s'arrêta, se demandant ce qu'il allait faire. Mais soudain son visage assombri reprit sa sérénité. Il venait d'apercevoir son homme, gravissant de son même pas tranquille la chaussée Clignancourt.

— Maintenant, se dit-il, si je le perds de vue, il sera bien mâlin.

Plus loin que le Château-Rouge, au bas de la butte Montmartre, il y a une rue humide et boueuse à laquelle on a judicieusement donné le nom de rue du

Ruisseau. Les maisons y sont basses, crevassées, sales, infectes. Il y grouillait une population hâve, déguenillée, presque farouche.

C'est dans un bouge enfumé de cette misérable rue que pénétra M. Pierre.

Bien qu'il ne fût pas encore quatre heures du soir, l'intérieur du cabaret était éclairé par des chandelles. Du reste, on devait à peine y voir en plein midi; tant les murs étaient noirs et le plafond écrasé.

Malgré sa bravoure, Jean Frugère n'osa point suivre le domestique de M. de Borsenne dans ce repaire. Il est vrai que du dehors, à travers les déchirures des rideaux, jadis rouges, il pouvait voir tout ce qui se passait dans la salle.

Une douzaine d'individus de mine suspecte et plus ou moins vêtus étaient assis autour de deux tables carrées, couvertes de verres, de bouteilles et de coquilles d'œufs rouges. Ils chantaient, criaient, hurlaient ou se querellaient au milieu de la fumée des pipes culottées, qui formait un nuage épais et nauséabond au-dessus de leurs têtes.

C'était une réunion complète et choisie de créatures abjectes, types horribles, plus repoussants que le vice lui-même.

Repris de justice, vagabonds et rôdeurs de nuit de tous les âges et de tous les grades, se donnaient là l'accolade fraternelle.

Dans ce cloaque impur, on faisait l'apprentissage du crime. On en sortait détritus de l'humanité.

M. Pierre aborda l'un de ces hommes et lui tendit familièrement la main. Celui-ci se leva en reconnaissant le visiteur et ils allèrent s'asseoir à une petite table dans le fond de la salle.

L'oreille tendue, l'habitué du bouge écouta attentivement ce que lui disait tout bas le domestique ainsi que les réponses à ses questions.

La conversation dura au moins vingt minutes, après quoi M. Pierre tira de sa poche quelques louis qu'il mit dans la main de son interlocuteur.

Le marché est conclu, se dit Frugère. Mâtin, quel dommage que je n'aie pas pu entendre leur intéressante causerie.

Il savait le nom de la rue, il prit le numéro de la maison. Il remettait son carnet dans sa poche, lorsque Pierre sortit du cabaret.

— Il va me ramener dans Paris, pensa Frugère, suivons toujours.

Devant le Château-Rouge, le domestique arrêta un fiacre. Frugère pressa le pas et arriva à temps près de la voiture pour entendre M. Pierre dire au cocher :

— Rue de Ponthieu.

— C'est tout ce que je voulais savoir, grommela-t-il en s'éloignant rapidement, la journée est finie... Je vais reprendre mon paletot où je l'ai laissé, ensuite j'irai dîner dans un restaurant quelconque et je rentrerai chez moi pour écrire mon rapport à M. Georges.

Cinq jours après, de l'aveu même de son domestique, M. de Borsenne constata que M. Pierre et les quatre ou cinq hommes qu'il s'était adjoints n'avaient absolument rien fait.

Tous connaissaient Georges Lambert, ils le voyaient entrer dans la maison de son père et en sortir; mais malgré leurs bons yeux, leurs bonnes jambes et leur zèle, le jeune homme parvenait toujours à les dépister, quelque chemin qu'il prît.

— C'est à croire qu'il se doute de quelque chose, dit Pierre.

— Je comprends sa prudence, répliqua M. de Borsenne; mais je vais m'en mêler aujourd'hui et j'espère obtenir quelques renseignements certains.

En réfléchissant, M. de Borsenne s'était dit:

— Georges Lambert a quitté Paris en décembre 1866, il y est revenu à la fin de septembre 1867, au moment d'une maladie grave de mon fils. On m'a parlé alors d'un inconnu d'un certain âge qui venait voir l'enfant. Ce devait être un agent de madame de Borsenne.

« Jeanne aimait beaucoup son fils; elle n'a pas étouffé dans son cœur la tendresse maternelle. Le retour de Georges Lambert à Paris coïncidant avec la maladie de l'enfant, il me paraît évident que Jeanne, prévenue par son agent, a tenu à se rapprocher de son fils, peut-être même à le revoir. Il faut que j'interroge la femme Minguet. »

Après avoir donné de nouveaux ordres à son valet de chambre, devenu un personnage beaucoup plus important, M. de Borsenne partit pour Brunoy.

Il trouva Suzanne dans son petit jardin, travaillant à l'ombre d'un lilas en fleurs! Edmond, une pelle de bois à la main, ramassait du sable mêlé de gravier, autour d'une petite branche de noisetier qu'il avait plantée au milieu de l'allée.

En reconnaissant son père, il suspendit son intéressant travail et accourut vers lui.

M. de Borsenne devait être bien préoccupé, car il ne jeta qu'un regard distrait sur l'enfant et oublia de l'embrasser. Il s'assit sur une chaise que lui offrit Suzanne, et le petit garçon se coucha près d'eux dans la poussière.

— Edmond va bien maintenant, dit M. de Borsenne, il a meilleure figure que lors de ma dernière visite.

— Le printemps, le soleil et le grand air lui font beaucoup de bien, répondit-elle. Voyez comme il a grandi.

— Au mois de septembre dernier, lorsque nous avons failli le perdre, vous m'avez parlé d'un vieux monsieur qui venait le voir. Vous a-t-il fait de nouvelles visites?

— Je ne l'ai plus revu, monsieur.

— Vous n'avez jamais su qui il était?

— Non, monsieur, j'ai pensé qu'il venait de la part de madame la baronne de Précourt.

— Depuis, vous n'avez eu pour l'enfant aucune visite qui vous ait paru... singulière?

— Aucune, répondit Suzanne en jetant un regard inquiet sur Edmond, qui, tout en jouant avec sa pelle, ne perdait pas un mot de ce qui se disait.

— Dans vos promenades avec lui, avez-vous par hasard rencontré des personnes qui vous ont questionnée?

— Jamais, monsieur.

— Ou qui ont paru s'intéresser à Edmond? ajouta-t-il.

— Je ne me souviens pas.

— Mais si, dit tout à coup l'enfant terrible en levant sa petite tête intelligente, la dame noire.

M. de Borsenne tressaillit.

— Quelle est cette dame noire? demanda M. de Borsenne.

— Celle qui m'a donné des bonbons, répondit le petit bavard.

Suzanne avait subitement pâli.

— Pourquoi ne m'avez-vous point parlé de cette dame? demanda sévèrement M. de Borsenne.

— J'avais oublié... Une fois ou deux, une dame a donné des bonbons au petit, comme à d'autres... je n'y ai pas fait attention.

— Elle vient aussi chez nous, la dame noire, dit encore l'enfant.

Suzanne, effrayée, voulut l'empêcher de parler. Nouvelle maladresse.

— Laissez-le, reprit durement M. de Borsenne.

Il prit le petit garçon et l'assit sur ses genoux.

Suzanne, prise au piége, suffoquait.

— La dame noire vient donc te voir ici? demanda M. de Borsenne à Edmond.

— Oui, la nuit, quand je suis couché.

— Que te dit-elle, la dame noire?

— Je ne sais pas. Elle m'embrasse bien fort, bien fort.

— J'espère que vous allez me donner des explications sur votre inqualifiable conduite. (Page 235.)

— Elle t'aime donc beaucoup?

— Oui.

— Et toi, l'aimes-tu bien?

— Oui, je l'aime bien, répondit l'enfant dont les yeux brillaient de joie.

— Est-ce que tu ne l'as pas reconnue, cette belle dame?

— Non, fit-il avec un petit air sérieux, la dame noire a toujours la figure cachée.

M. de Borsenne rendit la liberté à son fils en lui disant :

— Maintenant, mon petit ami, tu peux aller jouer.

VIII

Le petit garçon s'empressa de retourner à son tas de sable dans l'allée du jardin.

— Suzanne, dit M. de Borsenne d'un ton sévère, je vous croyais dévouée à mes intérêts ; j'aurais dû penser que je plaçais mal ma confiance. Après avoir trahi votre maîtresse, vous deviez me tromper aussi ; c'était inévitable, je suis un niais de ne pas l'avoir prévu.

« Cette dame vêtue de noir et voilée, que vous rencontrez dans vos promenades, qui vient chez vous voir Edmond, vous la connaissez?

— Monsieur...

— Vous la connaissez, vous dis-je ; ne cherchez pas à mentir, ce serait inutile.

Suzanne baissa les yeux sous le regard de M. de Borsenne.

— C'est votre ancienne maîtresse, poursuivit-il ; c'est madame de Borsenne. Vous allez me donner son adresse.

— Je l'ignore, monsieur, dit-elle.

— Vous mentez !

— Je vous le jure, monsieur, je vous le jure, je ne connais pas son adresse.

— Au fait, c'est très-admissible, pensa M. de Borsenne, et c'est peut-être une chance de plus pour moi.

Une idée qui ne manquait pas de hardiesse venait de jaillir dans son cerveau.

— Suzanne, reprit-il d'un ton plus doux, vous mériteriez que je vous reprisse immédiatement mon fils ; mais il s'est attaché à vous et je vous suis reconnaissant des bons soins que vous lui avez donnés. Je vous le laisserai donc. Seulement j'exige qu'à l'avenir vous me fassiez part de toutes choses, même futiles, concernant l'enfant.

« Entrons chez vous, je vous prie ; vous devez avoir tout ce qu'il faut pour écrire une lettre.

— Oui, monsieur.

Dans la maison, Suzanne mit du papier, une plume et de l'encre sur une table et approcha un siége.

— C'est vous qui allez écrire, dit M. de Borsenne, sous ma dictée. Allons, asseyez-vous.

Suzanne prit la plume. M. de Borsenne commença à dicter :

« Madame, l'enfant est très-malade. »

Suzanne s'arrêta.

— Eh bien, qu'est-ce que vous faites? dit M. de Borsenne avec impatience.

— Mais, monsieur, je ne sais pas où demeure madame.

— Que cela ne vous préoccupe point; écrivez!

Continuant à dicter :

« L'enfant est très-malade. Le médecin a peur que ce soit le croup. Venez vite.

— Maintenant, signez : Suzanne Minguet.

Il prit le papier, le plia en quatre, après avoir lu l'écriture, le mit dans sa poche et s'en alla sans ajouter une parole et sans songer à son fils qui s'amusait dans le jardin.

Suzanne n'avait pas compris d'abord l'importance que pouvaient avoir les trois lignes qu'elle venait d'écrire. Dominée par la crainte, elle avait obéi machinalement.

Ce n'est qu'après le départ de M. de Borsenne qu'elle soupçonna la combinaison d'un piége menaçant son ancienne maîtresse et elle se vit complice d'une nouvelle infamie.

Sa douleur fut très-vive.

— Ah! je suis une malheureuse! s'écria-t-elle. Si seulement je savais son adresse, j'irais la prévenir... Mon Dieu, mon Dieu, que va-t-il arriver? Je vais encore être la cause d'un grand malheur.

Elle sanglotait et, désolée, se tordait les mains et les bras.

En entrant chez lui, M. de Borsenne fut désagréablement surpris d'y trouver, installée dans son salon, Brin-d'Azur qui l'attendait depuis plus de deux heures.

— Enfin, vous voilà, monsieur, lui dit-elle en prenant un air pincé, j'espère que vous allez me donner des explications sur votre inqualifiable conduite.

— Désolé, ma chère, répondit-il; le temps de causer me manque. D'ailleurs je n'ai rien à vous dire.

— Moi, monsieur, j'ai à vous déclarer que votre ton dédaigneux me blesse autant que la sotte comédie que vous avez jouée avec moi. Quand on a un *de* avant son nom, monsieur de Borsenne, on n'agit pas, avec une femme comme moi, ainsi qu'un commis-voyageur ou un palefrenier.

— Je ne sais pas ce que vous voulez dire.

— En vérité? fit-elle ironiquement.

« M'avez-vous, oui ou non, emmenée à Marseille?

— Oui, je vous ai emmenée à Marseille; après?

— Vous m'y avez lâchement abandonnée.

— Vous êtes revenue.

— Avec une note à payer de trois cent cinquante francs, continua Clara qui commençait à s'irriter.

— Oh! répliqua M. de Borsenne railleur, vous pouviez vous permettre cette dépense.

— Oui, monsieur, mais je n'accepte pas que vous m'ayez plantée là pour reverdir. C'est une plaisanterie de saute-ruisseaux, dont je ne m'accommode point.

— Vous tenez à savoir la vérité? Eh bien! je vous ai oubliée à Marseille, voilà tout.

— Oh! l'adorable aveu!... Quelle exquise galanterie!... Mon cher, vous faites trop le crâne; cela peut aller à un homme de trente ans, mais à votre âge c'est ridicule. Vos beaux jours sont passés, mon petit, car les millions ne viendront pas. Donc, adieu le soleil!

— Comment avez-vous su...

— Qu'on n'héritait pas! En allant à Fréjus tout simplement.

— Quoi! vous avez eu l'audace...

— De faire une visite au château de madame Fontange, oui, monsieur. Et j'y ai été parfaitement reçue par des domestiques beaucoup plus polis que vous, mon cher. Après vous avoir naïvement attendu onze jours, j'ai tenu à voir ce que vous étiez devenu, et j'ai fait ce petit voyage que je ne regrette pas, puisque je lui dois de connaître votre entière déconfiture.

M. de Borsenne mordait ses lèvres de rage.

— Je suppose que vous n'avez plus rien à me dire, répliqua-t-il d'un ton bref; alors vous pouvez vous retirer, j'ai besoin d'être seul.

— Je ne me plais nullement en votre société, je vous prie de le croire; cependant je prendrai le temps de vous dire que, dorénavant, vous pouvez vous dispenser de vous présenter chez moi.

— A moins que les millions ne reviennent, répondit-il avec une ironie mordante. Du reste vous auriez pu attendre ma visite pour dire toutes ces choses.

Brin-d'Azur venait d'être frappée au cœur.

— Mon cher, reprit-elle, frémissante de colère, ce n'est pas absolument pour vous que je suis ici; je tenais à revoir votre hôtel, une idée à moi. Quant aux millions, ils ne vous rendraient pas les cheveux que vous n'avez plus et ne mettraient point de vraies dents à la place de vos fausses.

M. de Borsenne blêmit et son pied frappa le parquet avec violence.

— Sortez, sortez! hurla-t-il, ou je vous fais chasser par mes domestiques.

Brin-d'Azur gagna prudemment la porte. Mais avant de sortir elle se retourna.

— Monsieur de Borsenne, dit-elle d'une voix acérée, avant six mois j'aurai acheté votre hôtel; je vous y réserverai la place de portier.

Et elle s'éloigna rapidement en jetant dans l'antichambre un éclat de rire sardonique.

— L'odieuse créature! murmura M. de Borsenne; depuis deux ans, j'ai dépensé pour elle plus de cent mille francs... Voilà la reconnaissance des courtisanes, filles éhontées et sans cœur.

L'entrée de M. Pierre coupa court à ces réflexions philosophiques.

— Je vous attendais avec la plus vive impatience, lui dit son maître.

— Quatre heures seulement vont sonner, répondit-il en montrant la pendule.

— Où sont vos hommes?

— Du côté de la rue de La Rochefoucauld.

— Que l'un d'eux vous accompagne et rendez-vous sans perdre une minute à la gare de Lyon. La femme que nous cherchons demeure dans un des villages de la banlieue et, j'en suis certain, à proximité de la ligne de Lyon.

— J'ai compris, fit le domestique.

— Il est bien entendu, reprit M. de Borsenne, qu'aucun de ces hommes que vous employez ne doit savoir mon nom.

— Pas plus que le mien, soyez tranquille.

— Connaissent-ils notre position?

— Non, ils croient que je suis un de leurs camarades de la haute *pègre*.

— Il y en a un qui vous est entièrement dévoué, m'avez-vous dit?

— Oui, Rombolle, surnommé le *Loucheur*. Je lui ai rendu autrefois quelques services dont il se souvient. Du reste, avec quelques pièces d'or, distribuées à propos, on peut compter sur eux tous pour n'importe quelle besogne.

— C'est bien. Maintenant, partez vite; vous n'avez pas de temps à perdre.

Pierre courut prendre un coupé à la remise voisine et se fit conduire derrière l'église Notre-Dame-de-Lorette où le Loucheur était posté. Il l'appela, le fit monter près de lui et la voiture repartit.

Ils arrivèrent à la gare deux minutes avant l'ouverture des guichets pour la distribution des billets. Un instant après, Georges Lambert arriva. Mais comme il avait une autorisation spéciale de circuler, il entra directement dans la salle d'attente.

IX

— Mais, cela ne me dit pas où il va, murmura Pierre, qui avait compté suivre le jeune homme au guichet.

— Il n'ira probablement pas plus loin que Melun, se dit-il.

Il se précipita au guichet et prit deux places de secondes pour cette station.

Ils entrèrent dans la salle d'attente et virent Georges lisant un journal du soir qu'il venait d'acheter. Ils ne le quittèrent plus des yeux. Ils remarquèrent le compartiment de première classe dans lequel il entra et montèrent dans le wagon de deuxième le plus rapproché.

A chaque arrêt du train, l'un d'eux descendait lestement, prêt à faire signe à l'autre.

A Villeneuve, Pierre vit le jeune homme ouvrir la portière de son compartiment. Il fit le signe convenu et le Loucheur sauta sur le quai. Ils sortirent précipitamment de la gare.

— Voilà des hommes bien pressés, murmura l'employé chargé de recevoir les billets.

Puis, regardant les deux cartons :

— Tiens, ils prennent Villeneuve-Saint-Georges pour Melun; c'est drôle, fit-il.

Dans l'avenue, Georges, sans défiance, passa près des deux hommes sans les remarquer.

Ils le suivirent à une trentaine de pas de distance. Bientôt ils le virent sonner à une grille qui s'ouvrit aussitôt et se referma derrière lui.

— Voilà la moitié de notre besogne faite, dit Pierre gaiement.

— Voyage agréable, répliqua Rombolle d'une voix éraillée.

Ils passèrent devant l'habitation, et comme elle était isolée des autres maisons, ils purent en faire le tour et l'examiner avec soin.

Le domestique prenait des notes dans sa tête.

— Il me reste à savoir le nom de la dame, se dit-il.

Un gamin de douze à quatorze ans vint à passer. Il l'arrêta.

— Veux-tu gagner une pièce de vingt sous? lui demanda-t-il.

— Tout de même. Qu'est-ce qu'il faut faire?

— Me répondre seulement. A qui appartient cette belle maison aux volets verts et ce beau jardin?

— A M. Frugère.

— Un grand, beau jeune homme?

— Non, M. Frugère est petit, vieux et il a les cheveux tout gris. Vous voulez parler de l'Italien, c'est son locataire.

— Je croyais aussi qu'il avait une femme dans cette maison.

— Il y en a même deux. La Dame voilée et sa femme de chambre.

Pierre et Rombolle échangèrent un regard satisfait.

— Ça brûle, dit ce dernier.

— Q'est-ce qui brûle? fit le gamin en regardant autour de lui.

— Rien du tout, reprit vivement Pierre. Tu dis donc qu'il y a deux femmes dans cette maison. Qu'est-ce que la dame voilée?

— La femme de l'Italien.

— Comment se nomme-t-il, cet Italien?

— Je n'en sais rien. Ce sont des gens qui ne parlent à personne, probablement parce qu'on ne les comprendrait pas.

— La femme de l'Italien est-elle jolie?

— Pour vous le dire il faudrait l'avoir vue. Elle ne sort jamais sans un grand voile noir. C'est pour cela qu'on l'appelle à Villeneuve la Dame voilée.

Il n'y avait plus rien à tirer du gamin. Le domestique lui donna les vingt sous promis et il s'en alla fier comme un millionnaire.

— Tout cela est très-bien, dit Pierre à son camarade, mais il nous faut le nom.

— Ces gens-là doivent recevoir des lettres, des journaux, opina Rombolle, allons le demander à la poste.

— A la poste on nous rirait au nez, et puis ce serait dangereux.

Ils cherchaient et ne trouvaient aucun moyen possible d'obtenir ce dernier renseignement, le plus important. Pierre, surtout, était fort désappointé.

— Nous ne pouvons pourtant pas revenir à Paris comme ça, se disait-il.

Ils entrèrent chez un épicier, puis chez un boulanger; mais on ne savait que le nom de Frugère, celui du soi-disant Italien était inconnu.

Ils trottaient depuis plus d'une demi-heure dans les environs de la villa, n'osant s'approcher de trop près, lorsqu'ils en virent sortir un homme qui portait sous son bras un paquet de journaux.

C'était le marchand de journaux de la localité.

Pierre l'attendit au passage et l'accosta en lui demandant si ses journaux étaient à vendre.

— Certainement, répondit-il.

Pierre prit et paya plusieurs journaux. Puis tout en marchant à côté du bonhomme il se mit à parler de l'extension que prenait la vente des feuilles quotidiennes, des kiosques, des tables sur la voie publique, etc.

— Vous êtes donc de la partie? demanda le naïf marchand.

— Moi, je suis libraire, répondit le domestique; mais depuis quelque temps on ne vend presque plus de livres, les journaux ont tué la librairie, et comme il faut tout de même payer le loyer de sa boutique, je me suis décidé à vendre des journaux comme les autres.

— Je suis heureux d'avoir rencontré un confrère, dit le marchand.

— Quels sont les journaux que vous vendez le mieux?

— Toujours les mêmes : *le Petit Journal, le Figaro.*

— C'est comme à Paris. Est-ce que vous les portez à domicile?

— Oui, chez quelques-uns de mes bons clients, qui m'en ont prié.

— Ici, vous avez des gens riches, qui doivent vous en acheter plusieurs.

— Comme M. de Pradines d'où je viens, qui me les prend presque tous.

Le domestique eut de la peine à retenir un cri de joie.

— M. de Pradines, fit-il, un Italien?

— Je ne sais pas s'il est Italien, mais ce qu'il y a de certain, c'est que lui et sa femme sont mes meilleures pratiques.

M. Pierre souhaita bonne chance au vendeur de journaux, appela le Loucheur, qui le rejoignit un peu plus loin, et tous deux se rendirent à la gare pour y attendre le premier train.

Le lendemain matin, Jean Frugère apprenait, en faisant causer le cocher de M. de Borsenne, devenu son ami, grâce à quelques chopes de bière, tout ce que

M. de Borsenne se faisait servir à déjeuner dans un cabinet. (Page 246.)

les valets avaient pu entendre de la conversation de leur maître avec mademoiselle Clara.

Il vint alors à Jean Frugère une idée qu'il résolut de communiquer le jour même à Georges Lambert. Il attendit avec impatience le moment de se rendre à l'hôtel de Sairmaise où, depuis quelques jours, il était sûr de rencontrer Georges et Gaston entre une et deux heures de l'après-midi.

A une heure précise, Frugère frappait à la porte de la chambre de Gaston. Les deux amis avaient déjeuné ensemble; ils l'attendaient.

Frugère leur raconta la scène violente entre M. de Borsenne et Brin-d'Azur, laquelle avait été suivie d'une rupture complète.

— Il m'est venu une idée, continua-t-il, mais il faudrait une forte somme, au moins cent cinquante mille francs.

— Qu'importe la somme, si l'idée est bonne, répliqua Georges.

— M. de Borsenne, reprit Frugère, n'a pas d'autres ressources en ce moment que l'argent qu'il touche à la caisse de la société dont il est un des administrateurs. Une bonne opposition sur son traitement, qui lui fermerait la caisse, lui enlèverait sans doute un de ses moyens d'agir contre nous.

— J'ai déjà songé à cela, fit Georges.

— Nous pourrions faire mieux encore, poursuivit Frugère, ce serait de saisir son hôtel, ses meubles, ses chevaux, sa voiture et le reste. Pendant qu'il chercherait à se dépêtrer des feuilles de papier timbré qui pleuvraient sur lui, il nous laisserait le temps de respirer.

— Je comprends l'idée de Frugère, dit Gaston, elle me paraît excellente. Il ne s'agit que d'acheter les créances de notre homme.

— Les deux principales seulement. Je connais les créanciers; tous deux ils accepteront le marché avec empressement. Ils ont peur de poursuivre un homme haut placé comme M. de Borsenne et ils sont las d'être endormis par de belles promesses.

— Soit, mais qui se chargera des poursuites? demanda Georges.

— Le premier homme d'affaires venu, répondit Gaston.

— Moi, j'ai mieux que cela, dit Frugère. J'ai choisi mademoiselle Clara pour cette besogne.

— Il faudrait qu'elle le voulût, fit Georges en secouant la tête.

— Soyez tranquille, je me charge d'avoir son consentement.

— La chose est à tenter, dit Gaston.

— Alors, essayons.

— Demain, après-demain au plus tard, il faudra l'argent, reprit Frugère.

— Je puis fournir la moitié de la somme, dit Gaston.

— Et moi l'autre facilement, dit Georges.

— En ce cas, messieurs, tout va bien. Je vous quitte, car j'ai pour ce soir une rude besogne. Dans une heure, je serai chez madame Brin-d'Azur; je verrai ensuite les créanciers de M. de Borsenne et je tiens aussi à ne pas perdre de vue trop longtemps certains garnements dont un au moins doit rôder dans les environs.

Jean Frugère se trompait. Aucun des hommes dont il voulait parler ne se trouvait en ce moment à Paris.

Il se rendit rue des Moulins et un quart d'heure après il sortait de chez lui vêtu à la dernière mode. Chapeau de soie à haute forme, bottines vernies, redingote noire boutonnée, pantalon gris, lorgnon suspendu à un cordon de soie et gants beurre frais.

X

Le même jour, vers trois heures, Jeanne reçut les quelques mots écrits par Suzanne sous la dictée de M. de Borsenne.

La lettre avait été mise à la poste à Brunoy.

La jeune femme poussa un cri douloureux. Appelée, elle eut la pensée de se rendre immédiatement auprès de son fils. Mais elle se rappela qu'elle avait promis à Georges de ne plus aller à Brunoy pendant quelque temps et sans sa permission.

Georges devait rentrer à six heures, elle se résigna à attendre son retour. Trois heures de fièvre et d'inquiétude mortelle.

Aussitôt que le jeune homme arriva, elle lui montra la lettre. Il la lut les sourcils froncés.

— Je me suis souvenue de ma promesse et je t'ai attendu pour partir, dit-elle.

— Tu as bien fait.

— Me permets-tu d'y aller?

— Non, répondit-il.

Un nuage était descendu sur son visage et pour la dixième fois il relisait les trois lignes.

— A quoi penses-tu, Georges?

— Je regarde cette écriture. Est-elle bien de Suzanne?

— Oh! je la reconnais; autrefois Suzanne tenait le livre de mes menues dépenses. C'est bien son écriture lourde aux lettres allongées et irrégulières.

— Soit, mais je remarque dans chaque mot une hésitation, un tremblement de la main qui ne me paraît pas naturel.

— L'enfant malade, elle était agitée.

— Tout ce que tu voudras, mais je suis défiant. A qui la lettre était-elle adressée?

— A moi, chez M. Frugère.

— Je voudrais voir l'enveloppe. Où est-elle?

— Je ne sais pas, je l'ai jetée; mais j'étais ici quand j'ai ouvert la lettre, il n'y avait pas de feu, on peut la retrouver.

En effet, Georges découvrit l'enveloppe froissée dans un coin du salon. Il l'examina.

— Tiens, dit-il, regarde, ai-je tort ou raison de me défier? L'écriture de l'adresse est d'une autre main. Le piége est vraiment trop grossier.

— Comment, tu supposes...

— Je suis sûr, ma chère Jeanne. Ton ancienne femme de chambre, d'après ce que tu m'as affirmé, ignore que tu demeures à Villeneuve-Saint-Georges et ne connaît ni le nom de Pradines ni celui de Frugère.

— C'est vrai. Je n'avais pas réfléchi à tout cela. J'étais si troublée...

— Crois-tu maintenant à un piége que te tendait M. de Borsenne?

— Alors nous sommes découverts?

— Il n'est pas possible d'en douter.

— Cependant, c'est bien l'écriture de Suzanne.

— Cela prouve, ma trop confiante Jeanne, que ta madame Suzanne est une misérable hypocrite, capable de vendre son père, sa mère, son mari et même ton fils pour une poignée d'or.

— Oh! c'est horrible!... Georges, qu'allons-nous faire? Crois-moi, partons cette nuit même pour l'Italie.

— Non, Jeanne, non; je ne le puis. La lutte entre M. de Borsenne et moi a commencé, elle ira jusqu'à la fin.

Le jeune homme était revenu à l'idée d'un duel à mort. Seulement il avait fait à Gaston la concession de ne pas être le provocateur. Depuis quelques jours il cherchait le moyen de se trouver en présence de M. de Borsenne, mais il n'avait pu encore le rencontrer ni au cercle, ni au café, ni au bois, ni au théâtre.

Depuis midi, M. de Borsenne était à Brunoy. Un coupé traîné par deux normands vigoureux et de belle taille l'y avait amené. Le coupé et les chevaux, non dételés, furent mis à l'hôtel dans une remise. M. de Borsenne y prit une chambre et s'y enferma.

Pierre, chargé de diriger les opérations et de prévenir son maître au moment opportun, était à la gare dès quatre heures pour y attendre l'arrivée des trains.

Un de ses hommes guettait sur la route. Deux autres surveillaient la maison de Suzanne.

Quand à Rombolle, il était à Villeneuve avec mission de voir ce qui se passerait à la villa et de suivre à Brunoy la Dame voilée. C'est lui qui, arrivé à Brunoy par le premier train du matin, avait mis à la poste la lettre adressée à madame de Pradines.

Ces hommes se mouvaient comme des automates, pour quelques louis, ignorant absolument le but que voulait atteindre l'inconnu qui les payait.

Pierre n'était guère mieux instruit qu'eux; il ne savait que ce que M. de Borsenne avait bien voulu lui dire : rien, si ce n'est que sans la réussite de ses projets il ne pouvait palper les millions de l'héritage Fontange.

La promesse écrite de cinquante mille francs avait séduit le domestique et il s'était mis à l'œuvre. Toutefois, il se réservait de pénétrer les secrets de son maître et se promettait d'être plus ou moins exigeant.

M. Pierre avait déjà conjugué le verbe *chanter* de la langue verte.

Depuis la visite de M. de Borsenne, Suzanne était la plus malheureuse des femmes. Agitée, anxieuse, redoutant à chaque instant de voir paraître son ancienne maîtresse, elle allait et venait comme une âme en peine.

Tremblante et toujours en éveil, elle devina l'arrivée du père d'Edmond à Brunoy. Elle vit des figures sinistres passer et repasser devant sa maison et ses craintes devinrent de la terreur.

A six heures, quand son mari rentra, elle le fit manger à la hâte, puis elle lui dit :

— Je ne suis pas tranquille; si la dame qui visite quelquefois le petit venait ce soir, un malheur épouvantable pourrait arriver. Tu vas aller du côté de la gare, tu la reconnaîtras bien... toujours voilée. Il ne faut pas qu'elle vienne jusqu'ici.

— Si je la vois, qu'est-ce que je lui dirai?

— Que le petit Edmond se porte très-bien et qu'elle doit s'en retourner tout de suite. Mais il faut que tu la voies; ouvre les yeux.

— Si elle vient par la route, en voiture?

— C'est peu probable. Dans tous les cas, entre le passage des trains, tu te tiendras sur la route.

— Jusqu'à quelle heure?

— Toute la nuit s'il le faut.

— Drôle de corvée! murmura-t-il.

Mais comme il adorait sa femme et qu'il lui était humblement soumis, il sortit sans se permettre une observation.

M. de Borsenne dans sa chambre, Antoine Minguet, Pierre et ses hommes veillèrent toute la nuit.

Nous savons pourquoi Jeanne ne vint pas.

— Une nuit de perdue, se dit M. de Borsenne en voyant paraître les premiers rayons de soleil. Ou la lettre mal adressée n'est point parvenue ou elle a deviné un piége.

Il songea alors à une tentative plus audacieuse encore.

Quand, un peu plus tard, Pierre vint le trouver, il lui ordonna de se rendre immédiatement avec ses hommes à Villeneuve-Saint-Georges, de voir le Loucheur et de venir l'attendre sur la route, à l'entrée de la commune.

A onze heures, M. de Borsenne entrait dans un restaurant de Villeneuve-Saint-Georges suivi de son domestique et se faisait servir à déjeuner dans un cabinet.

Rombolle, fidèle à sa consigne, avait passé la nuit autour de la villa. La Dame voilée ne s'était pas montrée.

Georges Lambert, accompagné d'un domestique, avait pris le train qui passe à Villeneuve à huit heures.

Enfin Rombolle continuait sa faction, couché dans un champ de luzerne.

Tel est le résumé du rapport que Pierre fit à son maître.

— Il resterait alors près de la dame sa femme de chambre et un autre domestique, dit M. de Borsenne. C'est très-bien. Ce que nous n'avons pu faire cette nuit, nous l'exécuterons tout à l'heure.

— En plein jour, un enlèvement?

— Plus une entreprise est audacieuse, plus elle a chance de réussir. Vous m'avez dit que la petite porte du jardin donnait sur la campagne et un chemin désert.

— Oui.

— Il faudra ouvrir cette porte.

— Ce n'est pas difficile. Rombolle a toujours les instruments nécessaires dans sa poche.

— C'est par cette porte que j'entrerai, seul d'abord. Quand je serai dans la maison, vous et trois de vos hommes pénétrerez dans le jardin où vous vous tiendrez prêts à accourir à mon appel.

— Et les autres?

— L'un restera près de la petite porte, l'autre près de la voiture, qui stationnera à l'entrée du chemin désert.

— Monsieur, reprit humblement le domestique, permettez-moi de vous dire que je trouve bien hardi ce que vous allez faire.

— C'est possible; mais je suis décidé, il le faut. Je n'ai pas à choisir.

— La dame se défendra, les domestiques crieront, appelleront.

— Vous avez des cordes, vous les bâillonnerez.

Pierre n'était pas encore convaincu, mais il n'osa plus répliquer.

A deux heures, Jeanne avait pris un livre et lisait, dans une pièce du rez-de-chaussée, assise près d'une fenêtre donnant sur le jardin. Les croisées étaient ouvertes, mais elle avait baissé le store.

La femme de chambre, à l'étage supérieur, vidait des armoires et emplissait des malles, ce qui annonçait un prochain départ. L'autre domestique était également occupé dans la maison.

Jeanne entendit marcher dans le jardin; puis dans le vestibule; on ouvrait et on refermait des portes; ce ne pouvait être que sa femme de chambre, elle ne se dérangea point. Mais la porte du petit salon où elle se trouvait s'ouvrit à son tour. Elle leva les yeux. Aussitôt elle poussa un cri perçant.

M. de Borsenne était devant elle.

XI

La jeune femme fit un effort pour se lever, mais elle retomba lourdement sur son siége. L'effroi avait paralysé ses membres.

Ses yeux égarés, sa pâleur, les mouvements de sa physionomie exprimaient l'épouvante.

— Rassurez-vous, lui dit M. de Borsenne, c'est un ami et non un ennemi qui vient vous voir. Vous n'en douterez pas, quand je vous aurai dit que, sachant tout, j'excuse, pardonne et oublie. Madame de Borsenne doit reparaître dans le monde fière et respectée. Il ne faut pas que l'ombre même d'un soupçon puisse l'effleurer.

« Vous rendrez le bonheur à votre mère, à votre père, que vous aimez. Vous aurez votre fils près de vous et pourrez l'embrasser sans crainte. Je ne parle pas de moi, je n'ai plus que mon dévouement à vous offrir et je réclame seulement le droit de vous rendre honorée à votre famille et à la société. »

Voyant qu'elle ne répondait pas, il continua :

— Votre existence isolée, cachée, n'est plus possible, vous devez le comprendre. C'est au bras de son mari, qui seul a le droit de la protéger, de la défendre, que Jeanne de Précourt doit reparaître devant ceux qui la connaissent. C'est moi qui peux leur dire, s'ils veulent le savoir, que madame de Borsenne a vécu chez sa marraine à Fréjus, pendant dix-huit mois, avec mon autorisation.

« Jeanne, que votre âme reprenne sa grandeur et sa fierté, sortez de la nuit et revenez à la lumière. Je viens vous chercher. Demain, si vous le voulez, vous serez dans les bras de votre mère. »

Elle gardait toujours le silence.

— Je ne comprends pas que vous hésitiez, reprit-il avec un peu d'impatience; ce que je vous offre, c'est la vie, la réhabilitation et l'oubli absolu d'une faute que je pardonne. Je pourrais invoquer la loi, me servir des droits qu'elle me donne, mais ce serait votre réputation perdue, le déshonneur pour nos familles; je ne veux pas le faire. J'ai pitié de vos parents, de notre fils et je tiens à vous prouver que je suis sincèrement votre ami.

« Venez, Jeanne, venez. Ce que je vous offre en ce moment, c'est la paix de votre cœur et cela vaut bien, croyez-moi, un amant! »

A ce mot la jeune femme frissonna. Lentement, elle se dressa sur ses jambes.

— Monsieur, répondit-elle gravement, Jeanne de Précourt est morte; il n'y a ici que madame de Pradines. Quand une femme comme moi a pris une résolution, elle est inébranlable; elle vit selon sa volonté ou elle meurt. Mon existence, qui vous paraît si sombre, c'est vous qui me l'avez faite; je ne veux plus rien vous devoir. Vous êtes l'homme fatal! De nouveaux malheurs s'annoncent. Mais vous m'avez habituée à les supporter.

« Vous pouvez me perdre, je le sais ; si vous l'osez, faites-le. Je suis résignée à tout, excepté à vous reconnaître aucun droit sur moi. Vous n'aurez pas à me traîner devant les tribunaux, je vous y suivrai volontairement.

« J'aime mieux que l'univers entier sache que je suis la maîtresse de Georges Lambert plutôt que de souffrir l'horreur de vivre seulement pendant une heure dans votre maison.

— Mais vous êtes folle, madame, vous êtes folle! exclama M. de Borsenne.

— C'est possible, monsieur, dans tous les cas, je vous ai dit mon dernier mot, vous pouvez vous retirer.

— Et si je veux rester ici, y attendre M. Georges Lambert? répliqua-t-il d'un ton railleur.

Trois jours après, une avalanche de papiers timbrés tomba chez M. de Borsenne. (Page 255.)

— Je vous céderai la place tout entière, répondit-elle.

M. de Borsenne frémissait de colère. L'attitude calme, dédaigneuse et résolue de la jeune femme l'exaspérait.

— Madame, prenez garde, reprit-il en faisant des efforts pour se contenir; je vous en supplie, pour vous et pour moi, ne me poussez pas à bout... Vous ne savez pas quelle force la douleur et la jalousie, oui, la jalousie, car mon amour ne s'est pas éteint dans mon cœur, peuvent me donner contre vous.

Elle se détourna avec mépris.

— Je vous enlèverai votre fils, vous ne le reverrez jamais.

— Dans ma retraite, je prierai pour lui et demanderai à Dieu d'en faire un honnête homme.

— Je lui apprendrai à maudire le nom de sa mère.

— Il connaîtra un jour ma malheureuse histoire, monsieur; alors il nous jugera tous les deux.

— Oh! je vous atteindrai plus sûrement encore! s'écria-t-il; je tuerai votre amant!...

— Ce sera un nouveau crime dont vous rendrez compte à Dieu, si la justice des hommes vous laisse impuni, répondit-elle.

Son impassibilité, le sang-froid avec lequel elle répondait, étaient plus terribles que la colère.

M. de Borsenne se sentait écrasé. Jamais sa femme ne lui avait paru aussi grande, aussi hautaine.

— Ainsi, reprit-il, vous refuserez de me suivre?

Elle eut un mouvement d'épaules significatif.

M. de Borsenne lui lança un regard qui pénétra dans son cœur comme une pointe d'acier. Regard étrange, qui contenait plus de passion que de colère!

Tout à coup on entendit dans le jardin la voix du domestique italien et, tout de suite après, le bruit d'une lutte.

— Mais que se passe-t-il donc? s'écria la jeune femme effrayée.

Elle mit la main sur un bouton de cuivre et le store remonta. Alors elle put voir son domestique terrassé, maintenu par deux hommes qui, après l'avoir bâillonné, lui liaient les bras et les jambes.

Frémissante et l'œil enflammé, elle se retourna vers M. de Borsenne. Elle vit sur ses lèvres le sourire du triomphe.

Alors seulement elle comprit le danger qu'elle courait.

— Misérable! exclama-t-elle, vous ne m'aurez pas vivante. Vous m'avez mise morte dans un cercueil, je vous rendrai un cadavre!

Et elle bondit vers la cheminée sur laquelle se trouvait un petit poignard à manche d'écaille avec des incrustations d'or et de pierres fines.

Mais M. de Borsenne ne lui donna pas le temps de s'emparer de l'arme. Il se jeta sur elle, la saisit à bras le corps et la renversa sur un canapé.

Elle n'eut que le temps de crier : Au secours!

M. de Borsenne lui arracha vivement son écharpe de soie et s'en servit comme d'un voile pour lui envelopper toute la tête.

Des gémissements sourds s'échappaient de sa poitrine; elle se débattait encore, mais ce n'étaient plus que des tressaillements. Elle commençait à perdre la respiration.

Au cri de sa maîtresse, la femme de chambre accourut dans le salon. Mais deux hommes y entrèrent derrière elle, tandis que Pierre s'y introduisait par la fenêtre.

Toutefois la femme de chambre eut le temps de se précipiter sur M. de Borsenne avec une promptitude et une audace tout à fait italiennes, et de lui labourer la figure avec ses ongles.

— Emparez-vous de cette furie, hurla-t-il, et enfermez-la dans un endroit quelconque.

En moins de trois minutes, l'Italienne fut bâillonnée, garrottée et jetée brutalement sur le tapis d'une chambre voisine.

Jeanne poussa un long soupir étouffé, les spasmes cessèrent et elle resta immobile sur le canapé. Elle venait de s'évanouir.

Au même moment, la petite cloche de la villa sonna bruyamment.

M. de Borsenne se redressa d'un bond.

— On sonne à la grille, lui dit Pierre.

— J'ai entendu. Courez à la petite porte et faites avancer la voiture.

Vite, vite, nous n'avons pas une seconde à perdre.

Pierre s'élança dehors par le chemin qu'il avait pris pour entrer. Sur un signe de M. de Borsenne, les deux hommes le suivirent.

Le mari prit sa femme dans ses bras et sortit à son tour de la maison. Il traversa le jardin aussi rapidement que le poids dont il était chargé pouvait le permettre. Enfin il arriva à la porte.

— Je ne vois point la voiture et je n'entends rien, murmura-t-il.

Il allait sortir du jardin lorsqu'un homme armé d'un revolver lui barra le passage.

C'était Jean Frugère.

La sueur qui ruisselait sur le front de M. de Borsenne se changea en eau glacée.

— Pierre, à moi! cria-t-il.

Deux hommes parurent, mais ce n'étaient point ceux qu'il attendait. Dans l'un il reconnut Gaston de Sairmaise; l'autre était le domestique que Georges avait emmené le matin à Paris.

— Monsieur, dit gravement Frugère, ne comptez point sur les bandits vos complices; ils ont disparu comme de la fumée et, si j'ai un conseil à vous donner, c'est de faire comme eux.

M. de Borsenne fit entendre un rugissement de rage.

Mais les paroles n'étaient point du goût de l'Italien, qui, du reste, ne les comprenait point. Il sauta sur M. de Borsenne et le saisit à la gorge, pendant que Gaston le forçait à lui abandonner la jeune femme que le grand air commençait à ranimer.

Alors les traits de M. de Borsenne se contractèrent violemment. Son visage livide, sur lequel on voyait des lignes sanglantes, prit une expression de férocité effrayante.

— Gaston de Sairmaise, fit-il d'une voix sourde, l'homme vertueux, qui se fait le champion de l'immoralité et défend l'adultère!...

Et un sourire sardonique éclata entre ses lèvres crispées.

L'Italien le poussa violemment hors du jardin, ferma la porte et M. de Borsenne se trouva seul au milieu du chemin.

Il s'éloigna avec des pensées sinistres.

XII

Ce n'était point par hasard que Gaston de Sairmaise et Jean Frugère se trouvaient à Villeneuve-Saint-Georges au moment où le mari enlevait sa femme.

Voici ce qui s'était passé :

Le matin, à neuf heures, comme d'habitude, Frugère entrait chez le marchand de vin de la rue de Ponthieu.

— Je ne pense pas que vous puissiez voir ce matin le cocher de M. de Borsenne, lui dit un autre cocher habitué de l'établissement.

— Ah! fit Frugère. Pourquoi cela?

— Il n'est pas à Paris.

— Tiens, il ne m'a pas dit hier qu'il devait faire un voyage.

— C'est à onze heures que son maître l'a prévenu, je lui ai même donné un coup de main pour préparer la voiture.

— On ne fait pas un long voyage en voiture, maintenant qu'on a les chemins de fer; est-ce que vous savez où ils sont allés?

— Je crois que c'est à Brunoy.

— C'est singulier! pensa Frugère.

« Et ils ne sont pas encore revenus? reprit-il tout haut.

— Je vous l'ai dit.

— Est-ce que M. Pierre est aussi à Brunoy?

— C'est probable. Mais il aura pris le chemin de fer, car il n'est pas parti avec son maître.

— Décidément, se dit Frugère, il se passe à Brunoy quelque chose d'extraordinaire.

Rien ne pouvait lui faire soupçonner les projets de M. de Borsenne; cependant il eut le pressentiment de ce qui se tramait contre Jeanne et Georges Lambert.

Il offrit une tournée sur le comptoir d'étain, paya et sortit. L'inquiétude le dévorait.

Il rentra chez lui afin de changer de costume avant de se rendre à l'hôtel de Sairmaise. Mais il lui fut impossible d'attendre l'heure du rendez-vous. A onze heures et demie, il arrivait chez Gaston.

Il y trouva Beppo, le domestique italien, qui cumulait à la villa les fonctions de maître d'hôtel et de cuisinier.

— Nous ne verrons pas Georges aujourd'hui, lui dit M. de Sairmaise; il m'envoie Beppo pour me prévenir et en même temps un chèque de cent mille francs à toucher à la Banque de France.

— M. Georges est donc resté à Villeneuve!

— Non, il est à Paris. « Je vais consacrer toute ma journée, m'écrit-il, à trouver un appartement dans un quartier éloigné, et à le faire meubler tant bien que mal. M. de Borsenne a découvert notre retraite, j'ai même éventé un piége assez ridicule dans lequel il espérait sans doute que Jeanne se laisserait prendre la nuit dernière. Il faut que Jeanne et sa femme de chambre aient quitté la villa demain soir au plus tard.» Enfin, mon cher Frugère, il me prie de tenir à votre disposition l'argent nécessaire à l'achat des créances de M. de Borsenne.

— Nous nous occuperons de cela un autre jour, répondit Frugère; nous allons avoir aujourd'hui un travail plus pressé. M. Georges ne s'est point trompé : M. de Borsenne a passé la nuit et une partie de la journée d'hier à Brunoy. Peut-être y est-il encore en ce moment en compagnie des loups-cerviers à sa solde.

« Je crains que M. de Borsenne ne dirige aujourd'hui même une attaque contre la villa. La maison est isolée : avec un peu de courage, beaucoup d'audace,— vous savez si M. de Borsenne en a, — madame Jeanne peut être enlevée sans que personne vienne à son secours.

— C'est vrai, dit Gaston. Mais alors il faudrait se mettre à la recherche de Georges et l'avertir.

— Non ; je suis même enchanté que M. Georges ne soit point à la villa. S'il s'y trouvait en présence de M. de Borsenne, ce serait terrible. Il y aurait un meurtre !

— Vous avez raison, il est préférable que Georges ne sache rien. Qu'allons-nous faire ?

— Si vous le voulez, nous nous rendrons immédiatement à Villeneuve. Comme on ne sait pas ce qui peut arriver, nous ferons bien de prendre des armes, ajouta-t-il.

Ils choisirent chacun un revolver parmi les armes du jeune homme et ils partirent.

Il pouvait être deux heures et demie lorsqu'ils sonnèrent à la grille de la villa. Voyant qu'elle ne s'ouvrait pas immédiatement, Frugère devint très-pâle.

— Oh ! nous arrivons trop tard, dit-il.

« J'ai sur moi une clef de la porte du jardin, reprit-il. Venez. »

En tournant l'angle du mur du jardin, ils virent une voiture arrêtée à cinquante pas d'eux et un homme debout devant la petite porte.

— Ah ! ils sont encore dans la maison ! s'écria-t-il. Dieu est pour nous !

Il n'avait pas achevé sa phrase, lorsque trois hommes sortant du jardin s'élancèrent sur le chemin.

— Nous les avons effrayés en sonnant à la grille, dit Frugère.

Il tira son revolver de sa poche, Gaston en fit autant et ils se précipitèrent sur les bandits. Mais ceux-ci se gardèrent bien de les attendre. A la vue de ces trois hommes résolus dont deux étaient armés, ils s'enfuirent à toutes jambes et disparurent dans les arbres et derrière les haies.

Le cocher, qui depuis la veille obéissait passivement à son maître, sans rien savoir, et dont la patience comme celle de ses chevaux commençait à se lasser, prit peur à son tour en voyant M. Pierre et les autres filer à travers champs. Il n'eut qu'à secouer les guides et les deux normands partirent à fond de train. C'est ainsi que M. de Borsenne fut abandonné par ses complices et dut, au dernier moment, renoncer au succès de son audacieuse entreprise.

Jeanne remercia vivement ses libérateurs ; mais il lui resta de la visite de son mari une impression douloureuse qui devait la rendre craintive, troubler son sommeil et remplir son existence de continuelles angoisses.

Georges rentra un peu plus tard que d'ordinaire. Gaston et Frugère l'attendaient. Ils s'étaient décidés à passer la nuit à la villa. On apprit à Georges ce qui s'était passé. Il resta très-calme en apparence, mais ses amis devinèrent les tortures qu'il endurait dans son cœur gonflé de rage.

Il enveloppa Jeanne d'un regard d'ineffable tendresse et tendit en même temps, silencieusement, ses mains à Frugère et à Gaston.

Il n'avait pas perdu son temps à Paris.

Il avait trouvé un appartement libre au numéro 22 de la rue Lacépède, l'avait loué au nom de madame Bontemps, et le tapissier devait le lui livrer meublé et arrangé le lendemain avant cinq heures de l'après-midi.

A six heures, Jeanne et sa femme de chambre arrivèrent seules rue Lacépède et prirent possession de l'appartement.

Pour éviter d'être suivies, elles avaient traversé la Seine en bateau et étaient entrées dans Paris par le chemin de fer de Corbeil.

Le lendemain, Beppo prit les mêmes précautions pour expédier les malles à l'adresse de madame Bontemps.

Il avait été convenu que, pendant quelques jours, Georges n'irait point rue Lacépède et que Jeanne recevrait régulièrement une lettre lui donnant des nouvelles de ses amis contenant le récit des incidents de la journée.

Trois jours après, tout d'un coup et à la même heure, une avalanche de papiers timbrés tomba chez M. de Borsenne : dénonciations de protêts, assignations et significations de jugement.

C'était la préface de la saisie.

Le tout à la requête de mademoiselle Clara Duchemin, élisant domicile en l'étude de Mᵉ Vialard, huissier près le tribunal civil de 1ʳᵉ instance de la Seine.

— Si je me laisse saisir, se dit M. de Borsenne, c'est mon crédit perdu et je ne trouverai plus un louis en échange de ma signature.

Il alla voir les deux capitalistes qui, depuis vingt ans, étaient venus souvent à son secours dans des crises semblables. Ils jouèrent l'étonnement en apprenant que leur client, qu'ils croyaient entièrement libéré, n'avait fait que changer de créancier. Quant à une nouvelle avance de fonds, ils regrettaient de ne pouvoir la faire ; ils s'étaient engagés à soutenir le nouvel emprunt ottoman et n'avaient plus d'argent disponible.

M. de Borsenne, faisant violence à sa fierté, courut chez son ancienne maîtresse. On lui apprit que mademoiselle Clara était partie la veille pour Hombourg.

Il se rendit chez l'huissier afin d'obtenir un peu de répit.

— J'ai des ordres formels et absolus de ma cliente, répondit Me Vialard. Je ne puis retarder d'un jour la saisie ; vous ne pouvez l'éviter qu'en m'apportant des espèces.

M. de Borsenne se retira furieux. Il se trouvait pris comme le poisson dans les mailles d'un épervier.

Brin-d'Azur tenait sa promesse, elle se vengeait. Mais M. de Borsenne connaissait sa position de fortune et ne pouvait comprendre comment elle avait pu acheter ses créances. Évidemment elle avait trouvé l'argent. Où ? Devait-elle cette somme importante à la générosité d'un nouvel amant ? où l'avait-elle empruntée ? Il ne vint pas à sa pensée que Georges Lambert, en cette circonstance, pouvait être devenu l'allié de mademoiselle Clara Duchemin. Toutefois Georges était l'objet de ses constantes préoccupations ; cela alimentait sa haine, faisait déborder le fiel de son cœur et maintenait son sang en ébulition.

— A tout prix il faut que je sorte de cette situation, se disait-il ; c'est à peine si j'ai quinze jours devant moi ; oui, je dois en finir. Je n'obtiendrai rien de Jeanne tant que Georges Lambert existera. Donc il faut qu'il meure !

XIII

M. de Borsenne songea à un duel, mais Georges, à l'épée comme au pistolet, était de première force, il le savait. Il est vrai qu'il maniait lui-même habilement un fleuret et que les exercices du tir lui étaient familiers. Seulement, en face d'un adversaire tel que Georges Lambert, il n'était plus aussi sûr de son adresse. La chance du duel pouvait lui être contraire, il y renonça. Il voulait frapper son ennemi sûrement et, autant que possible, sans risque pour lui.

Les articles 324 et 336 du Code pénal lui offraient les moyens d'être assassin sans danger. Sans doute cette loi brutale, odieuse, qui se met au service du guet-apens et de la lâcheté, l'autorisait à tuer son ennemi ; seulement c'était ajouter un procès en matière criminelle au procès civil qu'il tenait à éviter.

Ladite loi lui disait encore : « Tu peux en même temps immoler ta femme, je te livre les deux complices. »

Mais derrière ses deux victimes il voyait se dresser, terribles et menaçants, les pères et les mères. Soutenus par eux, les procès seraient-ils moins redoutables ? Et puis il aimait Jeanne, c'était sa possession qu'il voulait, non sa mort.

Il chercha autre chose.

Un homme de haute taille lui asséna sur la tête un effroyable coup de bâton. (Page 262.)

Depuis le coup manqué à Villeneuve-Saint-Georges, Pierre, qui tenait à se faire pardonner la facilité avec laquelle il avait joué des jambes, redoublait de zèle et d'activité.

Grâce à une nouvelle distribution d'argent et aux anciennes promesses renouvelées, il avait réveillé l'ardeur de Rombolle et des autres coquins. Tous étaient d'avis qu'il fallait prendre une revanche prompte et éclatante.

Mais la Dame voilée avait quitté Villeneuve-Saint-Georges et ils ignoraient absolument ce qu'elle était devenue.

— Puisque le monsieur reste à Paris, disait judicieusement le Loucheur, c'est que la dame s'y trouve ; nous finirons bien par découvrir l'endroit où elle se cache.

Malheureusement, les jours se passaient et on n'arrivait à aucun résultat. Les allures de Georges Lambert étaient des plus naturelles. Il ne cherchait même plus à se soustraire à la surveillance des espions. Il sortait de chez lui tranquillement et se rendait à l'hôtel de Sairmaise, ou au café, ou au cercle.

Il se promenait souvent avec Gaston ; ils allaient au Bois à cheval ou en voiture et tous les soirs, vers minuit, le jeune homme rentrait chez son père.

M. de Borsenne, que l'impatience dévorait, n'était plus abordable. Son visage sombre s'obscurcissait de plus en plus et, parfois, son aspect farouche épouvantait Pierre.

Un soir, Georges accompagna ses parents au Théâtre-Français. Il les quitta après la première pièce donnée comme lever de rideau, disant qu'il avait promis à Gaston de le voir à neuf heures à Tortoni, mais qu'il reviendrait avant la fin du spectacle.

Le rendez-vous à Tortoni était un prétexte. Depuis huit jours, il n'avait pas vu Jeanne ; ce sacrifice imposé par ses amis lui avait énormément coûté. La tranquillité de la jeune femme, la sienne lui conseillaient de résister encore au désir de son cœur ; mais il manqua de courage.

Persuadé que la patience des espions de M. de Borsenne s'était lassée, il sortit du théâtre pour courir rue Lacépède.

Un de ces hommes qui vendent *l'Entr'acte* ou *l'Orchestre* à la porte des théâtres vit Georges passer à côté de lui et se diriger vers la place du Palais-Royal. Il remit aussitôt les journaux qui lui restaient à un autre vendeur et suivit l'imprudent jeune homme.

Sur la place, Georges prit une voiture. Le faux marchand de journaux l'imita, recommandant au cocher de suivre à distance et sans le perdre de vue le coupé qui, en ce moment, tournait sur la place pour entrer dans la rue de Rivoli.

Le coupé s'arrêta devant l'hôpital de la Pitié. Georges mit pied à terre et s'enfonça dans la rue Lacépède.

Rombolle avait la tête à la portière.

— Montons la rue, dit-il à son cocher. Deux francs de pourboire si nous savons dans quelle maison va entrer l'homme du coupé.

Le cocher cligna de l'œil et fouetta les deux rosses efflanquées qu'il appelait ses chevaux. Quand le fiacre arriva au n° 22, la porte de la maison se refermait.

— Bourgeois, c'est là, dit le cocher en se retournant.

— J'ai vu, répondit le Loucheur. Filons au galop.

Une heure après, au *Café des Porcherons*, Rombolle faisait part à M. Pierre du résultat de sa faction devant le Théâtre-Français.

— Il nous reste à savoir si tu as réellement trouvé la cage de la colombe, dit le domestique.

— Moi, j'en suis certain, répondit le Loucheur; mais je compléterai mes renseignements et demain à midi j'aurai fait jaser les bonnes gens du quartier.

— Eh bien, demain à une heure, je t'attendrai ici.

— Et les camarades?

— A moins d'un ordre contraire, ils se reposeront demain. Si tu as réellement retrouvé la dame de Villeneuve, nous ferons bien, je crois, de disparaître tous pendant deux ou trois jours.

Le lendemain soir, M. de Borsenne savait que rue Lacépède, au n° 22, demeurait depuis huit jours madame Bontemps.

L'appartement avait été loué par un jeune homme que l'on n'avait plus revu dans la maison. Il l'avait fait meubler en vingt-quatre heures. Le terme était payé d'avance. On n'avait pas encore aperçu le nez de la locataire. Sa bonne seule sortait pour faire les commissions. On ne savait pas son âge, on la croyait riche et elle recevait beaucoup de lettres.

— C'est elle! s'écria M. de Borsenne.

— Cette fois, je crois que nous la tenons, répliqua le domestique, et nous sommes bien décidés à ne pas la laisser échapper. Rombolle attend les ordres que je dois lui donner ce soir. Que devons-nous faire?

M. de Borsenne s'assura que personne n'écoutait aux portes de son cabinet, puis à voix basse, il parla longuement à son homme de confiance.

En quittant son maître, M. Pierre paraissait très-agité; il était affreusement pâle, et son regard, toujours si plein d'assurance, semblait craindre de se fixer sur quelqu'un.

Évidemment les paroles de M. de Borsenne avaient produit sur lui une terrible impression.

A peu près à la même heure, Georges Lambert disait à Frugère :

— Je crois que M. de Borsenne s'est décidé à me laisser tranquille; hier et aujourd'hui je n'ai pas aperçu un seul de ces individus de mauvaise mine qui depuis quelque temps me suivaient comme mon ombre.

Un pli se creusa entre les sourcils de Frugère.

— Cela ne me rassure pas du tout, fit-il en hochant la tête. Il est certain que M. de Borsenne sait que vous le cherchez partout, et comme il est trop lâche pour accepter un duel, il se cache. Depuis huit jours il n'est sorti que deux fois de son hôtel. Mais son valet de chambre voyage à sa place. Qu'a-t-il fait aujourd'hui? Je l'ignore et cela m'inquiète. J'aime à voir l'ennemi; quand il disparaît, je crains une surprise.

« Monsieur Georges, continua-t-il, c'est précisément parce que vous avez une trop grande confiance que je me défie davantage; je ne saurais trop vous recommander d'être prudent. Je comprends bien que vous vouliez aller rue Lacépède, mais, croyez-moi, c'est dangereux. Attendez encore quelques jours. C'est après-demain que l'huissier opère sa saisie. Nous tenons le Borsenne. Poussé à bout, il se montrera. Autant il a mis de soin à vous éviter jusqu'à présent, autant il cherchera l'occasion de vous rencontrer et de vous provoquer; nous voulons un duel, nous l'aurons.

« Je ne suis pas tranquille, je vous l'ai dit; mais je ne me coucherai pas aujourd'hui avant de savoir les agissements de cette canaille qui porte sans vergogne le nom d'un saint du paradis. »

Malgré les sages recommandations de Jean Frugère, à neuf heures du soir, Georges était rue Lacépède assis près de Jeanne dans son petit salon. Ils causaient. Et le sujet de leur conversation était excessivement sérieux.

Georges, se rendant aux raisonnements de Jeanne, avait fini par comprendre que l'existence qu'ils menaient tous deux devenait impossible et qu'il était urgent de prendre un parti suprême.

La jeune femme disait :

— Tu es de mon avis, et tu repousses la proposition que je te fais de fuir en Amérique. Puis-je te donner de mon amour une preuve plus éclatante!

— Non, certes, répondit-il; mais c'est précisément parce qu'il est immense que je refuse ton sacrifice. Prendre au père, à la mère leur fille, à l'enfant sa mère! Non, mon égoïsme ne saurait aller jusque-là.

— Alors, reprit-elle, laisse-moi rentrer chez mon père.

— Pour qu'il te rende à M. de Borsenne, jamais!

— Ne crois donc pas cela. Je t'ai dit que je demanderais ma séparation, et je l'obtiendrais, dussé-je crier en plein tribunal que j'ai été ta maîtresse.

— Soit, tu l'obtiendrais; mais en même temps les préjugés du monde reprendraient leurs droits sur nous, notre amour serait brisé.

— Est-ce que nous ne nous sommes pas aimés déjà des années sans nous voir?

— Un rêve, Jeanne, le crois-tu possible?

Elle rougit, car elle n'était pas convaincue.

— D'ailleurs, reprit-elle, dans quelques années je puis devenir libre.

— Oui, mais moi, en attendant, obligé de te fuir pour ne pas te compromettre, j'aurais le temps de mourir. Jeanne, nos conventions morales sont ridicules et certaines de nos lois absurdes.

— Oh! elles ne sont pas à notre convenance, répliqua-t-elle doucement, mais ce n'est pas leur faute, mon ami. Enfin que décides-tu?

— Rien encore. Permets-moi de réfléchir. Demain je verrai de Sairmaise; s'il le faut, je consulterai M. Durançon. Prendre une pareille décision, c'est terrible!

Il était près d'une heure du matin quand il songea à se retirer.

— Il est bien tard, lui dit Jeanne, tu ne devrais pas te hasarder seul dans les rues à cette heure de la nuit.

— Bah! fit-il, je ne crains personne. J'ai promis à ma mère de rentrer et puis je ne veux pas que, dans cette maison, on ait le droit de tenir sur toi un propos méchant.

Il l'embrassa et sortit.

XIV

En mettant le pied dans la rue, Georges jeta à droite et à gauche un regard scrutateur. Il ne vit rien. Il prêta l'oreille, mais il n'entendit que le roulement lointain de quelques voitures sur le pavé.

— Avec ses recommandations de prudence, mon brave Frugère est vraiment étonnant, se dit-il; qui donc viendrait me chercher dans ce quartier excentrique?

Rue Linné il fut rejoint par un fiacre qu'il avait vu venir de loin, longeant le mur du Jardin des Plantes.

— Pst, pst, fit le cocher.

Et il arrêta ses chevaux.

— Lanternes jaunes, bourgeois, dit-il; si vous allez du côté de Montmartre, je peux vous emmener.

Georges était décidé à prendre la voiture lorsque le cocher ajouta :

— Allons, montez, ce sera le prix d'une course de jour et je vous mènerai rondement ; j'ai deux fières bêtes, vous verrez.

Cette insistance déplut à Georges.

— Non, répondit-il, je ne vais pas à Montmartre et je préfère aller à pied.

— Eh ben, c'est bon, répliqua le cocher d'une voix nasillarde, si ça ne vous convient pas, faut le laisser, on chargera plus loin, v'là tout.

Il fit claquer son fouet et descendit la rue au petit trot.

Près de l'Entrepôt, au coin de la rue Saint-Victor, Georges passa à côté de deux individus qui se disputaient.

— Deux ivrognes, se dit-il.

Il continua son chemin. Il gagna le boulevard Saint-Germain et traversa la place Maubert. A l'entrée de la rue du Haut-Pavé, il aperçut une ombre qui se glissait furtivement le long des murailles.

Instinctivement, il porta la main à sa poitrine pour saisir un petit revolver de poche qu'il avait toujours sur lui depuis quelque temps.

Au même instant, du côté opposé à celui sur lequel ses yeux étaient fixés, un homme de haute taille s'élança d'un coin obscur et lui asséna sur la tête un effroyable coup de bâton.

Georges poussa une plainte, étendit les bras, chancela et tomba la face sur le pavé.

Aussitôt la note aiguë d'un sifflet troubla le silence de la nuit et trois individus se jetèrent sur le malheureux jeune homme, qui ne donnait plus signe de vie.

— Est-ce qu'il est mort ? demanda l'un des assassins.

— Non, il n'est qu'étourdi, répondit le Loucheur, qui tenait encore le gourdin dont il faisait si facilement un assommoir.

— Alors il faut l'achever, reprit l'autre.

— Ce n'est pas malin, plante-lui ton eustache dans la poitrine.

— Malheureux, gardez-vous-en bien, dit Pierre vivement, une blessure faite avec une arme tranchante pourrait nous perdre tous. Quand on retrouvera le cadavre dans la Seine, il faut qu'on puisse croire à un suicide.

— Bon, répliqua le Loucheur, mais nous n'avons pas à lambiner ; d'un moment à l'autre la rousse peut venir et je ne veux pas être mis à l'ombre.

— Ah ! voici la voiture.

Le fiacre aux lanternes jaunes de la rue Linné arrivait rue du Haut-Pavé.

Il s'arrêta et les deux portières s'ouvrirent en même temps. Un des hommes que Georges avait rencontrés se querellant près de l'Entrepôt montra sa tête sinistre.

En un instant, la victime fut placée dans le véhicule. Pierre et Rombolle y montèrent. Le quatrième brigand, léger comme un écureuil, grimpa à côté du cocher. Les portières se refermèrent et le fiacre se remit en marche.

Au bout de la rue, il tourna à droite, et fila sur le quai de la Tournelle, dans la direction de la gare d'Orléans.

Pendant le trajet, Rombolle et son camarade, à l'insu de Pierre, visitèrent les poches du jeune homme ; ils lui enlevèrent sa montre, son portefeuille, son porte-monnaie et son pistolet.

— Tiens, je crois qu'il se réveille, dit tout à coup le Loucheur.

En effet, Georges venait de faire un mouvement, et un gémissement s'échappa de sa poitrine.

— Tant mieux, grommela Pierre avec un sourire féroce, la baignade lui fera plus d'effet.

En ce moment, la voiture s'engageait sur le pont d'Austerlitz. Au milieu du pont elle s'arrêta, les roues contre le trottoir.

L'homme du siége sauta sur le bitume et ouvrit la portière.

— Pas de cognes, pas un estaffion, dit-il.

— Bon, répondit Rombolle, prends-le par le colin.

Georges fut tiré de la voiture la tête en avant. Le Loucheur, qui lui tenait les jambes, mit un pied sur le trottoir, puis l'autre.

— Zoug, fit-il en se redressant.

A ce mot bizarre, succéda comme un râle de mort, puis un bruit sourd sous l'arche du pont. Et l'eau bouillonnante se referma sur Georges Lambert.

Soudain, une voix retentissante cria : « Au secours ! »

A dix pas d'eux, les assassins virent un homme se dresser sur le parapet du pont et s'élancer dans le fleuve.

Mais déjà le fiacre avait tourné sur lui-même et les chevaux, bondissant sous le fouet, l'emportaient dans un galop furieux.

— A l'escame, glapit le Loucheur en jetant autour de lui un regard de chacal.

Et les deux scélérats, que le fiacre avait abandonnés sur le pont, s'enfuirent de toute la vitesse de leurs jambes.

Il n'était pas trop tôt. Sur le pont, du côté de la place Mazas, les cris : « Au secours ! » plusieurs fois répétés, se faisaient entendre.

Des sergents de ville accoururent et se trouvèrent en présence de deux hommes très-agités, dont l'un portait à la boutonnière de sa redingote la rosette d'officier de la Légion d'honneur.

— Messieurs, dit ce dernier, un crime horrible vient d'être commis presque sous nos yeux. Deux hommes sont dans l'eau, il faut tenter de les sauver.

— Au canot, courons ! cria un des sergents de ville.

Tous se précipitèrent dans l'escalier du quai qui descend sur la berge.

En aval du pont il y avait plusieurs barques attachées les unes aux autres avec des chaînes. Les sergents de ville sautèrent sur les deux plus légères et les détachèrent en brisant les cadenas.

Comme les deux barques s'éloignaient de la rive, ceux qui les montaient entendirent crier : « A moi, à moi ! » Puis ils virent l'eau s'agiter et à sa surface apparut un homme que le courant entraînait malgré ses efforts désespérés pour se rapprocher du bord.

— Courage ! crièrent les sergents de ville.

Et de vigoureux coups de rames lancèrent les deux embarcations au milieu du fleuve. Quand elles furent tout près du nageur, les sergents de ville distinguèrent deux têtes, qui semblaient flotter sur l'eau.

Ils tendirent une rame au nageur, mais fatigué et gêné dans ses mouvements, il ne put la prendre.

Alors un des sergents de ville se pencha au bord du bateau, pendant que les autres faisaient contre-poids pour l'empêcher de chavirer ; et il parvint à saisir le nageur par ses vêtements.

— Non, pas moi, dit-il, mon camarade d'abord.

Sans lâcher le premier, le sergent de ville empoigna l'autre par le collet de son paletot.

Dans la seconde barque, deux hommes s'étaient lestement déshabillés et venaient de se jeter à l'eau.

Un instant après, les bateaux revenaient à la rive. Mais le sauvetage était-il complet ? L'un des deux hommes vivait, l'autre, sans mouvement, la face livide et violacée, présentait tous les signes de l'asphyxie.

Pendant qu'on les transportait au poste le moins éloigné, un des sergents de ville courait chercher un médecin et un autre le commissaire de police.

Sur l'ordre de l'officier de la Légion d'honneur, Georges Lambert fut dépouillé de ses vêtements, étendu sur des matelas et des couvertures de laine, et quatre

Courage ! courage ! crièrent les sergents de ville au nageur. (Page 264.)

hommes se mirent à le frictionner. Il rendit un peu d'eau par la bouche et le nez; mais il ne donnait toujours aucun signe de vie.

Une anxiété cruelle était peinte sur tous les visages.

Accroupi dans un coin, l'homme qui s'était si courageusement précipité dans la Seine pour secourir Georges regardait sans rien dire ; mais on voyait des éclairs fauves jaillir de ses yeux.

L'homme décoré s'approcha de lui.

— Vous avez été témoin du crime? demanda-t-il.

— Oui

— C'est vous qui avez appelé au secours, et qui, du parapet du pont, vous êtes jeté dans la Seine?

— C'est moi.

— Comment vous nommez-vous?

— Jean Frugère.

— Est-ce que vous connaissez ce malheureux jeune homme?

— Je le connais.

— Comment s'appelle-t-il?

— Je ne le dirai qu'au commissaire de police.

— Je suis aussi un magistrat, mon ami; je suis le président Durançon.

Frugère se dressa comme mû par un ressort.

— M. le président Durançon! s'écria-t-il. Le père de mademoiselle Andréa, qui va épouser M. Gaston de Sairmaise! Ah! nous serons vengés!

— Que voulez-vous dire?

— Ce que je veux dire? Regardez, monsieur, vous avez sous les yeux le cadavre de Georges Lambert, assassiné par M. de Borsenne.

Le président poussa un cri rauque et s'affaissa sur un siége.

Le commissaire de police et le médecin entraient dans le poste.

XV

La veille au soir, en quittant Georges Lambert, Frugère, soupçonneux et inquiet, se rendit chez le marchand de vin de la rue de Ponthieu dans l'espoir d'obtenir quelques renseignements sur les agissements de M. Pierre.

On lui apprit que dans la journée, le cocher avait donné son compte et immédiatement cessé son service. Il n'avait pas touché les trois mois de gages qui lui étaient dus et il devait revenir dans la soirée, vers dix heures, pour tâcher de se faire payer.

Frugère fut vivement contrarié. Il résolut, toutefois, d'attendre le cocher.

Il dîna chez le marchand de vin et, pour ne pas trop s'impatienter, il accepta la partie de piquet que lui proposa un habitué.

Un peu avant dix heures le cocher arriva. Il était très en colère contre M. Pierre. Frugère quitta sa partie et entra avec le cocher dans un cabinet où on leur servit une bouteille de vieux mâcon.

— Il paraît que vous n'avez pas pu vous faire payer? dit Frugère.

— Oui, et j'aurais dû m'en douter. Ce gredin de Pierre m'avait prié de revenir, mais il s'est bien gardé de m'attendre.

— Il est donc sorti?

— Depuis cinq heures du soir.

— Il fallait vous adresser à M. de Borsenne.

— C'est ce que j'ai fait. Il m'a répondu que cela regardait Pierre et il m'a envoyé promener.

— Sait-on où est allé le valet de chambre?

— Allons donc, on ne sait jamais ni ce qu'il fait, ni où il va. J'ai donné mon compte et je ne saurais trop m'en applaudir. Il se passe dans la cambuse quelque chose d'extraordinaire. Pierre et son maître ont de vraies figures de déterrés; ils s'enferment tous les jours ensemble et causent des heures entières. On dirait des conspirateurs. Tout ça finira mal. M. de Borsenne est mêlé à une vilaine affaire, rien ne me l'ôtera de l'idée.

— Quelle folie!

— Je vous ai raconté la nuit de Brunoy et l'aventure de Villeneuve-Saint-Georges.

— Et cela m'a bien fait rire.

— Moi, je ne ris pas de ça. Quand on voit des têtes comme celles des hommes qui étaient avec nous, on boutonne son paletot et on crie au voleur.

— Pourquoi pas à l'assassin?

— Eh! camarade, c'est presque toujours pour voler qu'on assassine. Tenez, tantôt j'ai entendu quelque chose...

— Quoi donc?

— Je vais vous le dire, mais vous ne le répéterez à personne.

— Je serai muet comme cette table.

— Pierre et son maître causaient enfermés comme d'habitude; je voulais faire régler mon compte et j'attendais le valet de chambre. Quand il sortit du cabinet de M. de Borsenne il tournait ses yeux comme un mouton qu'on égorge. Jamais je n'ai vu rien de pareil. Il monta dans sa chambre, je le suivis. Au moment d'entrer, j'entendis qu'il parlait; je crus d'abord qu'il se trouvait avec quelqu'un, mais non, il causait tout seul... il marchait à grands pas, frappait du pied et renversait les chaises. J'entr'ouvris la porte, il ne vit rien. Tout d'un coup, il prononça des mots étranges, qui me donnèrent la chair de poule, j'avais comme de la glace dans le dos... Il disait :

« — Le fou, l'imprudent! il croit tout facile... Assassiner un homme, rien que ça! »

— Il a dit assassiner un homme? interrogea Frugère, vous avez entendu cela?

— Parfaitement. Et il a ajouté : « Mais c'est le bagne, l'échafaud! »

— Et vous ne l'avez pas appelé brigand, scélérat! s'écria Frugère qui ne se contenait plus.

— Non. J'ai avancé ma tête et je lui ai demandé s'il voulait me payer.

— Alors?

— Alors, d'une voix de dogue, il m'a répondu : « Tu reviendras ce soir. » Et il m'a lancé un regard... un regard qui aurait fait fuir tous les diables de l'enfer! Je me suis sauvé. On n'est pas poltron, l'ami, mais il y a des instants où l'on peut avoir peur.

Frugère comprenait cela, car il était devenu pâle de terreur.

Il se leva et donna une poignée de main au cocher en lui disant :

— A bientôt.

En gagnant la porte, il titubait comme un homme ivre. Dans la rue il se remit un peu.

— Non, non, ce n'est pas possible, ils n'oseraient pas, répétait-il à chaque instant.

Devant le Cirque, il prit une voiture et se fit conduire très-vite rue de La Rochefoucauld.

— M. Georges n'est pas encore rentré, répondit le concierge à sa question.

De là il se rendit à l'hôtel de Sairmaise où on lui dit que Gaston, après avoir passé la soirée avec son père et quelques amis, venait de se coucher.

On n'avait pas vu M. Georges Lambert.

— Rue Lacépède, cria-t-il au cocher en se jetant de nouveau dans la voiture.

Son agitation approchait du délire ; il trépignait et s'arrachait les cheveux. Rue Descartes, il ordonna au cocher d'arrêter. Les chevaux éreintés n'allaient plus qu'au pas.

— En dix minutes je ferai plus de chemin qu'eux en une demi-heure, se dit-il.

Et il congédia le cocher en lui donnant une pièce de cinq francs.

Lorsqu'il arriva devant le n° 22 de la rue Lacépède, une heure sonnait à l'hôpital de la Pitié et à Sainte-Pélagie. Il frappa, la porte s'ouvrit. Sans répondre au concierge, qui lui demandait son nom, il monta précipitamment deux étages et sonna à la porte de l'appartement de Jeanne.

Presque aussitôt la servante italienne vint lui ouvrir.

— M. Georges, avez-vous vu M. Georges? lui demanda-t-il.

— Oui, il a passé la soirée ici.

— Est-ce qu'il est parti?

— Il n'y a pas plus de cinq minutes.

— Mon Dieu, mon Dieu, ils vont le tuer! s'écria-t-il.

Puis, se reprenant :

— Ne dites rien à madame Jeanne, cela l'effraierait; M. Georges court un grand danger.

Et il s'élança comme un fou dans l'escalier.

Il se dit avec raison que si Georges avait monté la rue Lacépède il l'aurait rencontré et, naturellement, il prit le même chemin que le jeune homme. Tout en marchant rapidement, il prêtait l'oreille aux moindres bruits. Il arrivait rue du Cardinal-Lemoine lorsqu'il entendit un coup de sifflet. Il devina le ralliement des assassins et courut de ce côté.

Chose étrange, il ne rencontra pas un bourgeois, pas un sergent de ville. Il est vrai que, vers minuit, il avait plu beaucoup et que de nouvelles averses tombaient à chaque instant.

Il atteignit assez tôt la place Maubert pour voir plusieurs hommes monter dans un fiacre. Il voulut crier, mais son émotion était telle qu'il ne put faire sortir un son de sa poitrine. Le fiacre tournait sur le quai lorsqu'il entra rue du Haut-Pavé. Le chapeau de Georges, qu'il ramassa et reconnut, ne lui laissa plus aucun doute.

Mais que s'était-il passé? Le jeune homme avait-il été frappé? S'agissait-il d'un assassinat ou d'un enlèvement? Il s'arrêta à cette dernière idée, car l'autre le glaçait d'épouvante.

Une fois encore il voulut appeler; ce fut en vain, la voix lui manqua. Alors il se redressa avec une énergie sauvage et s'élança à la poursuite du fiacre.

En courant, son regard errait des deux côtés du quai dans l'espoir de rencontrer un être humain. Il ne vit personne. Un coup de vent emporta son chapeau sans qu'il s'en aperçût. Ses souliers glissaient sur les pavés humides, il les fit sauter de ses pieds. Sa course devint plus rapide.

— Oh! les misérables! se disait-il, je les poursuivrai tant qu'il y aura un souffle dans ma poitrine. Je finirai bien par rencontrer quelqu'un. Et les sergents de ville, où sont-ils? Comme Paris est bien gardé!...

Tout à coup, il vit la voiture s'arrêter sur le pont d'Austerlitz. Ce qui se passa, il ne fit que l'entrevoir au milieu d'un éblouissement, du rouge devant les yeux.

Mais il oublia les assassins pour porter secours à la victime.

Instruit trop tard, malheureusement, il n'avait pu ni prévenir Georges, ni empêcher le crime. Il ignorait encore, lorsque le médecin arriva au poste de police, si son dévouement n'avait pas été complètement inutile.

Ce médecin était un vieux praticien, un des plus savants docteurs de la Faculté de médecine. Il s'approcha du noyé et l'examina. Il vit les traces des frictions et eut un mouvement de tête approbatif.

Les personnes présentes l'entourèrent.

— Eh bien, monsieur? interrogea le président Durançon.

Le docteur ne répondit pas; mais il sortit de ses poches sa trousse et plusieurs petites fioles. A genoux et penché sur le jeune homme, il lui fit avaler quelques gouttes d'un liqueur jaune qui répandit dans le poste comme une odeur d'absinthe et d'éther.

— Continuez les frictions, ordonna-t-il.

Et lui-même passait la main sur la poitrine de Georges et lui pressait les flancs à la place des poumons.

— Espérons, dit M. Durançon à l'oreille de Frugère.

En ce moment, Georges fit un mouvement et l'on vit sa poitrine se soulever légèrement. Le médecin lui prit la tête, déboucha avec ses dents une tout petite fiole, la mit presque tout entière dans la bouche du moribond et lui en fit absorber le contenu.

Aussitôt, dans une espèce de vomissement, Georges rejeta le liquide avec une assez grande quantité d'eau.

Le docteur se releva le visage rayonnant.

— Messieurs, dit-il d'un ton modeste, Dieu, plus que l'art du médecin a sauvé ce jeune homme.

— Sauvé, il est sauvé! exclama Jean Frugère.

Il tomba à genoux devant le médecin, lui prit les mains et les baisa avec des éclats de voix délirants.

XVI

Le poste de police se composait de trois pièces. Celle où se trouvait Georges, une autre un peu plus grande, garnie de matelas étendus le long du mur, sur lesquels les hommes de garde pouvaient se reposer, et enfin le cabinet de l'officier de paix. C'est dans cette dernière pièce que le commissaire de police fit entrer M. Durançon et Jean Frugère pour recevoir leur déclaration.

Le président parla le premier.

— Hier, dit-il, j'ai dîné et passé la soirée chez un de mes amis, que je n'avais pas vu depuis plusieurs années et qui demeure boulevard Mazas. Nous nous oubliâmes à causer. Il était près de minuit lorsque je pris mon chapeau pour partir. Il pleuvait très-fort. Mon ami envoya son domestique à la recherche d'une voiture. Il revint au bout d'une demi-heure sans avoir pu se la procurer.

« La pluie, qui avait cessé depuis un instant, tomba de nouveau avec violence. Résigné à m'en aller à pied, j'attendis la fin de la giboulée. Enfin, je partis avec le domestique de mon ami, qui avait reçu l'ordre, malgré moi, de m'accompagner jusqu'à ma porte, rue Jacob.

« Nous traversions la place Mazas lorsque nous entendîmes le bruit d'une chute dans l'eau, puis le cri : « Au secours! » Nous vîmes alors distinctement un individu, debout sur le parapet du pont, se précipiter dans la Seine. C'était ce brave et honnête homme, qui vous donnera tout à l'heure de précieux renseignements sur les auteurs du crime.

« Un fiacre s'éloignait avec une rapidité vertigineuse et deux hommes disparaissaient sur le quai du Jardin des Plantes. A notre tour, nous criâmes : « Au « secours!... » Des sergents de ville accoururent, ils se jetèrent dans des barques et ils opérèrent le double sauvetage avec une ardeur, une intelligence et un dévouement dont je suis heureux de vous apporter le témoignage. »

Avant de faire sa déposition, Jean Frugère échangea avec M. Durançon un regard rapide.

— Monsieur le commissaire, dit-il, c'est près de la place Maubert, dans une petite rue, dont je ne sais pas le nom, que M. Georges Lambert a été attaqué et a reçu le coup qu'il porte à la tête. Les assassins l'ont mis dans leur voiture et je me suis lancé à leur poursuite. C'est ainsi que j'ai pu arriver à temps pour me jeter dans la Seine, saisir M. Georges et l'empêcher de périr en lui maintenant la tête au-dessus del' eau.

— Cette voiture, ce fiacre indiquerait que M. Lambert est tombé dans un guet-apens.

— C'est probable.

— Croyez-vous que le vol soit uniquement le mobile du crime?

— Je le crois ; M. Georges avait sur lui sa montre et sa chaîne, de l'or dans son porte-monnaie et plusieurs billets de banque.

— Et tout cela a disparu. Mais après l'avoir assommé et volé, pourquoi l'ont-ils jeté dans la Seine ? Évidemment pour faire croire à un suicide. Singulière précaution pour des voleurs ! Comment M. Lambert se trouvait-il place Maubert à cette heure avancée de la nuit ? Le savez-vous ?

— Il venait de voir une personne qu'il connaît dans le quartier.

— Les misérables le guettaient, ils l'ont suivi et, dans une rue mal éclairée, déserte, se sont jetés sur lui. Et vous, monsieur Frugère, comment vous êtes-vous trouvé là ?

— Je me doutais de quelque chose, répondit-il après un moment d'hésitation; des paroles échappées à un des assassins, répétées devant moi, m'ont révélé le complot. Je savais où M. Georges Lambert devait passer la soirée et j'accourais pour le prévenir, lorsque le hasard m'amena sur le lieu du crime.

Le commissaire regarda Frugère en remuant la tête.

— Vous ne dites pas tout ce que vous savez, fit-il d'un ton presque sévère.

— Monsieur, répliqua le président Durançon, veuillez ne pas insister sur ce point. De hautes raisons de convenance empêchent peut-être M. Frugère de mieux s'expliquer. Mais, le moment venu, soyez assuré qu'il parlera. Je m'empresse aussi de vous dire que je le connais et que je réponds de lui comme de moi-même.

« Il importe avant tout que les auteurs du crime soient livrés à la justice. Frugère les a vus, il les reconnaîtra.

— Je peux même dire tout de suite à M. le commissaire qu'ils étaient au moins quatre, en comptant celui qui conduisait le fiacre.

— Était-ce un fiacre de la Compagnie des Petites-Voitures? demanda le commissaire de police.

— Parfaitement.

— J'ai très-bien vu les verres jaunes de ses lanternes, ajouta le président,

— Excellent renseignement.

— Oh ! j'en ai de meilleurs, fit Frugère. L'un de ces malfaiteurs est de haute taille, il se nomme Rombolle ; ce doit être le chef. On l'appelle aussi le Lou-

Je n'ai plus de nom, répondit Jeanne en se tournant vers lui. (Page 280.)

cheur, parce qu'il louche de l'œil gauche. Lui et ses camarades se réunissent tous les jours dans un cabaret du chemin des Ruisseaux, à Montmartre, tout près de la rue Marcadet. La maison porte le n° 107.

— Nous les tenons, dit le commissaire de police en se levant. Vous n'avez pas d'autres renseignements à me donner ?

— Non, monsieur, c'est tout.

— Je ne veux pas perdre une minute, je cours à la Préfecture, reprit-il.

Il salua respectueusement le président et sortit.

Georges avait repris connaissance. Quand il vit Frugère, il devina qu'il devait la vie au dévouement de cet ami incomparable. Il lui tendit la main.

— Une autre fois, fit-il en souriant, je vous écouterai mieux, mon ami.

— Monsieur Georges, vous ne connaissez pas M. le président Durançon? il est devant vous, dit Frugère.

Georges se souleva sur son matelas et sa main tomba dans celle du magistrat.

— Je touche la main d'un noble cœur, murmura-t-il.

— Et d'un ami dévoué, ajouta le président.

Sur un signe de Georges, Frugère se mit à genoux près de lui et ils échangèrent quelques paroles à voix basse.

M. Durançon interrogeait le médecin.

— La blessure à la tête n'est nullement dangereuse, répondit-il. Après une journée de soins et de repos, il sera sur pied.

— Et vous pensez que je puis l'emmener sans danger dans une voiture?

— Sans danger aucun, monsieur.

— Monsieur le président, dit Frugère qui s'était approché, M. Georges ne désire pas qu'on le transporte chez lui ; il craint d'effrayer madame Lambert. Il aime mieux se faire soigner dans une chambre d'hôtel.

— Monsieur Frugère, répondit le magistrat, j'ai déjà pris une décision à ce sujet. Le domestique de mon ami est allé prévenir chez moi et j'attends ma voiture. C'est dans ma maison que vous pourrez venir voir M. Georges Lambert dans la journée.

— Alors, monsieur, je n'ai plus d'inquiétude.

Un instant après, la voiture de M. Durançon arriva. Georges y fut placé, entouré de ses couvertures de laine, et le magistrat et le docteur s'installèrent près de lui.

Frugère resta le dernier au milieu des sergents de ville. Il prit le nom et l'adresse de ceux qui étaient venus à son secours en leur disant :

— Je vous promets que M. Georges Lambert ne vous oubliera pas.

« En attendant, continua-t-il, voici un billet de cinquante francs pour boire à son prompt rétablissement.

« Je viendrai prendre dans la journée ses vêtements et les miens, en vous rapportant ceux que j'ai sur moi et que vous avez bien voulu me prêter. »

Il distribua une douzaine de poignées de main et partit.

Le ciel s'était éclairci et le vent séchait les trottoirs.

Frugère se rendit chez lui à pied.

Le jour commençait seulement à paraître; il se jeta sur son lit pour attendre l'heure de se présenter rue de La Rochefoucauld.

D'après les recommandations de Georges, il devait voir madame Lambert d'abord, puis ensuite Gaston de Sairmaise, afin de s'entendre avec lui pour protéger Jeanne contre une nouvelle violence de M. de Borsenne.

Il dormit un peu plus d'une heure.

A six heures il sauta à bas du lit et se mit à sa toilette. Il allait voir madame Lambert pour la première fois, et il tenait à se présenter dans un costume irréprochable.

Frugère avait toujours eu la coquetterie de l'habillement.

A la même heure, la police pénétrait dans le bouge de la rue du Ruisseau, dont toutes les issues étaient gardées, et arrêtait une douzaine d'individus mal famés ainsi que le maître de l'établissement et sa femme.

Parmi eux se trouvaient Rombolle et un de ses complices de la nuit. Les deux autres furent arrêtés dans la journée. Au poste, où ils furent conduits d'abord, on les fouilla. Rombolle avait encore sur lui la montre et le porte-monnaie de Georges Lambert. Dans une des poches de son associé on trouva le portefeuille.

Impossible de nier; ils firent des aveux complets.

Rombolle déclara que ce n'était point lui, comme on semblait le croire, qui avait dirigé l'attaque nocturne. Il nomma Pierre, disant que c'était leur chef et qu'il les avait payés pour faire le coup.

Il ajouta que Pierre n'était lui-même que l'instrument d'un homme très-riche, qui avait voulu se venger et se débarrasser d'un rival. Il donna bien le signalement du domestique et à peu près celui de son maître, mais il ne put fournir aucun autre renseignement.

— Ce Pierre et l'homme riche qui s'est vengé d'un rival n'existent probablement que dans l'imagination de ce scélérat, pensa le commissaire de police qui venait d'interroger Rombolle, les malfaiteurs cherchent toujours à rejeter sur d'autres la responsabilité de leurs crimes. Mais s'il y a derrière ceux-ci des coupables qui se cachent, la justice saura bien les découvrir.

Une heure plus tard, Rombolle et les autres bandits arrêtés en même temps que lui étaient conduits au dépôt de la Préfecture de police.

XVII

Après le départ de Georges, Jeanne s'était retirée dans sa chambre.

Soudain, au coup de sonnette de Frugère, elle sursauta. Elle pensa que le jeune homme revenait et, son chandelier à la main, elle sortit de sa chambre.

Elle reconnut aussitôt la voix de Jean Frugère, et très-étonnée, elle prêta l'oreille. Elle entendit les questions de Frugère et les réponses de l'Italienne.

A ces mots : « Ils vont le tuer,— M. Georges court un grand danger, » — elle traversa rapidement le salon avec l'intention d'interroger Frugère et d'avoir l'explication des mot terribles qu'il venait de prononcer.

Mais, déjà, il dégringolait dans l'escalier.

Quand l'Italienne se retourna, après avoir fermé la porte, elle vit sa maîtresse se dresser devant elle, tremblante et blanche comme un lis.

— Ai-je bien entendu? demanda Jeanne. Georges est menacé, on veut le tuer... Frugère a-t-il dit cela?...

Madame, je vous en prie, balbutia la servante interdite.

— Répondez, Frugère a-t-il dit cela?

— Oui, madame.

Elle poussa un cri et recula jusqu'au milieu du salon. Elle resta pendant quelques secondes immobile, jetant autour d'elle des regards affolés; puis elle s'élança dans sa chambre, mit son chapeau, s'enveloppa dans un long châle de cachemire noir et reparut prête à sortir.

L'Italienne se plaça devant elle.

— Laissez-moi, laissez-moi ! s'écria la jeune femme.

— Vous ne sortirez pas à cette heure de la nuit, répliqua la servante d'un ton résolu.

Jeanne la repoussa.

— Je dois veiller sur vous, reprit l'Italienne, vous ne sortirez pas.

Et elle s'adossa contre la porte du salon.

— Ah! pardonnez-moi si je vous offense, continua-t-elle; mais réfléchissez, madame ; est-ce raisonnable, ce que vous faites? Où voulez-vous aller?

— Mourir avec Georges, répondit Jeanne d'une voix étranglée.

— M. Georges est armé ; si des malfaiteurs l'attaquaient, il saurait se défendre. D'ailleurs, où est-il en ce moment? Pourriez-vous le rejoindre? Vous m'avez dit vous-même que vous ne connaissiez pas ce quartier de Paris. Je vous le demande, madame, que feriez-vous à cette heure au milieu de rues inconnues, sous la pluie qui recommence à tomber?

La jeune femme ne répondit pas. Elle comprenait sa folie.

— Après tout, M. Frugère peut bien se tromper aussi, poursuivit l'Italienne; depuis quelque temps, il ne voit partout que des voleurs et des brigands.

— Frugère connaît nos ennemis, dit Jeanne en gémissant.

— Soit. Mais c'est vous qu'ils poursuivent et non M. Georges. Croyez-moi, madame, rentrez dans votre chambre, reposez-vous et attendez à demain. M. Frugère vous apportera des nouvelles rassurantes.

— Me reposer, dormir! exclama la jeune femme, est-ce que je le pourrais? Non, je passerai la nuit ici dans un fauteuil.

— Avec votre permission, madame, je resterai près de vous.

— Oh! vous pouvez vous coucher; j'ai compris que courir les rues à cette heure serait insensé, j'attendrai le jour.

Elle se laissa tomber sur un siége, et ses yeux se remplirent de larmes. Bien décidée à ne pas s'éloigner de sa maîtresse, l'Italienne s'assit en face d'elle.

— Mes forces sont épuisées, j'ai usé mon courage dans des terreurs continuelles, murmura Jeanne au bout d'un instant, il faut en finir... Dans cette lutte atroce de tous les instants, Georges succomberait fatalement; je ne le veux pas... Je le sauverai malgré lui et, s'il le faut, en me perdant moi-même.

Elle essuya ses yeux, sa tête se pencha sur sa poitrine et elle se plongea dans une longue méditation.

Depuis vingt-quatre heures elle avait pris une résolution définitive. Cette dernière nuit d'angoisse vint encore fortifier son idée et en hâter l'exécution.

Le soleil se leva radieux dans un horizon sans nuage et jeta comme un crépi d'or sur le haut des maisons.

— Vous irez me chercher une voiture, dit Jeanne à sa femme de chambre.

— Madame m'emmène-t-elle?

— Non, je sortirai seule.

— M. Frugère viendra certainement tout à l'heure.

— C'est pour cela que je ne vous emmène point, vous l'attendrez.

— Qu'aurai-je à lui dire?

Jeanne écrivit quelques mots sur une feuille de papier et la mit dans une enveloppe.

— S'il vient, vous lui remettrez ceci, répondit-elle.

L'Italienne sortit et ne revint qu'au bout de vingt minutes, car elle dut attendre sur la place l'arrivée des premières voitures.

La jeune femme descendit et monta dans le coupé qui l'attendait à la porte. Le concierge la salua, mais il n'osa point lui adresser la parole.

— Où allons-nous? demanda le cocher.

— Rue de La Rochefoucauld, répondit-elle.

Une demi-heure plus tard le coupé s'arrêtait devant la maison de M. Lambert.

Jeanne baissa son voile, mit pied à terre, paya le cocher et sonna à la porte cochère qui s'ouvrit immédiatement. Elle passa comme une ombre devant la loge et monta légèrement l'escalier. Elle attendit près de cinq minutes sur le palier, après avoir sonné deux fois.

Enfin la femme de chambre de madame Lambert, qui couchait dans l'appartement, vint lui ouvrir en se frottant les yeux.

Jeanne entra sans dire un mot, traversa le vestibule et pénétra dans le salon. La domestique stupéfaite l'y suivit.

— Qui êtes-vous, madame, que voulez-vous? demanda-t-elle.

— Parler à madame Lambert à l'instant même.

— Il est à peine six heures, madame Lambert ne reçoit pas si matin. Je vous conseille de revenir dans la journée.

— Non, allez lui dire...

— Je vous répète que madame ne vous recevra pas, interrompit la femme de chambre; elle dort et je n'irai certainement pas la réveiller.

Elle commençait à regarder de travers cette visiteuse trop matinale.

— Eh bien, j'irai moi-même, répliqua la jeune femme en faisant quelques pas.

— Par exemple! exclama la domestique, je ne vous permettrai point...

Une porte qui s'ouvrit lui ferma la bouche.

Madame Lambert, nu-tête, vêtue d'un peignoir de mousseline richement brodé entra dans le salon.

— Laissez-nous, dit-elle à sa femme de chambre.

Celle-ci se retira sans rien dire.

— Nous sommes seules, reprit madame Lambert en se tournant vers l'inconnue; veuillez me faire connaître l'objet de votre visite.

Jeanne venait d'être prise subitement d'un tremblement nerveux. Un sanglot s'échappa de sa poitrine.

— Mon Dieu, qu'avez-vous? dit vivement madame Lambert.

Elle avança un fauteuil et aida la jeune femme à s'asseoir. Puis elle se plaça près d'elle et lui prit les mains en répétant :

— Voyons, qu'avez-vous?

— J'ai peur ! murmura Jeanne.

Le timbre de cette voix fit tressaillir madame Lambert.

— Peur! fit-elle. Pourquoi? Vous pouvez parler sans crainte; si je puis vous être utile, je me mets à votre service.

— Vous pouvez beaucoup pour moi.

Madame Lambert ressentit une nouvelle commotion.

— Il me semble que je connais votre voix, reprit-elle. Pourquoi me cachez-vous votre figure? Qui êtes-vous donc?

— Je suis la maîtresse de M. Georges Lambert.

— La maîtresse de mon fils! vous, vous!... s'écria madame Lambert en proie à une agitation étrange.

La jeune femme tomba sur ses genoux.

— Ah! ne me repoussez pas! implora-t-elle.

— Votre nom, dites-moi donc votre nom!

— Jeanne.

— Jeanne! exclama la mère de Georges.

Et d'une main frémissante elle arracha le voile de la jeune femme.

Aussitôt elle poussa un cri perçant et se rejeta en arrière comme à l'aspect d'un fantôme.

— Madame, dit Jeanne d'une voix vibrante en joignant les mains, Georges m'a retrouvée dans un cercueil; je me suis donnée à lui tout entière... Si j'ai mal fait, méprisez-moi, chassez-moi!...

Madame Lambert se redressa; le regard plongé dans les yeux de Jeanne, elle se rapprocha lentement. Puis, tout d'un coup, elle prit la tête de la jeune femme dans ses mains tremblantes et ses lèvres se collèrent sur son front.

— Ah! vous m'aimez encore! s'écria Jeanne.

Et elle éclata en sanglots.

— Si je t'aime! toi, que nous avons tant pleurée et qui nous es rendue!... Toi, l'ange du dévouement... Si je t'aime! Ne le sens-tu pas aux battements de mon cœur! Jeanne vivante!... Je la vois, je la tiens dans mes bras... sur mon cœur... Et je n'ai pas deviné, non, je n'ai pas deviné qu'elle seule avait pu empêcher Georges de mourir!

A ce mot « mourir » Jeanne se dégagea des bras de madame Lambert et se dressa d'un bond sur ses jambes en s'écriant :

— Georges, Georges, où est-il?

— Jeanne, mon enfant, qu'y a-t-il? interrogea madame Lambert effrayée. Explique-toi.

— Madame, Georges est-il rentré cette nuit?

— Je ne sais... il a une clef de l'appartement, je vais voir dans sa chambre...

— Ne vous dérangez pas, dit M. Lambert en apparaissant, Georges n'a pas couché ici cette nuit.

— Ah! mon Dieu, mon Dieu! exclama Jeanne.

— Quelle est cette femme? demanda M. Lambert étonné.

— Je n'ai plus de nom, répondit Jeanne en se tournant vers lui.

Et elle s'affaissa sur le parquet en criant :

— Je suis maudite!

XVIII

M. Lambert venait de relever la jeune femme lorsque la servante se montra à l'entrée du salon.

— Madame, dit-elle à sa maîtresse, il y a là un monsieur, que je ne connais pas, qui demande à vous parler de la part de M. Georges.

— Qu'il vienne, mon Dieu, qu'il vienne vite.

Jeanne releva la tête. Un homme entra.

— Frugère! s'écria-t-elle.

Il jeta autour de lui un regard rapide et bondit vers la jeune femme en criant :

— M. Georges est sauvé!

— Ah! Dieu ne m'a pas condamnée! murmura-t-elle.

Frugère s'approcha de madame Lambert.

— Excusez-moi, madame, dit-il; en voyant madame Jeanne, la surprise... l'émotion... j'ai oublié... que je devais m'adresser à vous.

Ma femme, ma fille, s'écria-t-il, venez dans mes bras ! (Page 288.)

Dites-nous vite où est mon fils, monsieur.

— M. Georges est en ce moment chez M. le président Durançon.

— Il a donc couru un danger?

— Oui, madame, une grand danger.

— Un duel, n'est-ce pas, un duel ?

— Non, madame, on a tenté de l'assassiner.

Madame Lambert recula en frissonnant.

— On a voulu assassiner mon fils ! s'écria Jacques Lambert. Qui donc ?

— Je n'ai pas besoin de vous dire son nom, monsieur.

— L'infâme ! fit Jacques d'une voix creuse.

Jeanne cacha sa figure dans ses mains.

— M. Georges m'a chargé de vous dire d'être sans inquiétude.

— Il est donc blessé ?

— Légèrement, presque rien.

— Je cours chez M. Durançon, dit Jacques Lambert.

Frugère l'arrêta.

— M. Georges ignore que madame Jeanne est ici, je vous en prie, ne le lui dites pas.

— Vous êtes l'ami de mon fils et le nôtre, fit Jacques, laissez-moi vous serrer la main.

— M. Georges m'appelle son ami, répondit Frugère, mais je suis et veux toujours rester son serviteur.

— Oh ! vous êtes son ami, son meilleur ami ! s'écria Jeanne. M. Frugère, continua-t-elle, était gardien du cimetière Montmartre il y a dix-huit mois ; c'est lui qui a aidé Georges à ouvrir ma tombe.

Jacques Lambert passa dans sa chambre pour achever de s'habiller. Frugère resta encore quelques minutes avec les deux femmes, puis il se retira pour n'avoir pas à répondre à des questions qui devenaient embarrassantes, surtout en présence de Jeanne.

Quand il fut dans la rue, des plis se creusèrent sur son front et son visage s'assombrit subitement.

— Madame Jeanne chez madame Lambert, pensait-il, qu'est-ce que cela veut dire? Il y a là-dessous quelque chose qui n'est pas clair. Toutes nos affaires se compliquent. Vrai, je ne m'attendais pas à celle-là. Est-ce encore un danger ? Je ne comprends plus rien... C'est comme M. Durançon, qui m'a défendu de nommer M. de Borsenne et son domestique, les plus vils scélérats que la terre ait portés. Pourquoi ? C'était si simple de nous en débarrasser en les envoyant au bagne. Quelle est son idée ? Il doit en avoir une. Bah, c'est comme ça, on pince les petits et on laisse les gros tranquilles ; ce n'est pas toujours ceux qui ont cassé les pots qui les paient. Mais je suis là, monsieur de Borsenne, je suis là... Vous ne toucherez pas à madame Jeanne, ou le diable avec ses cornes ne retiendrait pas ma langue.

Et il s'en allait en hochant la tête et en répétant :

— Qu'est-ce que cela veut dire?

Pendant ce temps, Jeanne racontait à madame Lambert les derniers événements de sa vie, c'est-à-dire le secret de Georges. C'était aussi la confidence de son bonheur et de ses joies intimes. De sa douce voix, simplement, sans réticence ni hésitation, elle lui dit tout. L'image rayonnante et colorée d'une félicité presque parfaite passa sous les yeux de madame Lambert qui, dans son émerveillement, ne savait plus si elle devait plaindre, blâmer ou approuver sans réserve. Mais elle était sous le charme d'un ravissement inconnu.

Elle aimait son mari de toute son âme, mais comme son amour d'épouse lui paraissait pâle et calme à côté de la grandeur de celui de Jeanne; c'est à peine si elle osait lui comparer son affection de mère.

Elle se disait :

— L'amour et la passion elle-même se sont idéalisés. Deux cœurs, deux âmes, deux vies se sont confondues dans une étreinte surhumaine. Rien ne saurait plus les séparer. La mort elle-même ne pourra les désunir.

La jeune femme cessa de parler et sa tête s'appuya doucement sur la poitrine de la mère de Georges.

— Maintenant, Jeanne, mon enfant, que vas-tu faire? demanda madame Lambert.

— Ce que vous voudrez, répondit-elle. Conseillez-moi.

— Jeanne, tu ne te trouves plus dans les conditions ordinaires de la vie. Comme tu me le disais tout à l'heure, tu es morte pour ta famille et pour le monde. Cela te justifie à tes yeux. D'autres, plus autorisés que moi, te justifieront mieux encore. Les sympathies ne te manqueront point. C'est par un acte de volonté réfléchie que tu t'es placée au-dessus de nos lois sociales; mais qui donc aurait le droit de soulever le voile sous lequel tu t'es cachée pendant dix-huit mois? N'as-tu pas respecté le nom de ton mari, celui de ton père? Qui donc oserait seulement t'interroger? Jeanne tu étais libre parce que tu n'appartenais plus à la société, et tu n'as aucun compte à rendre au monde.

« Les droits de M. de Borsenne sont incontestables, cependant; et maintenant qu'il sait que tu existes, il faut — tu l'as bien compris — que tu t'éloignes de Georges. Je l'approuve d'avoir repoussé la proposition que tu lui as faite de vous exiler tous les deux en Amérique ou ailleurs. Qu'auriez-vous fait? Que seriez-vous devenus? Tu ne pensais donc pas à moi, à ta pauvre mère, qui serait morte de douleur en apprenant tout cela?

— Oh! ma mère, ma mère, soupira Jeanne en pleurant.

— Jeanne, reprit madame Lambert, il n'y a pas d'hésitation possible, tu dois revenir chez tes parents, et, d'ici, je te conduirai dans les bras de ta mère.

— M. de Borsenne me réclamera.

— Eh bien ! tes parents lui répondront. Crois-moi, Jeanne, tu seras plus forte entre ton père et ta mère que défendue par Georges.

— Mais lui, lui, que fera-t-il?

— Je le consolerai. Tu m'as appris comment on parle à son âme.

Jacques Lambert rentra à onze heures. Il donna de Georges des nouvelles tout à fait rassurantes. Toutefois, pour certaines raisons qu'il n'avait pas voulu faire connaître, M. Durançon tenait à le garder chez lui pendant trois ou quatre jours.

Le retour de Jeanne chez ses parents fut vivement approuvé par M. Lambert.

A une heure, la mère de Georges entrait chez M. de Précourt suivie de Jeanne, qui tremblait comme un roseau agité par le vent.

— Monsieur et madame sont sortis, leur dit le valet de chambre du baron.

— Nous attendrons, répondit madame Lambert.

Le domestique s'inclina et ouvrit la porte du salon.

— Leur absence est un bonheur pour moi, dit Jeanne tout bas à madame Lambert ; si je m'étais trouvée brusquement devant eux, il me semble que je n'aurais pu me soutenir sur mes jambes.

Elle releva son voile et s'arrêta en contemplation devant le portrait en pied de madame de Précourt. Des larmes coulèrent silencieusement sur ses joues.

M. et madame de Précourt étaient au cimetière Montmartre. Tous les quinze jours, les bras chargés de fleurs et de couronnes d'immortelles, ils faisaient ensemble une visite pieuse à la tombe de leur fille adorée.

Après avoir prié avec ferveur, agenouillés l'un près de l'autre, ils allaient se retirer, lorsqu'un ouvrier du cimetière s'avança vers eux la casquette à la main.

— Comment vont vos enfants? lui demanda madame de Précourt.

— L'aîné pousse comme un champignon, répondit-il, et la petite est tout à fait guérie, grâce à vous, madame la baronne, qui lui avez envoyé votre médecin, de l'argent pour acheter les remèdes et du bois pour la défendre contre le froid. Un père et une mère n'oublient jamais. Le soir, quand les enfants font leur prière, ma femme a bien soin de leur dire :

« — Petits, pensez à la bonne dame. »

— Venez me voir demain, mon ami, j'aurai plusieurs choses à vous donner pour eux.

— Merci, madame, j'irai. Mais je voudrais à mon tour faire quelque chose pour vous.

Il regarda autour de lui, puis se rapprochant :

— Nous sommes seuls, je peux parler. Ce que je vais vous révéler n'est connu que de trois personnes du cimetière. Madame de Borsenne, à qui vous apportez toujours des fleurs et des couronnes, n'est pas dans son cercueil.

— Malheureux ! que dites-vous ? s'écria la baronne.

— Plus bas, madame, plus bas, si on savait que je parle, je perdrais ma place. C'est moi qui ai ouvert le cercueil, il y a trois semaines, en présence de M. de Borsenne et d'un commissaire de police. Il était vide.

— Oh ! c'est horrible !...

— Mais non, madame, vous ne comprenez donc pas que l'enfant que vous pleurez n'est pas morte !

— Oh ! je deviens folle ! murmura la baronne.

— C'est cet homme qui est fou ! dit froidement M. de Précourt.

— Monsieur le baron, voyez M. de Borsenne, conseilla l'homme du cimetière.

Et il disparut.

M. de Précourt prit le bras de sa femme, qui se soutenait à peine, et l'entraîna précipitamment jusqu'à l'endroit où leur voiture les attendait.

— Ma chère Adèle, dit le baron, je vous laisse rentrer seule. Je tiens à vous convaincre que nous venons d'avoir affaire à un aliéné ; je vais chez M. de Borsenne.

XIX

Madame de Précourt, prévenue par sa femme de chambre que son amie était venue lui faire une visite et l'attendait, jeta son châle et son chapeau sur un meuble et se précipita dans le salon.

Jeanne, en entendant la voix de sa mère, s'était retirée dans sa chambre de jeune fille.

— Ma chère Joséphine, dit la baronne en saisissant les mains de son amie, tu ne te figures pas comme je suis heureuse de te voir en ce moment.

— Tu me parais bien agitée, fit madame Lambert.

— Agitée, troublée, surexcitée... Il y a du délire dans mon esprit. Je suis comme folle.

— Tu m'effraies : que t'est-il donc arrivé ?

— La plus étrange aventure... Tout à l'heure, au cimetière, — j'étais avec mon mari, — un brave homme que je connais et qui se montre reconnaissant d'un peu de bien que j'ai pu lui faire, s'est avancé vers moi pour nous dire brusquement : « Madame de Borsenne n'est pas dans son cercueil, votre fille n'est pas morte! » Juge de ma stupeur... J'ai cru que tout se déchirait dans ma poitrine, que mon cœur se détachait.

« — Vous êtes une enfant, me dit mon mari, vous voyez bien que cet homme est fou.

« Et nous sortîmes du cimetière.

« Le fossoyeur affirme que M. de Borsenne a fait ouvrir le cercueil de ma pauvre Jeanne; le baron a pris une voiture pour courir rue de Ponthieu. Moi, en revenant ici, je me suis un peu calmée. En réfléchissant, je me demandais : Est-ce bien un fou qui nous a parlé?

— Adèle, répliqua madame Lambert, si cet homme avait dit la vérité?

— Oh! tais-toi, tais-toi! s'écria madame de Précourt avec égarement, tu ne vois donc pas dans quel état je suis!

— Calme-toi, je t'en supplie. La puissance et la bonté de Dieu sont infinies, et s'il a fait un miracle en votre faveur...

— Joséphine, tu sais quelque chose, interrompit la baronne d'une voix étouffée. Parle, parle.

— Eh bien, oui, je sais que ta fille existe.

Madame de Précourt chercha un appui contre un meuble.

— Je n'ose plus rien te dire, reprit madame Lambert; je viens t'annoncer un immense bonheur et je te vois défaillante comme si tu allais mourir.

Madame de Précourt se redressa avec énergie.

— Va, tu peux parler maintenant. La plus forte émotion est passée. Où est ma fille?

— Tout près d'ici; tu la verras aujourd'hui même.

La baronne se frappa le front.

— Cette femme voilée, sur la route de Brunoy, c'était elle... Ah! je m'explique enfin les battements de mon cœur!...

— Oui, c'est bien Jeanne que tu as rencontrée près de Brunoy, Jeanne qui voulait voir sa mère et son père sans se faire connaître. L'horreur que lui inspire M. de Borsenne l'a tenue éloignée de vous pendant dix-huit mois. La pauvre enfant se cachait... Aujourd'hui, elle se décide à quitter sa retraite; elle vient demander à son père de la défendre contre son mari.

— Et vous aimer aussi, ma mère! s'écria Jeanne en s'élançant au milieu du salon.

La baronne ouvrit ses bras, en criant :

— Ma fille!...

Ce fut une étreinte passionnée, convulsive, délirante.

Elles se tinrent longtemps embrassées, sans voix, la mère dans une extase délicieuse, la fille s'enivrant de la joie et de la tendresse maternelles. M. de Précourt les surprit ainsi.

Roide, glacial, il fit quelques pas dans le salon.

Jeanne s'était échappée des bras de sa mère, mais au moment de se jeter au cou du baron elle s'arrêta stupéfaite.

D'un geste terrible, M. de Précourt lui avait cloué les pieds sur le tapis.

Alors, l'œil étincelant, la baronne marcha vers son mari.

— Monsieur, dit-elle d'une voix éclatante, que signifie cet accueil que vous faites à la fille qui vous est rendue?

— Ma fille est morte, bien morte pour nous, répondit-il d'un ton douloureux.

— Pour vous, peut-être, non pour moi! exclama madame de Précourt en se redressant superbe de fierté. Vous avez vu M. de Borsenne; que vous a dit ce misérable?

— M. de Borsenne, malheureux comme moi, déplore la conduite de celle qui fut autrefois Jeanne de Précourt.

La jeune femme poussa un gémissement et se réfugia dans les bras de madame Lambert en disant :

— Vous le voyez, je suis perdue, perdue!

La baronne saisit le bras de son mari, et le serrant avec force :

— Ainsi, votre gendre accuse ma fille?

— Oui, répondit-il, votre fille, sa femme, la maîtresse de Georges Lambert.

Un nouveau gémissement de Jeanne répondit à ces paroles.

Madame de Précourt ne savait rien encore, mais elle devina tout.

Elle courut vers sa fille, la prit dans ses bras, et l'embrassa avec transport. Puis, revenant vers son mari :

— Monsieur, dit-elle, si vous avez condamné votre fille, je veux ma part de votre malédiction, et c'est ensemble que nous sortirons de votre maison.

Madame de Précourt continua :

— Ah! vous ne connaissez pas votre enfant, monsieur, et encore moins le monstre que, pour son malheur, elle a pris pour époux! Elle, c'est le dévouement et le sacrifice; lui, la lâcheté et l'abjection. Le bien et le mal alliés ensemble! A l'instant même, je vais vous dire ce qu'a fait votre fille en épousant M. de Borsenne. C'est la confession de votre femme que vous allez entendre, monsieur; je me mets à vos genoux.

— Que faites-vous? s'écria le baron chancelant et éperdu en essayant de la relever.

— Ma mère, je t'en supplie!... implora Jeanne.

— Je me tairais quand on t'accuse! répondit madame de Précourt avec véhémence, non! Ton père t'ouvrira ses bras ou il nous chassera toutes les deux.

— Monsieur, reprit-elle en s'adressant à son mari, je suis coupable.

— C'est faux! exclama M. de Précourt en l'interrompant. Coupable, vous, une sainte!

Et une fois encore il voulut la relever.

— Vous êtes un juge, continua-t-elle, écoutez-moi.

Et brièvement, d'une voix fiévreuse, saccadée, elle confessa l'unique faute de sa vie, raconta ses souffrances morales pendant vingt années et enfin le sublime dévouement de Jeanne.

Pâle, la tête baissée et le regard obscurci, le baron l'écouta sans faire un geste, sans dire un mot.

Quand elle eut fini, madame de Précourt se releva lentement et alla prendre la main de sa fille.

La tête du vieillard se redressa. De grosses larmes roulaient dans ses yeux.

— Ma femme, ma fille! s'écria-t-il, venez dans mes bras!

En les serrant contre son cœur, il murmura :

— Je vous aime, je vous aime!

— Oh! mon père, disait Jeanne, est-ce que vous me pardonnerez?

Il répondit avec un doux sourire :

— Quand un père admire sa fille, il ne peut plus la trouver coupable.

A l'heure où se passait cette scène de famille, M. de Borsenne recevait la visite de sa sœur, madame la comtesse de Langrelle.

Brouillé avec son beau-frère, il n'avait pas vu sa sœur depuis qu'il était allé lui demander d'être la marraine de son fils. La comtesse ne pouvait être amenée chez lui que par une affaire de la plus haute importance.

M. de Borsenne voulut faire un pas... le sang jaillit de sa gorge trouée. (Page 295.)

Elle était très-pâle et, bien qu'elle s'efforçât de paraître calme, l'expression de sa physionomie trahissait une vive agitation.

C'est avec un commencement d'inquiétude qu'il lui demanda ce qui lui procurait le plaisir de la voir.

— Je viens causer avec vous d'un crime horrible qui a été commis la nuit dernière, répondit-elle.

— Ah! fit-il d'un ton indifférent, en quoi cela peut-il m'intéresser? La nuit, le jour, c'est par douzaine qu'on compte les crimes qui se commettent à Paris en vingt-quatre heures.

— Écoutez, reprit-elle vivement; un jeune homme d'une excellente famille, M. Georges Lambert, a été lâchement assassiné.

— C'est un malheur, et je plains sa famille; mais encore une fois en quoi cela peut-il m'intéresser?

— Comment! s'écria la comtesse, vous étiez, paraît-il, l'ennemi de ce jeune homme, et vous ne craignez pas d'être accusé de ce crime affreux?

M. de Borsenne, toujours impassible, haussa les épaules.

— Si vous êtes innocent, tant mieux, poursuivit madame de Langrelle; mais voici ce que je viens vous dire : Si vous êtes coupable, vous n'avez pas une minute à perdre, fuyez!

XX

M. de Borsenne grimaça un sourire.

— Avant de boucler ma malle, dit-il ironiquement, je voudrais connaître le conte absurde qu'on vous a fait.

Elle le foudroya du regard et répliqua résolûment :

— J'espérais que, mieux comprise, vous m'auriez épargné d'entrer dans certains détails qui soulèvent le cœur de dégoût. Quatre des assassins sont déjà entre les mains de la justice; on a trouvé en leur possession une montre et d'autres objets appartenant à Georges Lambert.

— Cela prouve que le préfet de police choisit bien les agents qu'il emploie.

— Un de ces misérables, appelé Rombolle, a parlé de deux autres coupables.

M. de Borsenne changea de couleur et s'agita sur son siége avec un malaise visible.

— Seulement, continua la comtesse, il n'a pu donner sur eux aucun renseignement au juge d'instruction, qui ne sait pas encore que le véritable assassin de Georges Lambert est le comte de Borsenne.

— C'est faux! s'écria-t-il, c'est faux! Avant d'accuser, il faut des preuves.

— Malheureusement, elles sont nombreuses et accablantes. Votre honneur et votre vie, peut-être, sont en ce moment à la discrétion de deux amis de la victime : Gaston de Sairmaise et Jean Frugère.

Cette fois, M. de Borsenne ne put soutenir le regard de sa sœur; il baissa la tête.

— C'est sur les indications précises de Frugère, poursuivit-elle, que les arrestations de ce matin ont eu lieu, et c'est à lui que vous devez la liberté dont vous jouissez encore. Il n'a qu'un mot à dire pour qu'un mandat d'amener soit lancé contre vous.

— Pourquoi le garde-t-il, ce mot? Vous voyez bien qu'il n'ose pas m'accuser; je ne crains rien.

— Le malheureux! s'écria-t-elle; il ne comprend pas qu'on a pitié de lui et que c'est son nom, l'honneur de toute une famille qu'on veut sauver de l'infamie! Je vous le répète, si demain vous n'avez pas quitté Paris, la France, vous êtes perdu... C'est la cour d'assises et le bagne qui vous attendent.

Il bondit de son fauteuil et poussa un cri semblable à un rugissement.

— Si M. de Sermaise et Jean Frugère gardent le silence, vous échappez à l'ignominie, reprit vivement la comtesse; mais ils y mettent pour condition que vous passerez immédiatement la frontière. Vous le voyez, il faut fuir, fuir sans retard... Vos protecteurs d'aujourd'hui peuvent être vos accusateurs de demain. Je ne vous ferai pas de reproches inutiles. Votre existence a été ce que vous l'avez faite, vous deviez finir par le crime... Mais s'il vous reste un peu de fierté dans l'âme, vous ne permettrez point qu'on traîne dans la boue le nom de Borsenne, si noblement porté par nos ancêtres. Ce nom, d'ailleurs, vous l'avez transmis à votre fils, et vous ne voudrez pas qu'on dise un jour de lui :

« — Ce jeune homme est le vicomte de Borsenne, il porte un des plus beaux noms de l'armorial de France; mais il est le fils d'un assassin, son père est aux galères!... »

« Et moi, n'ai-je pas le droit de vous crier : Je ne veux pas que tu me couvres de ta honte! Garde pour toi seul ton infamie!... »

En présence de l'implacable réalité, M. de Borsenne se sentit écrasé. Le calme révoltant qu'il avait gardé jusque-là se fondit comme de la glace au soleil.

— Que faire, murmura-t-il, que faire?

— Je vous l'ai dit, partir!

— Ah! reprit-il sourdement, vous ne connaissez pas ma position, vous ne savez rien, rien...

Son regard aux reflets fauves errait autour de lui comme celui d'une bête prise dans un piége.

— Je sais, répliqua la comtesse avec violence, que vous avez armé des scélérats pour assassiner un homme, et que vous êtes responsable de ce meurtre épouvantable ; je sais que la foudre gronde sur votre tête et que vous n'avez que deux moyens de vous soustraire à l'action de la justice, la fuite ou le suicide : choisissez.

— Ah ! j'ai joué une partie terrible, fit-il d'une voix saccadée ; les misérables dont je me suis servi m'ont trompé, trahi... J'aurais dû me faire justice moi-même ; j'ai eu peur, j'ai été lâche, je me suis perdu !...

Soudain, son visage prit une expression de joie farouche. Et il murmura :

— Au moins, il est mort, lui, il est mort !

Madame de Langrelle sentit un frisson d'horreur passer dans ses membres.

Il riait comme rient les fous ou les damnés, les lèvres crispées et les dents serrées.

La comtesse se leva avec terreur et voulut gagner la porte. Il lui saisit le bras et la ramena au milieu de la chambre.

— Attendez donc, lui dit-il rudement. Est-ce que vous êtes venue pour me quitter ainsi ?

— Je n'ai plus rien à vous dire, répondit-elle.

« J'ai essayé de vous sauver, faites ce que vous voudrez.

— Vous voulez que je parte, les autres aussi, ceux qui vous ont envoyée ici. Oh ! je sais bien pourquoi ! Ils me tiennent, mais ils me redoutent encore... Eh bien ! soit, je partirai... il me faut de l'argent.

Il ouvrit un tiroir.

— Le reste de ma fortune est là, reprit-il amèrement ; pas même trois mille francs.

— C'est donc bien vrai, dit la comtesse. M. de Sairmaise me l'avait dit.

— Mais je serai riche un jour, car je ne veux pas mourir, continua-t-il avec une sorte de délire ; non, je ne veux pas mourir.... Les millions sont à moi, je les aurai... elle aussi, ma femme...

Il se redressa, le regard plein d'éclairs.

— Mon Dieu, il devient fou ! s'écria madame de Langrelle.

— Non, non, pas encore, répliqua-t-il d'une voix haletante ; je suis écrasé, anéanti, mais je ne veux pas être vaincu. Ils m'ont terrassé, je me relèverai plus fort.

Il poussa un gémissement et tomba lourdement dans un fauteuil.

La comtesse lui accorda un regard de douce pitié.

— Tenez, lui dit-elle en jetant sur la table une poignée de billets de banque et quelques rouleaux d'or, voilà *cinquante mille francs;* ils sont à moi, je vous les donne, prenez-les et partez.

Il ne répondit pas. Ses membres avaient des mouvements convulsifs, et ses yeux glauques regardaient sans voir.

La comtesse poussa un soupir et se retira précipitamment.

Dix minutes après, Pierre entrait sans frapper dans le cabinet de son maître.

A sa vue, M. de Borsenne eut un frémissement de fureur; il bondit jusqu'à lui, et, le saisissant à la gorge :

— Misérable ! s'écria-t-il, sais-tu ce qui se passe, le sais-tu?

Il le secouait violemment.

— Lâchez-moi d'abord, hurla le domestique; nous causerons ensuite.

M. de Borsenne le poussa brutalement jusqu'au fond de la chambre.

— Maintenant, lui dit-il, parle.

— Eh bien ! je vous répéterai ce que je vous ai déjà dit ce matin : Georges Lambert est mort; nous l'avons jeté dans la Seine, et le corps n'a pas été retrouvé. Malheureusement, il y a eu rue du Ruisseau une descente de police; Rombolle et ses camarades se sont laissé mettre le grappin dessus comme des imbéciles qu'ils sont. Malgré ma défense, et sans que je m'en sois aperçu, ils avaient mis dans leurs poches tout ce que l'autre portait sur lui. Alors vous comprenez... ce sont des preuves, et leur affaire est claire. Tant pis pour eux ! Quant à nous, rien à craindre.

— Ah! rien à craindre, fit M. de Borsenne avec un affreux ricanement, rien à craindre! Te souviens-tu des hommes de Villeneuve? Ils te surveillaient, toi, si rusé, si adroit, ils nous ont dénoncés, et, dans une heure peut-être, la police sera ici pour nous arrêter tous les deux.

Le domestique devint livide et ses cheveux se hérissèrent comme les poils d'un sanglier.

— Alors, répliqua-t-il après un moment de silence, réglons nos comptes. Vous, vous êtes noble, vous êtes riche, vous vous en tirerez facilement. Moi, ce n'est pas la même chose; si je me laisse empoigner, je sais ce qui m'est réservé... j'ai lu le Code. Mais pas si sot, je tiens à ma peau et je file à l'étranger. Monsieur, réglons nos comptes.

— Hier je t'ai remis mille francs; c'est plus que tes gages, garde le tout et décampe.

Pierre se mit à rire.

— Oh! il ne s'agit pas de mes gages, reprit-il; vous me devez cinquante mille francs.

— Pas un sou, fripon, pas un sou! exclama M. de Borsenne; c'est déjà trop de te laisser ce que tu m'as volé!

— M. le comte aime toujours à plaisanter, fit Pierre en se dandinant; mais je suis bien sûr qu'il n'a pas oublié ce qu'il a promis à son fidèle serviteur.

Il fit quelques pas et s'arrêta près de la table.

— Et cet or et ces beaux billets de mille, continuna-t-il d'un ton railleur, est-ce que vous ne les avez pas mis là pour votre ami Pierre, qui vous a toujours bien servi? Je savais bien que vous vouliez rire, mon bon, mon excellent maître.

Sa main saisit un rouleau d'or. Ses yeux brillaient comme des tisons.

— Arrière, coquin, arrière! cria M. de Borsenne.

XXI

Le domestique se redressa audacieusement en face de son maître.

— Je veux mes cinquante mille francs, dit-il avec une énergie sauvage, je les veux, entendez-vous, je les veux!

— Misérable! ordonna M. de Borsenne, sors à l'instant ou sinon...

Pierre lui répondit par un éclat de rire sardonique.

Poussé à bout, aveuglé de fureur, M. de Borsenne se rua sur lui et voulut le traîner vers la porte.

Pendant trois ou quatre minutes, ce fut entre ces deux hommes, également forts et complices des mêmes crimes, une lutte terrible, épouvantable.

Plus jeune et plus agile que son maître, Pierre parvint à le terrasser. Mais M. de Borsenne le tenait toujours, et, malgré ses efforts, il ne pouvait parvenir à se dégager.

Poitrine contre poitrine, haletants, des flammes dans le regard, ils se soulevaient, s'allongeaient, se repliaient, se tordaient avec des mouvements de reptile et roulaient au milieu du cabinet.

Tout à coup les yeux du domestique s'injectèrent de sang et il eut un grognement de bête féroce.

Il tira de sa poche un couteau-poignard, l'ouvrit, leva le bras en rejetant son buste en arrière, et la lame disparut dans la gorge de M. de Borsenne.

Le malheureux n'eut pas le temps de pousser un cri; ce fut comme un sifflement qui sortit de sa gorge avec un flot de sang noir.

— C'est lui qui l'a voulu, fit Pierre d'une voix creuse. Maintenant, à moi l'or, à moi les billets de banque !

Après l'assassinat, le vol.

Et il s'élança hors du cabinet.

Le cocher, qui venait pour la sixième fois réclamer ses gages, se trouva devant lui.

— Enfin, demanda-t-il d'un ton menaçant, allez- vous me payer, aujourd'hui?

Pierre voulut passer, mais l'autre s'acrocha à ses vêtements :

— J'ai assez posé comme cela, dit-il ; il me faut mon argent, et tout de suite.

— Je suis pressé, reviens ce soir.

— Allons donc, ce n'est plus moi qu'on fait aller. Vous voilà, je vous tiens, je ne sortirai d'ici que quand vous m'aurez payé.

Au même moment, dans le chambranle de la porte du cabinet, apparut M. de Borsenne sanglant, les yeux hagards et plus pâle qu'un spectre. Accoté au montant de la porte, il rassembla ce qui lui restait de forces pour crier en étendant le bras :

— Assassin! voleur!

Il voulut faire un pas, il chancela, le sang jaillit de sa gorge trouée comme d'une source et il tomba roide, en arrière...

Il était mort.

Saisi d'horreur, le cocher avait lâché le valet de chambre, mais, voyant qu'il se disposait à prendre la fuite, il se jeta sur lui et parvint à le maintenir en le poussant contre la muraille.

Les autres domestiques accoururent.

Ils virent leur maître étendu dans une mare de sang et ils remplirent l'hôtel de leurs cris et de leurs lamentations.

Les voisins et les passants envahirent la cour, puis le vestibule et enfin le grand salon.

Quand le commissaire de police arriva, Pierre, les bras et les jambes solidement liés, la bouche écumante, se tordait dans des convulsions de rage.

. . . .

Le lendemain, sous ce titre :

Le Crime de la rue de Ponthieu,

les journaux du matin racontaient dans un article spécial, et d'après les renseignements fournis par la Préfecture de police, la mort du comte de Borsenne égorgé par son valet de chambre.

Il était bien constaté que, surpris par son maître au moment où il accomplissait un vol audacieux, le domestique s'était jeté sur lui et l'avait poignardé.

Quelques jours après cet affreux événement, madame Lambert et son fils partaient pour l'Italie. La charmante villa toute fleurie du bord de l'Arno avait pris un air de fête pour les recevoir. Ils ne devaient revenir à Paris qu'au bout de quelques mois, rappelés par une lettre du baron de Précourt.

Par les soins de M. le président Durançon, l'acte de décès de madame de Borsenne, née Jeanne de Précourt, fut annulé.

La jeune veuve reparut dans le monde, un mois plus tard, en assistant au mariage de Gaston de Sairmaise avec mademoiselle Andréa Durançon.

Le petit Edmond de Borsenne revint chez ses grands-parents, près de sa mère. Suzanne Minguet n'eut pas de peine à faire reconnaître son innocence et, pour ne point la séparer de son fils, Jeanne la garda à son service.

Le brave Jean Frugère devint le régisseur général de l'immense fortune léguée par les époux Fontange.

Aux assises de la Seine, Rombolle, dit le Loucheur, et ses trois complices, pour tentatives d'assassinat et vol, furent condamnés à vingt ans et à quinze ans de travaux forcés.

Le nom de M. de Borsenne, pas plus que celui de son domestique, ne fut prononcé dans cette affaire.

Celle de Pierre vint le dernier jour des assises. Il obtint, on ne sait par suite de quelle influence, le bénéfice des circonstances atténuantes. Le jury l'envoya au bagne à perpétuité.

Au mois de mars de l'année suivante, tout cela était oublié.

Mais dans les salons parisiens on parlait avec beaucoup de sympathie et d'intérêt de la belle madame de Borsenne, qui venait d'épouser en secondes noces M. Georges Lambert, officier de marine démissionnaire.

FIN DE LA DAME VOILÉE

SCEAUX. — IMP. M. ET P.-E. CHARAIRE.

AVIS : Le portrait et la biographie de l'auteur seront publiés dans la prochaine livraison de **L'ENFANT DU FAUBOURG**, qui paraît à la suite de la **Dame voilée**.

www.ingramcontent.com/pod-product-compliance
Ingram Content Group UK Ltd.
Pitfield, Milton Keynes, MK11 3LW, UK
UKHW031833260826
14628UKWH00001B/365